La Beauté, don de l’amour

Pascal Ide

La Beauté, don de l'amour

Le Centurion

Sommaire

Introduction

« La beauté est plus importante, la beauté est plus utile
que le pain ! Non seulement on ne peut, on ne doit pas vivre,
on doit rejeter la vie parce qu'il n'y a rien à faire. Les chemins
de fer gâtent. On ne remplira pas la vie avec ça, la beauté seule
est le but en vue duquel l'homme vit et la jeune génération
périra si elle se trompe ne fût-ce que sur les formes
de la beauté. »
Fédor Dostoïevski, *Carnets des démons*[1]

« Par Lui et en Lui, nous reprenons la forme de la beauté
exemplaire [exemplarem pulchritudinem]. »
Saint Cyrille d'Alexandrie[2]

« Le mystère
D'où infiniment advient la beauté. »
François Cheng, *Le Long d'un amour*[3]

Le vendredi 25 février 2000, le Taj Mahal s'est montré à moi. Avec mes trois compagnons de voyage, nous arrivons à 6 heures du matin, alors que le soleil ne s'est pas encore levé et n'a pas encore dissipé la brume indifférenciante que distille la rivière Yamuna. Baignant dans une lumière irréelle, le mausolée moghol émerge lentement de ce blanc laiteux, offrant sa splendeur à nos regards émerveillés.

Je suis aussitôt saisi par la perfection de la forme. Forme globale à la symétrie équilibrée, rythme non-rétrogradable des pseudo minarets. Figure dynamique qui invite à l'élévation des yeux et de l'âme, grâce au passage du carré au plus près de la terre, par l'octogone au niveau intermédiaire, jusqu'à la quasi-sphère tutoyant le ciel à 73 mètres de hauteur. Loin d'être perte, cette montée enrichit, puisque l'échelon supérieur englobe l'inférieur dans sa géométrie plus inclusive. Configuration locale où chaque détail n'est pas moins minutieusement ouvragé que l'ensemble. Récusant toute figuration humaine et même naturelle, la calligraphie musulmane dévoile sa beauté intemporelle, tandis que son inscription dans le marbre incarne son abstraction mathématique et sa rondeur ourlée conjure son virilisme outré. Entre harmonie géométrique et ascension mystique, j'en deviens platonicien et même néoplatonicien !

Cette absoluité tant globale que locale requiert l'intégrité du monument sans pour autant en exiger l'intégralité – première brèche qui va me conduire à un mystère plus grand. J'apprends, en effet, que sur l'autre berge de l'affluent du Gange, devait être construit un autre mausolée qui, lui, aurait été édifié en marbre noir, un pont blanc et noir joignant les deux monuments. Sans nuire en rien à la perfection du Taj Mahal, cet inachèvement n'atteste pas seulement l'inaccomplissement de toute œuvre humaine, mais un vide plus profond et plus inquiet, que redouble l'absence de ce pont médiatisant reliance et alliance.

Loin de lasser, la monochromie si blanche accroît le ravissement et invite la couleur à se mettre totalement au service de la célébration figurale. Mais, en retour, loin d'exclure la gloire du rayonnement, la majesté de la ligne et l'élégance des lignes l'appellent. En effet, la façade si harmonieuse se creuse de multiples pleins et de creux, voire d'ouvertures qui, lorsque le soleil darde, invite le jeu des ombres et des clartés. Comme si la lumière naissait non pas tant de la surface que de la profondeur.

Ce jour-là, j'ai fait une autre expérience. Après un premier regard d'ensemble, je ne pouvais plus regarder cette splendeur acosmopoïète et presque acheiropoïète[4] en face. Je la regarde de côté ; je multiplie les coups d'œil et les perspectives ; dans un travelling rapide de la tête, j'effleure la surface latéralement ; je transforme le regard frontal en danse périphérique ; je me détourne en m'éloignant longuement, pour me retourner rapidement ; j'interpose les branches des arbustes pour endurer, par un fragment supportable, le poids de ce tout ; partiellement soulagé, je viens m'abriter, plus, me réfugier dans une des multiples corniches du mausolée, non point pour me protéger d'un soleil encore clément, mais pour ne plus me sentir écrasé par une beauté qui m'appelle sans que je me sente capable de lui répondre.

Ces misérables stratagèmes n'y peuvent mais. Invinciblement, mon regard se dérobe à ce qui me déborde. Irrésistiblement, je me sens envahi par un sentiment d'indignité non pas éthique, mais ontologique face à ce surcroît immérité d'élégance et d'excellence. L'intégrité du Taj Mahal n'est pas trop totalisante, ni sa proportion trop consonante, ni sa clarté trop irradiante.

Ce jour-là, plus et mieux qu'à tout autre moment de ma vie, j'ai compris la nécessité impérieuse du Purgatoire pour qu'une âme impure se prépare à la pure Beauté divine.

Ce que nous ne pouvons dire, nous devons le célébrer. C'est ainsi que des renonçants en safran sont arrivés en chantant. Mais ce qui coupe le souffle, que celui-ci porte la parole ou le chant, nous ne pouvons plus que le taire. Faut-il pour autant se dérober ? Les mêmes renonçants font maintenant le tour. De fait, loin d'être seul à éprouver cet excès de beauté, bien des touristes devenus contemplatifs plongent, sidérés, dans un silence inhabituel pour une foule indienne. Même la tonitruante tondeuse a laissé place à deux vaches méditatives qui discrètement et distraitement, égalisent l'herbe des pelouses.

Au plus intime de moi, je voudrais que l'œil se fasse oreille, que l'impudicité connaturelle au regard hérite de la délicatesse native de l'écoute, que l'espace devienne temps pour que me soit donné d'enfin pouvoir m'émerveiller à la mesure de ce qui m'est donné. C'est comme si la nature qui, à l'aube, avait progressivement révélé cette beauté démesurée, appelait notre esprit à librement l'imiter dans ce graduel dévoilement. Oh, je ne crains pas de m'habituer et donc de profaner cette beauté surexcédente, je cours tout au contraire le péril de ne pas être assez présent (attentif) à ce présent (don). Comment conjoindre l'avancée et le retrait ?

Comment être assuré que le Taj Mahal ne soit ni violé par ma curiosité, ni voilé par mon indignité ?

Peut-être est-ce l'histoire – avec ce qu'elle recèle de négativité – qui détient la solution, autant théorique que pratique. On le sait. Le désir de ce mausolée est né d'une blessure d'amour. Lorsqu'il apprit que son épouse bien-aimée est décédée en couches, l'empereur Shah Jakan est si chagriné que ses cheveux blanchirent en l'espace d'une nuit. Il décida de lui construire un mausolée à la mesure de son amour. Plus de vingt mille ouvriers y travaillèrent plus de vingt ans. On le sait moins. Le monument est né d'une seconde blessure d'amour. Le souverain fit assassiner l'épouse de Ustad Ahmad Lahauri, l'architecte, non point par vengeance, encore moins par cruauté, mais afin que l'artiste ressente comme lui la navrure du manque et que, de l'ouverture ménagée par cette blessure, jaillisse la lumière faite marbre, le Taj Mahal, littéralement « le mausolée de l'épouse ». Autre époque, autres mœurs. Il ne s'agit pas d'inverser sphère esthétique et sphère éthique, mais de recueillir la leçon symbolique.

Faut-il que, en chaque domaine de beauté, le plus splendide soit le fruit d'une béance d'amour[5] ? En tout cas, l'amour enfante la beauté. L'amour qui est mystère de don et d'aban-don engendre la splendeur qui avance et se retire. De fait, jour de fête, ce vendredi est le seul de la semaine où l'entrée soit gratuite. Et cette gratuité d'accès dit celle du don incomparable. Or, si les familles indiennes viennent en nombre, elles ne viennent pas en masse. S'étant longuement préparées, les femmes d'Agra et de l'Uttar Pradesh arrivent en habits rutilants. La beauté appelle non pas la parole, mais l'œuvre. L'artiste n'est-il pas petit-fils de Dieu, l'Artiste qui s'exclamait « *tov* » à chacun de ses chefs d'œuvre ? De la beauté, quand l'esprit en a analysé les composantes, équilibré les multiples contrastes et synthétisé la figure, demeure un au-delà inexpliqué car inexplicable, inépuisé car inépuisable que seul le cœur fait main peut à son tour honorer.

Le curieux devenu contemplatif ne devrait-il pas, encore davantage, devenir pèlerin ? Ou bien, religieux, ce mausolée aurait-il été moins universel ? Quoi qu'il en soit, qu'il est heureux que le Taj Mahal soit une œuvre d'amour ! Ce que déjà Socrate nous disait dans le discours de Diotime, la Bible le certifie encore davantage : la belle création n'est plus l'œuvre d'un Démiurge intermédiaire, mais de Dieu qui, librement, a tout fait par grâce et avec grâce ; l'amour n'est plus un demi-dieu médiateur, mais le nom même de Dieu. Ainsi cette beauté que la connaissance ignore ou plutôt ne dit qu'en se censurant, l'amour le sait en le subcréant. Ce que l'œil écoute, ce qui, trop grand, ne peut être contacté par l'homme, la seule créature qui habite le ciel se permet de le toucher, de le voir et de le chanter. Un cri d'oiseau me fait lever les yeux : supérieur plus que provocateur, un vert perroquet s'est posé sur la coupole dorée.

En faisant mémoire de cette rencontre qui fut un événement, je prends conscience, vingt ans plus tard, qu'elle était porteuse d'une profuse expérience de la beauté : intégrité, harmonie et lumière ; gratuite manifestation et pudique retrait ; paix unifiante et joie débordante ; jubilation et silence ; amour qui se montre et qui se donne ; splendeur qui ouvre en se proposant, harmonise en s'intériorisant et renouvelle en dynamisant ; œuvre humaine et symbole divin.

Par certains côtés, ce livre, qui cherche à balbutier le mystère de la beauté, ne sera qu'un commentaire de cette prime expérience. La beauté qui s'est révélée au contact d'une œuvre d'art exceptionnelle aurait présenté les mêmes traits universels et aurait suscité les mêmes émotions bouleversantes s'il s'était agi d'un spectacle de la nature[6].

Une première partie, philosophique, se demandera : qu'est-ce que le beau ? Elle cherchera à répondre de manière inédite à la lumière du don. La seconde, théologique, se posera la question : en quel sens Dieu est-il beau ? et tentera de l'éclairer en convoquant le mystère même qu'est Dieu : l'amour. La conclusion fera converger ces deux réponses en faisant valoir le potentiel curatif de la beauté[7].

Première partie
La beauté, don réciproque

« Que d'expériences de métaphysique concrète nous aurions si nous donnions plus d'attention à la rêverie poétique. S'ouvrir au monde objectif, entrer dans le monde objectif, constituer un Monde que nous tenons pour objectif, [ce sont] de longues démarches qui ne peuvent être décrites que par la psychologie positive. Mais ces démarches, pour constituer à travers mille rectifications, un monde stable, nous font oublier l'éclat des ouvertures premières. La rêverie poétique nous donne le monde des mondes. »

Gaston Bachelard, *La Poétique de la rêverie*[8]

D'un côté, la beauté a pour elle l'évidence. Elle s'impose à nous, au point que, selon Simone Weil qui, en sa vie fulgurante, n'a cessé de méditer sur le beau, elle constitue, avec le malheur, l'une des rares expériences indubitables et indépassables[9]. De l'autre, elle semble faire confluer en elle d'inquiétantes ambivalences. Qui ignore la parole que Dostoïevski place dans la bouche du prince Muichkine : « La beauté sauvera le monde[10] » – non pas n'importe quelle beauté, mais celle du Christ[11]) ? Toutefois, il a aussi souvent parlé de son équivoque consubstantielle :

> « La beauté – affirme Dmitri Karamazov à son frère Aliocha – c'est une chose terrible et affreuse parce qu'indéfinissable, et on ne peut la définir car Dieu n'a créé que des énigmes. Les extrêmes se rejoignent, les contradictions vivent accouplées [...]. Le cœur trouve la beauté jusque dans la honte, dans l'idéel de Sodome,

> celui de l'immense majorité. Connaissais-tu ce mystère ? C'est le duel du diable et de Dieu, le cœur humain étant le champ de bataille[12]. »

Cette prise de conscience n'est pas d'aujourd'hui, puisque, déjà au IIIe siècle, Plotin opposait l'expérience du Bien qui est pleine de douceur et celle du Beau qui est pleine de douleur :

> « Le Bien est doux, bienveillant et vraiment délicat, et il est présent à qui le désire ; le Beau, lui, provoque la stupeur et le choc, et il mélange le plaisir et la douleur[13]. »

Nous nous mettrons d'abord à l'écoute de trois tensions immanentes à l'expérience et à la réflexion esthétiques (chap. 1). Puis, nous tenterons de surmonter ces différentes apories en intégrant les pôles qui la constituent. Pour cela, nous proposerons trois approches qui sont autant d'apparitions (ou épiphanies) étroitement engrénées. Une première détermination, guidée par Jean-Louis Chrétien, cherche à montrer que le beau est un appel qui, blessant celui qui l'entend, le conduit à une réponse : la louange (chorale) (chap. 2). Cette approche phénoménologique demande à être complétée par deux approches métaphysiques, plus à l'écoute des esthétiques classiques : l'une, plus centrée sur l'objet, sera guidée par Hans Urs von Balthasar pour qui le beau est automonstration (chap. 3) ; l'autre, plus centrée sur le sujet, se fera à l'école de Jacques Maritain pour qui le beau est musique intérieure (chap. 4). Ces deux précisions (deuxième et troisième apparitions de la beauté) réintroduisnt une tension entre les deux pôles, objectif et subjectif, et mettent l'esthétique philosophique en abîme : elles appellent une quatrième détermination qui tentera d'en opérer la synthèse (chap. 5).

Chapitre 1

Trois apories majeures

L'ambivalence du beau est triple : psychologique (la beauté enchante et blesse tout à la fois) ; morale (elle signale la bonté ou, au contraire, la voile) ; ontologique (elle est susceptible d'une double interprétation, subjective et objective).

– 1 –

Ambivalence psychologique

D'un côté, *la beauté enchante*. Qui n'a fait l'expérience qu'un paysage splendide ou un somptueux coucher de soleil le pacifiait ? Le moraliste dominicain Michel Labourdette note avec justesse :

> « Quel que soit le mal d'œuvres immorales [...], en définitive la médiocrité et la bêtise finissent par faire autant de mal et peut-être plus. Le puritanisme n'est pas seulement mortel pour l'art, il l'est tout autant pour la vraie morale elle-même. Il faut avoir compris

(ce qu'habituellement le simple prudent ne saisit pas, parce qu'il y faut un peu de *contemplatio*) la valeur apaisante par elle-même et purifiante de la vérité et de la beauté[14]. »

Des études psychologiques montrent que, du fait de son rayonnement, la beauté apporte des avantages aux individus qui plaisent physiquement[15]. En effet, l'opinion commune tend spontanément à faire converger les transcendantaux, assimilant le beau au vrai et plus encore au bien : une personne belle ne saurait être méchante (sinon sotte). Tel n'est-il pas le thème central du roman d'Oscar Wilde, *Le portrait de Dorian Gray* ? Comment est-il possible que Socrate, le plus sage des Grecs, ressemble à un silène selon l'image fameuse d'Alcibiade[16] ?

De l'autre, *le beau blesse*. Jean Cocteau disait à Jacques Maritain : « La Beauté boite[17]. » Reprenant l'expression au peintre cinéaste et l'élargissant à partir d'une réflexion de Baudelaire[18], le philosophe français l'explicite avec son habituelle rigueur philosophique. Ce boitement est lié à la nature – intégrale – de l'art : la poésie « suppose une faiblesse sacrée ». En effet, tel « Jacob [qui] boitait après sa lutte avec l'ange », ou le contemplatif dont parle saint Thomas, la beauté claudique : « ayant connu la suavité de Dieu il reste faible du côté qui s'appuie sur le monde ». Ce boitement est aussi blessure, car celle-ci est pauvreté consentie : elle sait que le royaume est au milieu d'elle et « elle laisse tout pour son absolu », y compris la libre initiative. En effet, le poète doit se faire « héroïquement docile », d'un abandon qui rappelle « la passivité vigilante et libre des âmes agies par l'Esprit de Dieu ». Mais la raison sommitale de la navrure gît encore ailleurs, dans le renoncement par lequel l'artiste est « au service d'un bien qui n'est pas le Bien[19] ».

– 2 –
Ambiguïté morale

D'une part, *la beauté manifeste la bonté*. C'est ainsi que la vertu embellit l'âme[20]. Rejaillit-elle sur le corps[21] ? Des différents ouvrages de Vassili Grossman, *Vie et destin*[22], le plus important en taille mais aussi en contenu – Levinas le qualifie de « primordial[23] » –, est tenu pour le *Guerre et Paix* du XXe siècle. Ce roman, qui est le témoin de la « conversion » de l'auteur, atteste que, malgré ou plutôt au sein de l'histoire inhumaine de ce siècle, demeure une « humanité persistante et invincible ». Plus encore, il atteste que la misère, contre toute attente, peut se changer en miséricorde. *Tout passe*, beaucoup plus bref que *Vie et destin*, qui en est une sorte de commentaire, raconte le retour d'Ivan

Grigoriévitch après trente années passées dans un camp en Sibérie. Alors qu'il a trouvé un travail de serrurier, l'ancien bagnard établit son gîte chez une veuve, Anna Sergueievna Mikhaliov. Celle-ci, bien qu'encore jeune, paraît prématurément vieillie, voire laide. Les premiers jours, elle parle peu. Puis, peu à peu, elle commence à se livrer. Elle raconte le pire. Ce faisant, elle ravive les souvenirs de ce qu'Ivan Grigoriévitch a vécu au bagne. Or, en éprouvant cette proximité, « il vit qu'elle était bonne[24] ». Puis, en découvrant cette bonté, son regard change : la beauté d'Anna Sergueievna lui *apparaît*. Le vieux bagnard en fait l'expérience alors qu'il rêve de sa mère :

> « Elle marchait sur le bord d'une route en prenant garde d'éviter le flot des tracteurs et des camions déchargeurs. Elle ne voyait pas son fils. Il criait : "Maman, maman, maman...". Mais le bruit des véhicules étouffait sa voix. Si seulement elle pouvait l'entendre, si seulement elle pouvait se retourner, alors, même au milieu de ce vacarme, elle le reconnaîtrait, lui, son fils, sous les traits de ce bagnard aux cheveux blancs. Il n'en doutait pas. Il se réveilla, en proie au désespoir. Lorsqu'il ouvrit les yeux, il vit une femme à demi vêtue qui se penchait sur lui. En rêvant, il avait appelé sa mère et cette femme était venue vers lui. Elle était à côté de lui et il sentit aussitôt de tout son être qu'elle était belle. Elle l'avait entendu crier alors qu'il rêvait et elle était allée à lui

parce qu'elle éprouvait pour lui de la tendresse et de la pitié [...]. Elle était belle parce qu'elle était bonne. Il lui prit la main. Elle s'étendit à côté de lui et il sentit sa chaleur, sa tendre poitrine, ses épaules, ses cheveux. Il avait l'impression de n'être pas réveillé, de rêver encore : dans la réalité, il n'avait jamais été heureux. Elle était toute bonté et il comprenait de tout son être charnel que la tendresse, la chaleur, les murmures de cette femme étaient beaux parce qu'elle avait le cœur rempli de bonté, parce que l'amour est bonté. Ce fut sa première nuit d'amour[25]. »

« Elle était belle parce qu'elle était bonne. » Il s'ébauche ici une phénoménologie du beau comme manifestation du bien et plus encore de l'amour. Nous y reviendrons au terme lorsque nous nous interrogerons sur les relations entre beauté et amour.

D'autre part, tout à l'inverse, *le* pulchrum *pervertit le cœur*. L'Écriture remarque : « Ton cœur s'est enflé d'orgueil à cause de la beauté. Tu as corrompu ta sagesse à cause de ton éclat » (Ez. 28,37). Plus amer, le livre des Proverbes généralise : « La grâce est trompeuse, vaine la beauté » (31,30). En effet, la beauté séduit, voire ensorcelle. Ne parle-t-on pas de « beauté fatale » ? Une autre histoire, symétrique de la précédente, le montrera. Dans le film dramatique de François Truffaut, *La Sirène du Mississipi* (1969), inspiré d'un roman de William Irish, Louis

(Jean-Paul Belmondo), jeune homme romantique, riche et esseulé, décide d'épouser une jeune fille (Catherine Deneuve) connue par correspondance. Dès qu'il la rencontre, il est saisi par sa beauté et tombe fou amoureux d'elle. Ils s'épousent. Mais, contre toute attente, après quelque temps, elle s'enfuit avec l'argent de son mari. Grâce à un détective, il la retrouve et découvre qu'elle est artiste de cabaret. Toujours éperdument épris, il lui pardonne, en arrive même à tuer pour elle. Elle-même cherche à l'empoisonner. Au terme du film, Louis avoue que, malgré tout ce qu'il a enduré, il serait prêt à tout revivre... Une existence entière peut être dédiée à être le chevalier (servant) de la beauté. Jusqu'à l'idolâtrie. On entend résonner les vers fameux de Musset dans son poème « *La Nuit de Mai* » : « Les chants désespérés sont les chants les plus beaux / Et j'en sais d'immortels qui sont de purs sanglots[26]. »

Voire, la beauté peut séduire pour mieux détruire. Un autre film français célèbre, de René Clair (1949), réinterprétant le drame de Faust à la lumière alors triomphante de l'existentialisme, s'intitulait *La Beauté du diable*. De fait, si le mal attire tant, c'est qu'il est séduisant, donc qu'il comporte une part de beauté. Celle-ci non seulement n'indique plus le bien, mais précipite dans l'abîme du mal. Dans un chapitre portant sur « l'ambiguïté de la beauté », Paul Evdokimov remarquait : « La beauté exerce ses charmes, convertit l'âme humaine à son culte idolâtre, usurpe la place de l'Absolu, avec une étrange et totale indifférence envers le Bien et la Vérité[27]. »

– 3 –
Tension ontologique

Comment parler de la beauté sans chercher à la définir ou à la décrire ? Mais n'échappe-t-elle pas à toute conceptualisation ? La parole sur le beau ne connaît-elle pas une sorte... d'échappée belle ? De fait, la *pulchritudo* n'oscille-t-elle pas entre le subjectif et l'objectif ? De manière fractale, on retrouve d'autres tensions au sein de chaque pôle. Du côté objectif, le beau concerne-t-il plus le vrai ou le bien, l'unité ou la pluralité[28], la forme ou le fond, le fini ou l'infini ? Est-il la fin de l'art ou « la fin au-delà de la fin[29] » ? etc. Du côté subjectif[30], le beau doit-il être rattaché à l'intelligence ou à la volonté ? Si on le corrèle à la contemplation, en quoi se distingue-t-il du vrai ? Et si on le relie à l'amour, en quoi diffère-t-il du bien ? Pointe-t-il alors vers un en-deçà du concept ou vers un au-delà ? Dans le premier cas, comment éviter les excès du surréalisme, et dans le second, les débordements symétriques du platonisme ? etc.

Reprenons le seul premier dipôle, le plus décisif.

Esthétique objective

Même si les mondes antique et médiéval n'ont pas ignoré la dimension subjective de la joie, ils ont davantage valorisé la perspective objective, les Anciens en l'enracinant dans la nature, les Pères de l'Église et les Docteurs médiévaux dans la création. « C'est à la métaphysique des anciens – écrivait Jacques Maritain – qu'il faut aller demander ce qu'ils pensaient du Beau, pour de là s'avancer à la rencontre de l'Art[31]. »

Bien que saint Thomas d'Aquin ne présente nulle part une synthèse sur le beau, mais multiplie les analyses de détail[32], sa pensée, comme toujours limpide et rigoureuse, a durablement marqué ses successeurs et fait l'objet de multiples études[33]. Résumons brièvement les principaux acquis de l'esthétique thomasienne qui est une métaphysique du beau[34].

Nous le disions, la beauté présente une face *subjective*. En effet, elle est l'objet de la puissance de connaissance, ainsi que l'affirme saint Thomas dans un exposé classique où il s'interroge sur la différence existant entre le bien et le beau :

> « Le beau et le bien sont identiques quant au sujet [in subjecto sunt idem], car tous deux se fondent dans un sujet [...]. Mais ils diffèrent quant à leur notion [ratione differunt]. En effet, le bien regarde proprement l'appétit : car le bien est ce que toutes choses désirent [...]. En regard le beau concerne la puissance de connaissance : en effet, on dit qu'une chose est belle selon qu'elle plaît à la vue[35]. »

Suivant la leçon des Grecs[36], le Docteur angélique propose donc cette première définition de la beauté : « *Quod visum placet* : ce qui, étant vu, suscite le plaisir[37]. » De fait, certains commentateurs thomistes ont souligné l'aspect subjectif de jouissance. Ainsi Marc de Munnynck affirme non seulement que « le *placet*, la jouissance consécutive à l'objet contemplé, est absolument essentielle à la Beauté, comme l'acte de l'intelligence est essentiel au Vrai », mais que « *Quod visum placet* : voilà la définition essentielle du Beau selon saint Thomas[38]. » Toutefois, dans une thèse célèbre sur l'esthétique du maître médiéval, Umberto Eco démontre que cette première approche en demeure aux *effets* sur le sujet et ne dit pas ce qu'est la beauté en son *essence*[39].

Aussi une seconde définition, *objective*, doit-elle doubler et fonder la première. À vrai dire, le Docteur commun ne définit pas la beauté, mais la décrit. Toute chose belle présente trois propriétés qui sont comme les parties intégrales de la *pulchritudo* : « l'intégrité [*integritas*] ou perfection des parties ; la proportion due ou consonance [*debita proportio vel consonantia*] ; la clarté ou splendeur [*claritas vel splendor*][40]. » Ces propriétés appartiennent à la constitution ontologique de la réalité belle et ne relèvent pas d'une construction du sujet qui la contemple. Pour rendre compte de cette distribution d'abord empirique, différentes répartitions ont été proposées. Certains font des deux premières notes les conditions matérielles de la beauté et de l'éclat son élément formel. D'autres ont regroupé intégrité et harmonie sous un seul chef, la figure (*species*), et l'ont opposé à la lumière (*lumen*). De manière originale, mais peu convaincante[41], Maritain rapproche les trois traits des trois premières catégories d'Aristote : intégrité et substance, harmonie et quantité, lumière et qualité[42].

Peu importe le détail des justifications qui intéressent la métaphysique du beau et conservons la conclusion, à savoir ces trois propriétés que toute observation élémentaire peut retrouver. Par exemple, un beau visage doit bien évidemment être intègre, c'est-à-dire posséder ses différentes parties et n'être amputé d'aucune, ainsi que l'atteste le contre-exemple terrifiant des « gueules cassées ». Il doit ensuite être harmonieux, ce qui ne signifie pas nécessairement symétrique en tous points, ainsi que Leonard de Vinci l'avait observé. Enfin, si importants soient ces deux premiers traits, ils ne sauraient suffire pour charmer. Doit s'ajouter cet élément impondérable, indéfinissable, mais pourtant tellement réel, qu'est le rayonnement, cette clarté qui émane de la belle physionomie. « Le rayonnement ou clarté [...] est la propriété absolument première de la beauté, et qui importe avant tout[43]. » C'est d'ailleurs parce que la lumière est une composante essentielle de l'esthétique qu'un visage aux traits peu réguliers peut subitement attirer lorsqu'il s'ensoleille d'un sourire[44]. Très étudié, ce point est confirmé par les études en sciences sociales[45].

Il n'est néanmoins pas impossible de tirer de ces trois notes une certaine définition[46]. Partons d'une difficulté. Le texte de Thomas cité plus haut affirme que le bien est à la cause finale ce que le beau est à la cause formelle[47]. Mais la beauté et la vérité ont en commun d'être en relation avec la forme. Comment dès lors notifier en propre le beau et le distinguer du vrai ?

Des trois propriétés, l'« élément de rayonnement ou de clarté [...] répond à l'aspiration la plus essentielle de l'intellect » et « est le plus important ». Voilà pourquoi « les maîtres de l'École », précisant l'apport du Maître, ont décrit « le rayonnement ou la clarté inhérente à la beauté comme *splendor formæ*, la splendeur de la forme, disons la splendeur des secrets de l'être rayonnant dans l'intelligence[48]. » C'est donc en fidélité à l'esprit (*ad mentem Sancti Thomæ*), mais non à la lettre que l'on a « défini » la beauté comme « splendeur de la forme »[49].

Toutefois, cette « définition » ne laisse-t-elle pas dans l'obscurité une donnée préliminaire et constitutive de notre expérience du beau ? En effet, l'analyse objective est précédée par un vécu : nous éprouvons que cette musique nous enchante, que la joliesse de ce visage nous charme, que ce paysage nous envoûte. Or, nulle description, si précise soit-elle, des caractères de la beauté ne remplacera le choc que nous ressentons face à la beauté, ni d'ailleurs ne pourra la susciter. Mais une fois aperçue cette antériorité de l'expérience subjective, comment, sans arbitraire, affirmer que cette appréhension du beau parle de la chose belle et non pas de la subjectivité qui la trouve belle ? Un au-delà de l'expérience n'est, par définition, pas expérimentable. Un pas de plus, et nous affirmerons que toute beauté est subjective, sinon subjectiviste. Cette conception, aujourd'hui massivement présente[50], notamment en sciences sociales[51], peut se résumer dans le mot attribué à Voltaire : « Pour un crapaud, c'est sa crapaude qui est belle. »

Mais comment une approche subjective de la beauté ne serait-elle pas subjectiviste et, subjectiviste, ne serait-elle pas construite, ainsi que cherche à l'établir le sociologue Pierre Bourdieu, qui interroge les catégories traditionnelles de beau, d'art et de goût[52].

Esthétique subjective

En ouvrant la *via anthropologica*, l'époque moderne va conduire à valoriser la dimension subjective de la beauté. L'humanité devient le lieu d'apparition de la beauté : « Dès que la raison prononce : une humanité doit exister – affirmait Schiller dans ses *Lettres sur l'éducation esthétique de l'homme* –, elle a par cela même édicté la loi : il doit y avoir une beauté[53]. »

Sans aller jusqu'au subjectivisme intégral qu'évoquait la fin du paragraphe précédent, Kant va théoriser avec sa rigueur habituelle cette approche qui souligne le *placet* contre le *visum*. Auparavant, laissons Charles Pépin nous conter de manière vivante l'origine biographique de la découverte kantienne :

> « Ce jour-là, il est assis à sa table de travail, fenêtre ouverte sur le jardin. Au-dessus de son bureau, un portrait de Jean-Jacques Rousseau, seule décoration de toute la maison. Le regard du penseur, un instant diverti de sa tâche, se perd dans la contemplation de son jardin, dans les entrelacs de branchages. D'habitude, la végétation est parfaitement taillée, mais le jardinier, souffrant, a été absent quelques jours. Aussi la nature a-t-elle repris ses droits, sur la base toutefois d'un ordre longtemps entretenu. Un sentiment étrange l'envahit soudain. Le théoricien du "conflit des facultés" vient de découvrir qu'il est un moment où cesse le conflit : c'est le moment où nous éprouvons le "sentiment du beau". Dans les milliers de pages qu'il a déjà écrites, pas une seule ligne n'est capable d'éclairer ce qu'il vient de ressentir. Il l'admet. Là est son courage, son immense honnêteté. Et il décide de se lancer, malgré son âge dans un nouveau chantier : *la Critique de la faculté de juger* vient de commencer à s'écrire[54]. »

La troisième *Critique* de Kant propose quatre approches de la beauté qui sont autant de définitions[55] : « On appelle *beau* l'objet d'une satisfaction indépendamment de tout intérêt[56] » ; « Est *beau* ce qui plaît universellement sans concept[57] » ; « La *beauté* est la forme de la finalité d'un objet, en tant qu'elle est perçue dans cet objet *sans représentation d'une fin*[58] » ; « Est *beau* ce qui est connu sans concept comme objet d'une satisfaction *nécessaire*[59]. »

La seconde définition, la plus célèbre et aussi la plus originale, recueille en elle les trois autres, à titre de conséquence ou de source. En effet, le beau est ce qui plaît : c'est ce qu'a établi la première définition. Or, Kant distingue deux sortes de jouissance : l'une, liée à l'objet, donc à l'intérêt, est la satisfaction de ce qui est agréable ; la seconde, liée au seul sujet, donc désintéressée, est la satisfaction de ce qui est beau. Précisons le raisonnement. « On appelle intérêt la satisfaction qui est liée pour nous à la représentation de l'existence d'un objet[60]. » Or, dans le jugement de goût qui a rapport à la beauté, « le sujet éprouve le sentiment de lui-même », de sorte que ce jugement « ne désigne absolument rien dans l'objet[61] ». Le jugement esthétique est donc désintéressé[62].

De plus, ce jugement esthétique n'est pas singulier, mais universel. De prime abord, une telle affirmation étonne. En effet, pour le philosophe allemand, l'universalité est une propriété non pas de l'objet, mais du sujet : tous les hommes présentent une structure mentale commune. Or, le beau est indépendant de toute considération utile, de toute inclination, et donc de tout objet. Comme, par définition, l'objet est singulier, le sujet qui éprouve un sentiment de beauté doit donc « regarder cette satisfaction comme fondée sur ce qu'il peut supposer exister en chacun ». Voilà pourquoi le beau est « objet d'une satisfaction universelle[63] ». Kant ajoute que le beau s'éprouve « sans concept ». En effet, « il n'y a pas de transition permettant de passer des concepts au sentiment de plaisir et de déplaisir[64]. » Mais l'universalité peut venir soit du concept, d'un contenu, donc de l'intelligence, soit d'un jeu libre à l'intérieur du sujet. Or, le jugement esthétique a « pour contenu », non pas l'objet, mais seulement « un rapport de la représentation de l'objet au sujet[65] ». Autrement dit, la satisfaction liée à la beauté ne peut être réduite au concept, puisqu'elle n'est pas une connaissance, mais une jouissance, dans le libre exercice de l'activité :

> « "Sans concept" signifie que, lorsque je dis : "c'est beau", ma satisfaction doit être ressentie par chacun, mais sans qu'elle découle de concepts ; c'est un jugement toujours subjectif, ce qui oppose l'universalité à l'universalité rationnelle d'un jugement de connaissance[66]. »

La conséquence en est que la beauté naît de l'harmonie des facultés. On peut le comprendre par contraste. Dans la science, l'imagination est déterminée par le concept. Si le mathématicien pense le concept *trois*, l'imagination qui se représente la figure à trois triangles est liée à la détermination qu'apporte la définition du concept mathématique de triangle. Mais le concept de beau est indéterminé et désintéressé : l'entendement ne prédétermine pas son contenu. L'imagination est donc libre de sa représentation ; son accord avec l'entendement ne saurait être produit par un concept. La faculté s'exerce ici librement. « Aussi l'état d'âme » est-il « celui d'un sentiment du libre jeu des facultés ». Par ailleurs, la représentation d'un objet requiert à la fois l'imagination qui procède à la composition du divers de l'intuition, et l'entendement qui unifie les représentations en un concept. Par conséquent, le jugement de goût « procure l'harmonie des facultés de connaître » : la contemplation d'une beauté extérieure suscite une unification spontanée des puissances. Autrement dit, dans la beauté s'opère une harmonisation, une rencontre gratuite, non nécessaire, de l'entendement et de l'imagination, ce que signale le plaisir[67].

Nous retiendrons de cette fine analyse, la notion d'harmonie intérieure sur laquelle nous reviendrons. Toutefois, ce plaisir né de l'harmonie intérieure précède toute satisfaction venue de l'appréciation d'un objet extramental. Le beau est certes désintéressé, mais cette gratuité se fonde sur le jeu des facultés et non sur la donation gratuite de l'être[68]. Fidèle à l'idéalisme critique, la notion kantienne de beauté désintéressée est déconnectée de toute finalité non pas interne, mais réelle. Le philosophe de Kœnigsberg sera ainsi conduit à instituer une distinction entre le beau et le sublime ; or, cette séparation profane la beauté en la réduisant à mon appréhension[69]. Comment ne pas regretter le subjectivisme de l'esthétique kantienne[70], qui fut amplement relayée[71] et déconnecte le beau d'un côté, le vrai, le bien[72] et même l'amour[73], de l'autre ? Ultimement, elle prépare la résorption du discours sur le beau dans les sciences dites esthétiques[74] et sa désertion du champ philosophique[75].

– 4 –
Conclusion

Dans le prolongement des différentes difficultés, notamment philosophiques, qui viennent d'être soulevées, nous ferons la même demande abrupte que celle qu'Augustin s'adressait dans les *Confessions* : « Qu'est-ce que la beauté : *quid est pulchritudo ?* » Et comme lui, nous nous affronterons au dilemme qu'un passage célèbre du *De vera religione* formule ainsi : « les choses sont belles parce qu'elles réjouissent [*pulchra sunt quia delectant*] ou réjouissent-elles parce qu'elles sont belles[76] ? » Reprenons le constat aporétique auquel aboutit la première partie : l'histoire de l'idée de beau se partage entre deux interprétations, objective et subjective, dont aucune n'est satisfaisante à elle seule, mais dont on ne voit pas non plus comment elles sont conciliables. D'un côté, Paul Cézanne affirmait : « L'aboutissement de l'art, c'est la figure[77]. » De l'autre, Nicolas Poussin disait de la peinture qu'elle engendre une « délectation » et Eugène Delacroix qu'elle est une « fête pour l'œil ». Comment s'affranchir de la dialectique de l'objectivité et de la subjectivité dont la conception de la beauté semble prisonnière ?

Trois voies complémentaires vont tenter de dépasser ce dilemme. Toutes font appel à la phénoménologie : entendue dans un sens non métaphysique chez Chrétien, et dans un sens métaphysique, c'est-à-dire ontophanique, chez Balthasar et Maritain.

Chapitre 2
La blessure du beau selon Jean-Louis Chrétien

À travers quelle expérience la montagne Sainte-Geneviève m'apparaît-elle belle ? Celui qui, aujourd'hui, est peut-être le plus grand, en tout cas le plus assidu, phénoménologue français de la beauté, Jean-Louis Chrétien, répond en une phrase qui donne beaucoup à penser et nous servira désormais de fil conducteur : « Le seul accès phénoménologique au don est dans le merci, comme le seul accès à la beauté est dans la louange[78]. » L'unique lieu d'où je puisse phénoménologiquement parler de la beauté est la louange. Assurément, le beau suscite la joie, affirmation vers laquelle, nous l'avons vu, convergent tant la métaphysique (« *pulchrum quod visu placet* ») que l'idéalisme (« la satisfaction qui détermine le jugement de goût est désintéressée »). Mais ce contentement, parfois même ce transport n'épuise pas l'expérience esthétique, voire n'en livre pas le cœur. D'un mot, la joie est une jubilation ; la jouissance passive cache une active reconnaissance.

L'affirmation soulève une objection immédiate : lorsque j'écoute le deuxième mouvement de la septième symphonie de Beethoven, celle dont Wagner disait qu'elle est « l'apothéose de la danse », j'éprouve un ravissement, mais une hymne ne s'élève pas spontanément en moi.

Cette aporie invite à approfondir la pensée du philosophe récemment disparu, voire toute sa pensée, car depuis *L'Effroi du beau* jusqu'à *La Joie spacieuse*, l'auteur ne cesse de méditer sur l'appel en général et l'appel du beau, en particulier. S'il m'est permis de systématiser une œuvre qui vaut toujours plus que toutes ses mises en forme[79], nous dirions qu'elle se décline en quatre notions principales : la blessure, l'appel, la louange, la choralité[80].

– 1 –
La blessure du beau

Le beau meurtrit[81]. En effet, il brise ma propre étroitesse. En faisant irruption, il m'élargit. Lisons avec générosité le paragraphe ouvrant *L'Effroi du beau* :

> « Au bruissement des feuilles soudain notre regard se lève, et voici que déjà l'oiseau a pris son vol, émissaire improvisé de l'arbre dans le libre espace, en deux coups d'aile oubliant son message, pour l'avoir du premier délivré. Il emporte par surprise notre absente rêverie,

et fendant l'air inaltérable de midi redonne en l'ouvrant l'ouvert à lui-même. Autour de nous la clairière suspend la récitation de ses secrètes. Dans la fugitive vibration de l'événement, l'obscure prédiction des sentiers s'efface et s'accomplit. Retrouvée la lumière nous déchire, et par elle jusqu'en notre âme l'oiseau disparu poursuit sa percée. Il semble que ce soit pour toujours, tant cette proximité recueille en elle de pudique douleur. Aurons-nous assez d'espace en nous pour que l'onde de cet envol laisse son cercle inachevé ? Assez de souffle pour les répons ? Assez de force pour ne pas fuir la blessure de cette beauté[82] ? »

Les lecteurs de Heidegger retrouveront sans difficulté les multiples allusions à un auteur qui est amplement cité dans l'ouvrage. Mais ils relèveront aussi une thématique absente chez le philosophe de la Forêt Noire, celle de la blessure, de la déchirure et de la « pudique douleur », pour dire ce qu'en revanche il évoque souvent : l'ouverture bénie d'un espace à une lumière qui se voile et s'absente.

Ainsi, cette blessure du beau, loin de requérir la guérison, donc sa fermeture, demande à être avivée. Telle celle que reçut Jacob dans son combat nocturne contre l'ange, elle est une bénédiction :

« Il y a des blessures où nous nous complaisons, que nous entretenons et approfondissons de nos plaintes et de notre délectation morose, en savourant notre faiblesse. Il ne faut pas même les soigner, il faut seulement les laisser, les oublier, car elles se cicatriseront d'elles-mêmes, elles qui ne vivent que d'être regardées, racontées, remémorées. Et il y a des blessures qu'il ne faut pas guérir, car elles sont source de notre amoureuse intimité avec notre plus haute tâche, celle que nous avons, à l'impossible, reçue sans l'avoir cherchée[83]. »

D'ailleurs, à bien regarder, la joie elle-même dit une gratuité et un excès, donc une ouverture. En effet, comparativement, le vrai éclaire ou illumine, le bien apaise ou remplit ; seul le beau rend joyeux. Or, paix et joie sont deux sentiments qui naissent de la présence du bien[84]. Alors que la paix, « tranquillité de l'ordre[85] », suppose la mesure, la joie, elle, naît de son débordement. La paix est à la joie ce que le *péras* (limite) est à l'*apéiron* (infini)[86].

– 2 –
L'appel du beau

Le beau navre. Or, cette blessure qui m'agrandit naît de son appel. « La beauté [...] ne parle pas – écrivait Simone Weil – ; elle ne dit rien. Mais elle a une voix pour appeler[87]. » C'est ce qu'établit l'étymologie du terme grec *kalon*, « beau ». La question est abordée par Hermogène dans le *Cratyle*, dialogue platonicien qui traite de l'origine des paroles[88]. Se fondant sur la presque identité du substantif *kalon* et du verbe *kalein* (« appeler »), Socrate conclut que le beau provient d'un appel. « Ce que fait *to kaloun*, ce qui appelle, ce sont *ta kala*, des beautés[89]. » Autrement dit, c'est la pensée qui est « la cause pour chacun des étants d'avoir été appelé [*klêthênai*] ».

Plus simplement, la pensée est « ce qui appelle », *to kaloun*. Plus encore, le prime appel continue à résonner dans ce qui est beau. C'est ce qu'affirme Hermias, dans son commentaire du *Phèdre*. Partant des premiers mots (*ô philé Phaidré*, « cher Phèdre »), le philosophe d'Alexandrie estime qu'ils disent l'objet du dialogue platonicien : « *Cher* en effet est le beau [*kalon*], étant ce qui appelle vers lui-même [*klêtikon eis héauto*] et convertit. C'est pourquoi beau [*kalon*], se dit du fait d'appeler vers soi-même [*kalon eis héauto*] les amants[90]. » De même le néoplatonicien Proclus fonde le beau dans l'appel, le *kalon* dans le *kalein* : « Puisque la beauté [*kalon*] convertit toutes choses vers elle-même, les met en mouvement, fait qu'elles soient possédées du divin et les rappelle à elle par l'intermédiaire de l'amour, elle est ce qui suscite l'amour[91]. »

Enfin, la polysémie remarquable du terme « appeler », autant en français qu'en grec, le confirme. Le verbe signifie à la fois « héler » (lancer un appel) et « nommer ». Or, nommer est l'acte de parole qui naît du sujet parlant ; en revanche, interpeller précède l'acte de nomination. C'est donc que toute parole est précédée par un appel. Pour autant, le terme unique nous oblige à tenir ensemble l'appel et l'appellation – double signification que Heidegger conjoint : « Lors de leur nomination, les choses nommées sont appelées dans leur être de choses[92]. »

Par conséquent, à la fracture de la blessure répond le surcroît originaire d'un appel qui toujours me précède et m'excède.

– 3 –
La réponse de la louange

Enfin, cet appel du beau qui me dilate et me blesse exige une réponse. La plus haute possibilité de la parole humaine – mais aussi du corps[93] – est d'être responsive. Mais une difficulté apparaît. Ce qui est ici dit du beau vaut de toute parole qui n'est vraie que d'être agonique (du grec ancien *agônia*, « combat ») ou polémique (du grec ancien *polémos*, « guerre »). En effet, seul mérite d'être dit, ce qui, au départ, échappe aux prises de la parole. Il n'y va pas, pour Jean-Louis Chrétien, d'un éloge de l'impensable, mais de la reconnaissance que tout ce qui est formulé commence par une démesure. Or, cette tâche qui tout à la fois dépasse mes forces présentes et me requiert, invite à un combat et révèle ma défaillance. Tout grand philosophe, tout grand écrivain vit ce paradoxe insupportable : d'une part, il se sent poussé à exprimer ; d'autre part, il éprouve son impuissance à accomplir cette tâche qui, au-dessus de ses forces, le voue à l'impossible. Cette intuition nécessairement parcellaire et asymptotique dont Bergson crédite toute philosophie authentique[94], Chrétien l'interprète de manière dramatique.

Dès lors se pose une question : quelle différence existe-t-il entre la parole qui énonce le vrai et celle qui révèle le beau ? Elle tient justement dans la *louange*. Autrement dit, la seule réponse adéquate à l'appel du beau est hymnique : « La faille de la beauté n'est-elle pas l'ouverture du chant[95] ? » Après avoir lu l'ouverture de *L'Effroi du beau*, rendons-nous à son envoi (qu'il faudrait citer en entier). Chrétien y harmonise ses différents thèmes, de la blessure bénie jusqu'à la louange :

> « La déficience de l'écoute silencieuse ou de la vision immobile, en nous faisant être en souffrance de la beauté dans l'instant même où elle nous rencontre et atteste, par la faille ouverte en nos pouvoirs, son "existence plus forte", cette déficience qui nous blesse nous donne charge de louange et nous met de bien des façons à l'œuvre. Bienheureuse est cette blessure, et fécond cet effroi[96]. »

Une autre aporie pourrait surgir. L'expérience du beau est donc une réponse. Pour autant, ainsi que la phénoménologie et déjà l'idéalisme nous l'apprennent, la joie et la louange ne succèdent pas à une première appréhension du beau, en quelque sorte objective et neutralisée. Avec Emmanuel Levinas ou Jean-Luc Marion, Jean-Louis Chrétien relève que l'appel ne s'entend que dans la réponse[97]. Cette loi générale vaut singulièrement de la beauté. Il n'y a pas un temps premier où elle arrêterait mon regard et requerrait mon attention, un autre où je tressaillerais intérieurement d'allégresse et un dernier où je jubilerais. De manière contemporaine, je suis saisi par la beauté et je la célèbre.

L'homme envoûté par le beau découvre donc qu'il est essentiellement eucharistique[98]. Pour le montrer, Chrétien convoque notamment celui qui est peut-être le plus grand philosophe de la louange cosmique : Philon[99], singulièrement dans son *De plantatione*, commentateur de Gn 9,20-21, sur Noé cultivateur et vigneron[100]. À la croisée féconde du judaïsme et de l'hellénisme, l'Alexandrin retient du premier, dans la lignée des derniers prophètes, que le cœur du sacrifice est *reditus* vers Dieu, non par l'immolation sanglante, mais par la parole et plus encore le cœur s'exprimant dans une parole, et du second la centralité du cosmos. Dès lors, en une véritable liturgie cosmique, l'homme reconduit la nature en sa splendeur vers Dieu : « l'univers participe à la célébration du culte avec l'homme, et l'homme avec le tout[101]. »

– 4 –
La louange chorale

La parole laudative, enfin, n'est jamais un soliloque. En effet, nous venons de voir que l'appel est en excès à l'égard de la réponse. Ainsi, contre la concordance heideggérienne entre appel et réponse, Chrétien tient que la parole ne peut jamais correspondre à la beauté. Pour autant, celle-ci la convoque. Blessée, la voix isolée se brise, tout en étant invitée toujours plus à écouter l'inouï qui la précède et la bénit. Or, ce que l'homme est incapable d'accomplir seul, plusieurs le peuvent. Voilà pourquoi tout chant est choral. Ainsi sur la phénoménologie se greffe une herméneutique – mais en un sens différent de celui proposé par Paul Ricœur – : la louange appelle la louange.

C'est ce qu'affirme Claudel, dans la quatrième des grandes odes :

> « Lorsque j'entends ton appel, pas un être, pas un homme, / Pas une voix qui ne soit nécessaire à mon unanimité [...]. / Et cependant quand tu m'appelles, ce n'est pas avec moi seulement qu'il faut répondre, mais avec tous les êtres qui m'entourent, / Un poème tout entier comme un seul mot tel qu'une cité dans son enceinte pareille au rond de la bouche[102]. »

De même, dans le Cantique des Cantiques, le Bien-Aimé convoque à pas moins de quatre reprises la symbolique de la création et de l'histoire d'Israël afin de chanter son amour débordant pour la Bien-Aimée (4,1-15)[103]. Or, tout commence par l'exclamation : « Que tu es belle, ma Bien-Aimée, que tu es belle ! » (v. 1a). Quel amoureux ne le sait et ne le vit ? La nature lui a été donnée pour pouvoir célébrer son amour et l'aimée : non point d'abord parce qu'il aurait épuisé les ressources esthétiques de la beauté chérie, comme on pourrait le craindre, mais parce qu'en son élan spontané, l'amour subordonne à autrui tout le reste du monde. Les *honey-mooners* fortunés choisissent Bora Bora et autres îles paradisiaques sans doute pour l'évasion, mais plus encore pour la célébration. Faudrait-il retourner le vers célèbre du *Lac* de Lamartine : le monde vous manque et l'être aimé est dépeuplé ?

– 5 –
Le don au cœur de la beauté

Résumons nos analyses. Nous sommes partis de l'affirmation selon laquelle *la beauté ne se révèle que dans la louange.* Autrement dit, la bénédiction, plus profondément que la joie, manifeste l'essence de la beauté. Pour rendre compte de cette affirmation (qui lèvera partiellement l'aporie liée à la tension entre objectivité et subjectivité), nous avons systématisé l'analyse de Jean-Louis Chrétien en quatre notes qui sont aussi quatre moments : 1. la beauté apparaît dans une blessure qui ouvre le cœur et l'élargit pour mieux en recevoir la grâce[104] ; 2. cet effroi dilatant manifeste un appel ; 3. cet appel presse ma parole de répondre par la louange ; 4. défaillante à l'égard de l'appel de la beauté, cette louange convoque le chant du monde.

Or, ces quatre notes par lesquelles le phénoménologue français décrit le beau renvoient toutes au don. Plus encore, elles dessinent une dynamique du don en trois temps[105]. En effet, celle-ci bat selon une rythmique ternaire : la réception, l'appropriation et la donation. Par exemple, l'apprentissage intègre l'écoute (la réception), l'intériorisation (l'appropriation) et une parole autorisée (la donation). Appliquons cette pulsation à l'analyse de Chrétien.

1. Comme tout moderne, l'auteur de *L'Antiphonaire de la nuit* part du sujet et, comme tout phénoménologue, de son vécu de conscience, donc du moment central qu'est l'appropriation. En effet, le beau n'est pas expérimenté avant l'éveil de la parole hymnique.

2. Mais le *cogito* est blessé. Toutefois, le mot de Ricœur[106] doit s'entendre, une nouvelle fois, dans un tout autre sens, que celui de son utilisateur : non par défaut (la blessure de l'involontaire, de l'archéologique), mais par excès. Or, cette effraction est heureuse car elle porte

à la conscience le choc d'un don que sa seule intuition ne peut mesurer ; l'appel précise que ce don précède et excède la parole, même s'il ne se fait entendre qu'en elle. Ainsi, le sujet tout-puissant de la modernité n'advient donc à lui-même que dans la *réception*.

3. Enfin, le don originaire ne laisse pas l'homme bouche bée. Il réquisitionne sa réponse, c'est-à-dire la *donation* de sa réponse. Celle-ci présente deux caractéristiques qui convergent avec les deux derniers traits caractéristiques du beau. D'une part, pour être adéquate à la démesure qui l'engendre, la parole doit non point seulement dire, mais célébrer. D'autre part, cet excès mobilise plus que la seule célébration monodique et rien moins que le don de la création en une polyphonie. Le débordement anthropologique ouvre en nous un espace pour la cosmologie.

La phénoménologie de l'appel et de la réponse peut donc s'interpréter comme une phénoménologie de la donation, mais qui n'ignore ni le donateur, ni le bénéficiaire, ni le don-cadeau. En effet, entre l'inoubliable de l'origine (1) et l'inespéré de son terme (3)[107], le beau blesse en ouvrant le solipsisme de l'ipséité égotiste (2). Vocative (1) et responsive (3), la parole libre et vraie (2) épouse les trois moments du don. Ceux-ci sont d'ailleurs noués dynamiquement : l'excès de l'appel qui coïncide avec la réception originaire (1) est symétrique de la surabondance de la réponse qui s'identifie avec la donation finale (3) et nécessite la démesure de l'ouverture intérieure qui brise pour mieux bénir (2). Chrétien n'a-t-il pas lui-même opéré le rapprochement dans la phrase qui, citée au début de ce chapitre, en constituait la source : « Le seul accès phénoménologique au don est dans le merci, comme le seul accès à la beauté est dans la louange » ? Un terme commun rassemble l'expérience du beau et du don : la gratitude ou la reconnaissance[108]. Or, celle-ci, jusque dans son étymologie, est la répétition, au sens kierkegaardien, du don originaire dans le don de la parole offerte. Par et dans le « merci », le dynamisme chrétien encore plus que néoplatonicien de l'*exitus-reditus* s'excipe de tout déterminisme et accède à la splendeur de sa vérité qui va de la liberté divine (fontale) à la liberté divine (finale) par la liberté humaine.

Chapitre 3

La manifestation du beau selon Hans Urs von Balthasar

Le chapitre 2 a résumé l'approche phénoménologique du beau détaillée par Jean-Louis Chrétien. Mais l'objectivité de la beauté est-elle assez honorée ? Certes, le don de la louange redouble celui du beau qui la précède et l'excède, mais rien n'affirme que les deux soient séparables, que le don originaire existe hors la gratitude qui en manifeste la donation. La nécessité du lien épistémologique ne nie-t-elle pas la gratuité supposée de la relation ontologique ? Est-il suffisant d'affirmer que, selon le grand axiome qui traverse l'œuvre de Chrétien, l'appel ne se fait entendre que dans la réponse, autrement dit que le beau ne se dévoile que dans la gratitude laudative ? De fait, jamais notre auteur ne décrit pour elles-mêmes les caractéristiques classiques de la beauté (forme et lumière). À trop se centrer sur sa célébration sans en notifier la structure ontologique, ne risque-t-on pas de la dissoudre dans la parole ? Même si, dans une remarquable évolution interne, l'auteur de *L'Effroi du beau* associe le corps à la parole, celui-ci n'est jamais interprété que dans sa symbolique ou son vécu intime (chair ou corps-sujet), point en sa constitution physique (organisme ou corps-objet). La nature elle-même (le cosmos) n'apparaît que fort rarement et dans les rets des citations[109].

En outre, plus subtilement, cette interprétation de la beauté ne risque-t-elle pas de fluidifier le monde et d'outrepasser le don pour ne plus célébrer que le Donateur ? N'était-ce pas la tentation, inaboutie, du néoplatonisme (et déjà du platonisme), à laquelle saint Thomas n'a pas voulu céder, ainsi que l'a bien montré Umberto Eco ? À trop souligner l'impatience de la limite, voire sa secrète idolâtrie, la rhétorique de la blessure en oublie la bénédiction[110]. La beauté est lumière, donc ouverture, mais à partir de la figure, donc de l'heureuse contenance de la clôture.

Enfin, jamais cette approche ne répond à deux questions fondamentales. D'une part, pourquoi le beau se manifeste-t-il en louange et non pas en un autre existential ? D'autre part, pourquoi et en quoi la chose belle suscite-t-elle la louange ? En en demeurant à la seule description des vécus de la conscience qui éprouve la beauté, elle ne peut rien dire de ce qui, chez la chose, en son propre éveil, la fait chanter au lieu de seulement l'étonner (le vrai) ou l'attirer (le bien). Bref, le désir ô combien légitime qu'a Chrétien de s'émanciper de la seule subjectivité a-t-il été pleinement honoré[111] ?

– 1 –
D'une phénoménologie à l'autre

De telles demandes touchent les présupposés mêmes de la phénoménologie. Or, à côté de la voie ouverte par Husserl se rencontre une phénoménologie différente, initiée par Hegel et aussi, avec une accentuation elle-même diverse, par Maurice Blondel, et continuée avec fécondité par une bonne partie des disciples de Husserl constituant le cercle de Göttingen, Adolf Reinach, Hedwig Conrad-Martius, Max Scheler, Edith Stein, Roman Ingarden[112] : une phénoménologie qui sera toujours un retour aux choses-mêmes, mais qui, loin de de mettre « entre parenthèses la question de l'être[113] » et de prendre la relève de la métaphysique, l'appellerait de l'intérieur comme son fondement[114], tout en la complétant[115]. Bref, une phénoménologie qui, sachant qu'elle « échouera toujours à faire de l'un avec du multiple[116] », se refuserait à la rupture idéaliste opérée par Husserl[117], pour se qualifier elle-même de réaliste[118].

Ce que je présente ici comme un saut épistémologique – et comme un choix – peut et doit être compris comme un enrichissement et une intégration qui, loin de nier la voie de la reconnaissance (la louange), la fonde métaphysiquement. De nouveau, nous devons affronter le hiatus jamais totalement résorbé du sujet et de l'objet, de l'idéalisme et du réalisme, ici de la phénoménologie husserlienne et de ce que l'on pourrait appeler la phénoménologie métaphysique. Elle est d'une certaine manière esquissée par Heidegger. Ainsi, à travers l'œuvre d'art, l'homme fait l'expérience intérieure d'un dépaysement, c'est-à-dire d'un arrachement à l'utilité, à la préoccupation et au souci. Or, cet existential révèle une ouverture à l'être, au don gratuit de l'Être qui s'offre : « La poésie rend l'étant plus étant [*seiender*][119]. » Voilà pourquoi, s'opposant frontalement au *logion* de Nietzsche selon lequel « la vérité est laide[120] », Heidegger parle d'une « offrande du beau » et lie celui-ci à la vérité[121]. Toutefois, cette offrande du beau est aussi voilement[122]. La vérité de l'œuvre se déploie seulement « comme combat entre éclaircie et réserve », et donc « dans l'adversité du monde et de la terre[123] ». Le dernier mot du philosophe allemand est au retrait. De même que l'Être ne se manifeste pas dans l'étant mais s'y voile[124], de même la beauté se retire de l'œuvre d'art et s'y dérobe.

Pour développer cette intention, je ferai appel à la philosophie qui propose la tentative, à mon sens actuellement la plus aboutie, de conjuguer une métaphysique de la beauté – de l'être comme beauté – avec la phénoménologie entendue dans le second sens[125] : celle de Hans Urs von Balthasar[126]. Pour introduire ces développements plus abstraits, j'en proposerai une illustration dans le monde animal[127].

– 2 –
La forme animale comme gratuite automanifestation (Adolf Portmann)

Adolf Portmann (1897-1982)[128] est un chercheur et professeur de zoologie, qui rédigea un manuel de référence sur la morphologie comparée des vertébrés[129] et s'est aussi aventuré dans d'autres secteurs de la biologie, voire en sociologie et en psychologie. Le naturaliste suisse s'est surtout fait connaître par un livre profondément original, *La forme animale*, publié en 1948 et refondu en 1960[130]. Une fois n'est pas coutume, il fut traduit en France dès l'année suivante[131]. Son intuition peut se résumer dans la thèse suivante, aussi inédite que simple : *la forme animale est son automanifestation*. Autrement dit, l'animal tend à se montrer en sa figure extérieure.

Au début de son ouvrage, Portmann prend l'exemple de la plume pectorale d'une corneille « poussée par le vent sur notre chemin »[132]. Trois traits sont frappants. D'abord, seule la partie terminale, la pointe, est d'un bleu noir chatoyant, le reste est un duvet gris clair. Ensuite, si nous considérons l'ensemble du somptueux manteau, les autres plumes sont, elles aussi, d'un gris clair quelconque. Enfin, si nous retournons une penne ordinaire, nous découvrons qu'autant l'endroit est couvert d'un dessin et d'une coloration parfois fort belle, autant l'envers est à peine teinté. Ainsi, le vêtement richement coloré de la corneille s'étend à la seule partie visible. Nous pouvons nous arrêter à ce constat et l'enregistrer. Nous pouvons aussi l'interroger, car, pour être constantes dans le monde de l'oiseau, ces caractéristiques n'ont rien d'une évidence ou d'une nécessité.

Ce fait est aisément généralisable. Dans le dernier chapitre, intitulé « Pour comprendre la forme animale », le zoologiste alémanique y multiplie les exemples : de la roue du paon aux ailes de papillon en passant par les rayures du zèbre.

L'interprétation la plus fréquente de ces différents constats à l'époque de Portmann, mais qui est toujours en vigueur aujourd'hui, est celle de Charles Darwin. Selon le naturaliste anglais, la loi d'airain de l'évolution est la sélection naturelle, c'est-à-dire la compétition pour la survie du plus apte. Or, est utile le bien qui est mis au service d'un autre, subordonné à un autre. Comme la forme sert la fonction, la perspective darwinienne est donc foncièrement utilitariste. De fait, tous les exposés passés et actuels de biologie ne cessent de chercher comment telle couleur, telle structure, tel comportement, sont finalisés par la conservation belliqueuse de l'espèce – dit autrement, comment l'acquisition d'une compétence permet de mieux dominer.

Pourtant, l'explication fonctionnelle, adaptative ou utilitariste « ne dit rigoureusement rien concernant la coloration de la huppe d'un oiseau ou des ailes d'un papillon ; on laisse complètement inexpliquée la forme spécifique des cornes ou des ramures ou les rayures du zèbre[133] ». Certes, la roue du paon est un stimulus déclencheur pour la femelle ; mais celui-ci est constitué par quelques points ; donc, l'utilité n'explique pas la totalité de la roue. Ajoutons une illustration tirée d'une autre œuvre[134]. L'on sait combien certains papillons diurnes présentent des dessins somptueux. Or, l'on a démontré expérimentalement que seuls certaines couleurs et certains dessins étaient pertinents pour leurs rôles fonctionnels (supposés). C'est par exemple ce qu'établissent les études de Diter Magnus sur le papillon Tabac d'Espagne[135]. Par conséquent, l'explication utilitariste ne peut rendre compte de la totalité de la morphologie.

Récusant l'interprétation darwinienne qu'il estime réductionniste, Portmann en propose une nouvelle : *la forme animale est une gratuite autoreprésentation*[136]. Les formes présentes dans le monde animal s'expliquent (d'abord) par leur gratuité. Elles sont là pour elles-mêmes. Parlant par exemple des mycétozoaires (autrefois appelés myxomycètes)[137], animalcules mucilagineux qui adoptent deux formes dans leur développement, il affirme : « cet auto-façonnement *gratuit*, cette auto-présentation de l'être plasmatique pourrait bien, en fin de compte, être le sens premier et suprême de l'apparence vivante[138]. » Il faut dire plus. Comment ne pas reconnaître que nombre de formes animales sont somptueuses ? Cette expérience est d'ailleurs largement transculturelle. Deux études d'un disciple de Portmann, spécialiste d'histoire de l'art, témoignent combien l'élégance est au cœur du monde animal[139]. Certains philosophes animalistes comme Dominique Lestel se demandent s'il existe comme un proto-art animal. Mais une telle question est anthropomorphique. En fait, l'animal *ne fait pas* des œuvres d'art, il *est* une œuvre d'art :

> « Comment ne pas être saisi par l'élégance souveraine qui affecte très souvent les formes animales ? La précision des zébrures, veinures, marbrures et autres taches qui ornent le pelage de nombreux mammifères ; les couleurs éclatantes de la livrée des poissons tropicaux et des perroquets ; les dessins stupéfiants de régularité sur les coquillages ; la délicatesse et la minutie des motifs – bandes, rubans, ocelles – sur les ailes des papillons ; les plumes et leurs extraordinaires qualités : non seulement les couleurs et les motifs, mais encore tous les effets de brillance, de matité, de velouté, d'irisation... Cette élégance ne s'arrête pas aux formes locales mais caractérise encore la configuration générale des animaux : pensons aux crêtes, aux crinières, aux queues, à toutes les formes d'appendice, aux ailerons... La sûreté, l'exactitude et la finesse de toutes ces formes font fatalement signe du côté non pas tant de nos arts plastiques

(la peinture par exemple) que du domaine immense de l'ornementation et de la parure[140]. »

Ainsi, pour Portmann, cette beauté est un fait premier, au moins du point de vue de l'observateur, qui se fait ici contemplatif. L'animal se montre dans sa splendeur. Après avoir longuement médité sur les travaux de nombreux biologistes, dont Portmann, le phénoménologue Maurice Merleau-Ponty généralise en affirmant non seulement que la vie est irréductible à l'utilité, mais que la gratuité la précède :

> « Il faut critiquer l'assimilation de la notion de vie à la notion de poursuite d'une utilité, ou d'un propos intentionnel. La forme de l'animal n'est pas la manifestation d'une finalité, mais plutôt d'une valeur existentielle de manifestation, de présentation. Ce que montre l'animal, ce n'est pas une utilité ; son apparence manifeste plutôt ce qui ressemble à notre vie onirique. Sans doute, en un certain sens, le cérémonial est-il utile mais il n'est utile que parce que l'animal est ce qu'il est. Une fois qu'elles sont, ces manifestations ont un sens, mais le fait qu'elles soient telles ou telles n'a aucun sens. De même que l'on peut dire de toute culture qu'elle est à la fois absurde et qu'elle est le berceau du sens, de même toute structure repose sur une valeur gratuite, sur une complication inutile[141]. »

– 3 –
L'ontophanie

Ce que Portmann a observé en scientifique, son compatriote Balthasar l'a pensé en philosophe[142]. Il a proposé deux développements philosophiques conséquents et systématiques de son esthétique à quarante ans de distance : le premier, en 1947, dans *Wahrheit* (traduit en français : *Phénoménologie de la vérité*) – qui deviendra le premier volume de la *Theologik* sous le titre *Wahrheit der Welt* (*Vérité du monde*) –, le second, en 1987, dans *Epilog*, le seizième volume qui clôt la *Trilogie*. Les variations sont minimes mais valent d'être notées. Entre les deux écrits, la vaste entreprise d'esthétique théologique qu'est *Herrlichkeit* (*La Gloire et la Croix*) présuppose les développements de *Wahrheit* qu'elle cite plus qu'elle n'apporte du nouveau, philosophiquement parlant.

La Phénoménologie de la vérité devenue *Vérité du monde* est une rhapsodie sur un unique thème : l'être comme mystère, c'est-à-dire comme manifestation d'un fond qu'elle n'épuise pas tout en le révélant[143]. Par exemple, le visage (manifestation) exprime le cœur (fond) ; toutefois, celui-ci est plus riche que toute expression, verbale ou non-verbale. Cette distinction statique de l'extérieur et de l'intérieur est aussi et d'abord une articulation dynamique entre un processus de sortie expressive de soi (dévoilement) où le fond se communique *ad extra* dans la figure, et un « mouvement » de retrait ou de retour *ad intra* (enveloppement) par lequel la manifestation atteste l'*excessus* du centre.

Or, l'une des multiples voies par lesquelles Balthasar établit le caractère intrinsèquement mystérieux de l'être, est celle des transcendantaux qui, en retour, sont décrits à partir de la différence voilement-dévoilement. Laissant de côté l'*unum*[144], il s'intéresse aux trois autres, vérité (1), bonté (2) et beauté (3)[145]. Il est nécessaire de décrire les deux premiers car la beauté ne se comprend qu'à partir d'eux comme leur achèvement, leur raison d'être à la fois ultime et intime.

1. La *vérité* se présente comme ce qui se montre à l'autre. Or, se montrer à autrui suppose une dynamique d'ouverture de l'être : un fond (« pour-soi ») se dévoile dans une apparition (« en-soi ») ; mais l'extériorisation n'est pas plus séparable de sa source qu'elle ne lui est identique. Dans l'autre sens, le mouvement d'auto-expression se double d'un mouvement de retour de l'en-soi, c'est-à-dire de l'apparition vers la profondeur toujours plus grande du pour-soi : l'être n'acquiert une profondeur qu'en devenant lumineux. En effet, « le fond est [...] toujours la visée finale[146] ». Donc, la vérité explicite et fonde le mystère, tout en recevant du couple enveloppement-dévoilement son élucidation. Une conséquence en est notamment que la vérité est

lumière et mesure[147] : lumière en tant que révélation et extériorisation, mesure dans sa confrontation à son propre fond[148].

2. Le vrai ne suffit pas à rendre pleinement compte de la dynamique du fond et de l'apparition : la correspondance entre fond et image demeure encore formelle, la lumière du dévoilement est froide et ne se communique pas. Il faut donc faire appel à un autre transcendantal, le *bien*. En effet, nous avons décrit un échange, une communication entre le fond et l'apparition. Or, en se donnant, un être acquiert sa valeur, autrement dit son bien. Mais le bien ainsi envisagé présente deux aspects : en tant qu'il est communication (*bonum diffusivum sui*)[149], il se donne, donc s'actualise et apparaît comme perfection ; en tant qu'il est toujours à distance de cette réalisation, le bien se révèle alors comme honnête, c'est-à-dire comme réalité à concrétiser. Et puisque le fond constitue ce qui s'actualise et l'apparition ce vers quoi il tend, le bien épouse lui aussi la dynamique mystérique de l'être.

3. À son tour, le bien n'épuise pas les virtualités de la distinction du fond et de l'apparition. En effet, le *bonum* est ce qui attire. Mais cette attraction doit s'envisager non point dans le sujet, ce qui livrerait la bonté au subjectivisme, mais dans l'objet lui-même. Or, la bonté objective naît de l'auto-communication du fond en son apparition. Et cette communication n'a pas d'autre raison d'être qu'elle-même : elle est à elle-même son

pourquoi[150]. Mais c'est le propre de l'amour que de se donner gratuitement. Par conséquent, le bien naît du rayonnement de l'amour désintéressé.

Or, la beauté est d'une part un pur rayonnement, d'autre part un écoulement en excès de soi, une joie irradiante et surabondante. Dans son objectivité, elle rend donc compte de ce que l'être est un fond sans fond qui jaillit de son tréfonds dans son apparition. Et puisque le *pulchrum* se donne gratuitement, il est identiquement l'amour. Par conséquent, « le noyau de l'être consiste dans l'amour[151] ». En retour, le beau explicite la raison d'être ultime – au plan immanent, créé – du mystère : la gratuité de l'auto-donation du fond ruisselle et se livre en une figure concrète sans autre raison d'être que de se donner ; l'irréductible « plus » du fond excède tout dévoilement. Et puisque la beauté est la raison fontale au-delà de toute raison, elle est donc le transcendantal par lequel commence la *Trilogie*[152].

– 4 –
Le beau comme « se-montrer »

Bien qu'écrite quarante ans plus tard, l'esthétique philosophique d'*Epilog* présente une impressionnante continuité avec celle de *Wahrheit*. Dans la deuxième partie de cet opuscule d'une centaine de pages, Balthasar étudie les transcendantaux fondateurs de la *Trilogie*. Il introduit deux nouveautés à l'égard du premier exposé. D'abord, alors que *Wahrheit* aboutit à la structure épiphanique (fond-apparition) de chaque acolyte de l'être, *Epilog*, lui, part de cet acquis et en propose une systématisation inédite. C'est ainsi qu'il « définit » chaque transcendantal de manière phénoménologique par un « se » qui désigne le fond suivi d'un verbe qui signifie le mode de manifestation : « se montrer » pour le beau, « se donner » pour le bien et « se dire » pour le vrai. Ensuite, alors que *Wahrheit* en demeure à une approche métaphysique, donc objective et rationnelle, *Epilog*, lui, enrichit ce développement de deux autres perspectives, d'une part subjective et rationnelle (donc intramondaine), d'autre part théologique (christologique, mais aussi trinitaire), de sorte que l'analyse se réfracte en un triple exposé[153].

Cela dit, le détail est sans surprise. Par exemple, le paragraphe consacré à la beauté en son objectivité, c'est-à-dire le beau de l'étant, se résume dans le syllogisme suivant[154] : l'étant intramondain tend à se manifester dans une figure qui l'exprime ; or, ce dévoilement est source de beauté : en sa figure, c'est-à-dire dans la forme de son apparition, et dans le mouvement par lequel l'essence réelle s'extériorise et s'éclaire en elle ; donc, tout étant est beau et cette beauté doit se comprendre comme une épiphanie[155].

– 5 –
Synthèse de l'esthétique balthasarienne

Dans sa remarquable endurance, l'esthétique phénoménologique autant que métaphysique élaborée par Balthasar peut maintenant se déployer. Synthétisons-la en six points.

1. Le beau, en son essence même, ne peut se comprendre que phénoménologiquement, comme l'apparition du fond même de l'être. Il s'agit donc ici d'une phénoménologie non pas des états de conscience, mais de la structure même du réel en son objectivité extramentale. Voilà pourquoi nous parlons de structure ontophanique.

2. Cette dynamique de dévoilement étant commune à toutes les *passiones entis,* la beauté va se spécifier par la gratuité. La seule présence de l'être suffit à expliquer l'expérience du vrai mais non celle du beau. Il s'ajoute ici une note décisive : la raison de l'automonstration du *pulchrum* est sans raison, ou, pour éviter toute absurdité, sans raison autre que de se communiquer. Ultimement, nous éprouvons la beauté face au choc à la fois imprévisible et comblant d'une réalité qui s'offre. Ce qui caractérise en propre l'expérience de la beauté est de révéler que la raison pour laquelle l'être se montre dans l'étant est pure effusion.

3. Ainsi, le beau fait apparaître la logique même sous-jacente au processus épiphanique, à savoir l'*amour*. Et tel est l'apport le plus décisif de Balthasar à la phénoménologie : sa relecture de la distinction intimité-extériorisation à partir de la dynamique amative. Notre auteur fait en quelque sorte descendre l'amour de la relation interpersonnelle (voire trinitaire) dans la structure intime de l'être : en chaque étant se produit un mouvement d'auto-épanchement par lequel il s'ouvre de l'intérieur. La différence fond-apparition ébauche à l'intime l'extase caractéristique de l'amour[156].

Ces notes « définitoires » permettent de tirer trois conséquences d'importance.

4. Le beau est le transcendantal premier (au sens ontologique ou perfectif). En effet, nous avons vu que la logique présidant aux transcendantaux est celle de l'auto-donation ; or, dans l'ordre pédagogique progressif suivi par *Wahrheit,* c'est le beau qui dévoile le fond même de l'être qu'est l'amour et qui contitue la raison de cette manifestation gratuite.

> « Dernier des transcendantaux, le beau garde et scelle tous les autres (l'un, le vrai, le bien) : à longue échéance, il n'y a ni vrai ni bien sans la grâce rayonnante de tout ce qui est gratuit et donné[157]. »

5. Ensuite, une présentation trop statique de la structure ontophanique pourrait tromper. La distinction

catégorielle *Grund-Erscheinung* doit être mise en mouvement. Or, double est la dynamique : d'un côté, le fond pousse à se manifester (l'*ex-pressio* est une *pressio*[158]) ; de l'autre, nulle révélation n'étant adéquate à ce fond, elle tend à se retirer pour attester la richesse toujours plus grande du fond qui la fait naître. Ainsi, le retrait est constitutif de la rythmique épiphanique, non par déficit de représentation mais par excès de profondeur.

6. Enfin, cette structure ontophanique double, à la fois cataphatique et apophatique, permet de rendre compte des traits distinctifs du beau. Nous avons vu que, colligeant les acquis des métaphysiques grecques et médiévales, saint Thomas notifiait celui-ci à partir de trois traits : la proportion, l'intégrité et la lumière. Pour l'instant, rassemblons les deux premières – *proportio* et *integritas* – qui partagent la propriété de qualifier la configuration en sa finitude au sens positif d'achèvement. Or, en tant qu'il apparaît, le fond se donne à voir dans une figure achevée ; mais, en tant qu'il se retire kénotiquement (au sens analogique), il laisse apparaître la surexcédence infinie du fond : et tel est le sens de la lumière ou de l'éclat qui déborde toute figurabilité.

– 6 –
L'amour au cœur de l'ontophanie

Ainsi l'esthétique métaphysique de l'être comme mystère élaborée par Balthasar répond à la phénoménologie du beau comme appel développée par Chrétien. En effet, l'excès du monde qui suscite la célébration responsoriale se fonde dans la surabondance du fond que nulle figure n'épuise. Le penseur suisse fonde le surcroît décrit par le philosophe français dans la constitution phénoménologique de l'être ; de plus, il en révèle le noyau brûlant : amative, l'autocommunication n'est interprétée adéquatement que par une gratuite donation.

En revanche, Balthasar ne rend pas compte de la blessure du beau, ouverture qui brise pour mieux bénir, dont Chrétien a montré qu'elle est une des composantes de l'expérience esthétique[159]. En soulignant le mouvement du « se montrer », l'auteur de *Herrlichkeit* n'a pas exploité une ressource pourtant présente dans sa philosophie du beau : le *voilement*. Pour élaborer une telle esthétique du retrait, il faudrait aller chercher du côté d'une philosophe que, jusqu'à plus informé, le théologien ne cite pas – ce qui est d'autant plus étonnant que sa pensée consonne en profondeur avec la sienne : Simone Weil qui lie étroitement la kénose[160] à la beauté[161].

« Esthétique : la connaissance intuitive est pour nous un idéal qui n'est jamais atteint. Le sentiment esthétique est le sentiment qu'on va y arriver ; mais on n'y arrive jamais. C'est pourquoi il y a toujours une souffrance dans le beau[162]. »

Chapitre 4
La musique du beau selon Jacques Maritain

L'approche ontophanique de Balthasar a permis de rendre compte de l'appel toujours en excès du beau – et, avec le prolongement possible de Simone Weil, de sa blessure – et ainsi de fonder dans l'objectivité de la manifestation mondaine la subjectivité vécue de cette irruption bienheureuse du beau. Mais il demeure une question non résolue : pourquoi le beau s'expérimente-t-il comme un chant ? Alors que le vrai s'éprouve à travers l'illumination et le bien à travers l'attrait, pourquoi la beauté éveille-t-elle une hymne chez le sujet qu'elle déchire ?

Cette question se double d'une difficulté. En effet, le vrai et le bien se distinguent comme l'intelligence et la volonté qui sont deux puissances spirituelles ouvertes à la totalité de l'être : le premier transcendantal se décrit comme l'être en tant qu'il est connu par l'intellect et le second comme l'être en tant qu'il est désiré par la volonté. Or, la distinction de ces deux facultés est exhaustive : celles-ci s'opposent, à l'instar des opérations et des objets qui les spécifient, comme centripète et centrifuge, comme réception et donation. Il ne demeure donc pas de troisième possibilité permettant de rendre compte de la transcendantalité de la beauté. De fait, à l'oscillation entre esthétique subjective et esthétique objective s'ajoute un balancement, moins aperçu mais tout aussi profond, entre une aimantation du beau vers le vrai (*splendor formæ*) et sa symétrique vers le bien (*pulchrum et bonum in subjecto sunt idem sed differunt ratione*). Affirmer que la beauté convoque aussi les sens ne suffit pas[163]. L'expérience esthétique demeure essentiellement spirituelle et, de ce fait, proprement humaine.

Pour répondre à cette objection, nous ferons appel à une théorie de la création artistique élaborée par un philosophe qui était aussi un connaisseur intime de ce sujet, grâce à sa sensibilité, une plume qui, pour être rigoureuse, n'en était pas moins poétique, ses fréquentations et peut-être plus encore son mariage avec une authentique artiste : Jacques Maritain. Nous partirons de son ouvrage d'esthétique le plus abouti, l'un des plus décisifs sur la philosophie de l'art et l'un des plus soucieux de rendre compte, avec exigence et fidélité, du vécu intime de l'homme de l'art : *L'Intuition créatrice dans l'art et la poésie*[164]. Le choix de cet auteur, déjà croisé à plusieurs reprises, étonnera à un double titre. D'abord, ce livre traite de l'intuition créatrice et non de la seule expérience du beau qui s'arrête à la contemplation. Ensuite, nous voudrions faire appel à une phénoménologie qui, loin de s'opposer à la métaphysique, compose avec elle et l'appelle de l'intérieur. Or, si Maritain édifie l'une des anthropologies les plus fines qui soient de l'expérience artistique, sa perspective demeure résolument métaphysique (au sens large ou étroit) et ignore (plus qu'elle ne récuse) l'approche phénoménologique[165].

– 1 –
Une double anthropologie

Affrontons-nous, pour commencer, à la deuxième difficulté. De fait, l'époux de Raïssa va convoquer toutes les ressources de l'anthropologie thomasienne pour épouser au plus près ce que vit l'artiste et en rendre compte spéculativement. Dans les chapitres 3 et 4 de *L'Intuition créatrice*, qui cherchent à cerner cette intuition, il multiplie les distinctions que la scolastique la plus achevée lui permet : inconscient spirituel et inconscient pulsionnel ; connaissance conceptuelle et connaissance non-conceptuelle ou, plus précisément, préconceptuelle, qui s'identifie avec la connaissance par connaturalité[166] ; connaissance par connaturalité fondée sur la grâce et connaissance fondée sur la nature, précisément sur l'émotion ; l'émotion-chose et l'émotion-forme, etc.

Or, à côté de ces couples catégoriels métaphysiques, Maritain mobilise de manière implicite une anthropologie que l'on pourrait qualifier de phénoménologique parce qu'elle est entièrement fondée sur la distinction entre le dedans et le dehors de l'âme, entre ses profondeurs et sa surface. Cette intimité est certes interprétée dans les termes de l'anthropologie thomasienne : du plus extérieur au plus intérieur, on trouvera les actes, les puissances et l'âme. En outre, ce processus d'intériorisation (ou, dans l'autre sens, d'extériorisation) se redouble dans la hiérarchie des facultés : plus la puissance est spirituelle, plus elle sourd de l'âme, graduant ainsi intellect, imagination et sens externes.

Il demeure que ces catégories ne rendent qu'imparfaitement compte de la riche analyse de Maritain. Déjà, celui-ci ouvre sa réflexion sur l'art par une longue enquête historique montrant que l'acte créateur du poète révèle toujours et le Soi et les Choses, quand bien même il penserait n'être tourné que vers le premier (l'art occidental, surtout contemporain) ou vers les secondes (l'art oriental)[167]. Or, cette analyse n'est pas phénoménologique en ce sens – très faible et non philosophique – qu'elle est « descriptive et inductive », mais parce qu'elle montre que, dans l'art, la distinction du sujet et de l'objet en quelque sorte s'abolit : « dans une telle expérience, créatrice par nature, les Choses sont saisies dans le Soi, et le Soi dans les Choses ». Néanmoins, même si tout se déroule dans l'intériorité et du Soi et des Choses, celles-ci sont accessibles comme telles, « la subjectivité devient un moyen de s'emparer en cachette de la face intérieure des Choses[168] ». Ainsi donc, de la façon la plus inattendue, une chaleureuse anthropologie ontophanique double la « froide » philosophie « scolastique » de l'homme exposée plus loin par Maritain[169].

Plus encore, on est en droit de se demander si les analyses du philosophe ne sont pas sous-tendues par cette distinction toute augustinienne et biblique de l'intimité et de l'extériorité, ne convoquant que dans un second temps la lourde artillerie scolastique afin de rendre compte d'une expérience d'abord entièrement décrite à partir de cette différence originaire. Autrement dit, l'anthropologie de l'intuition créatrice serait tressée de deux fils, l'un explicite et métaphysique, qui s'enroulerait autour de l'autre implicite et phénoménologique (au sens réaliste de la constitution ontophanique). De fait, nous venons de le dire, l'expérience artistique apparaît comme un *pati* mutuel de l'intimité des Choses et du Moi, dans un entrelacs que la dernière phénoménologie de la chair élaborée par Merleau-Ponty n'aurait peut-être pas renié. Le schéma en cônes emboîtés qui accompagne tous les développements plus spéculatifs du livre[170] est entièrement rythmé par la dynamique de l'extériorisation.

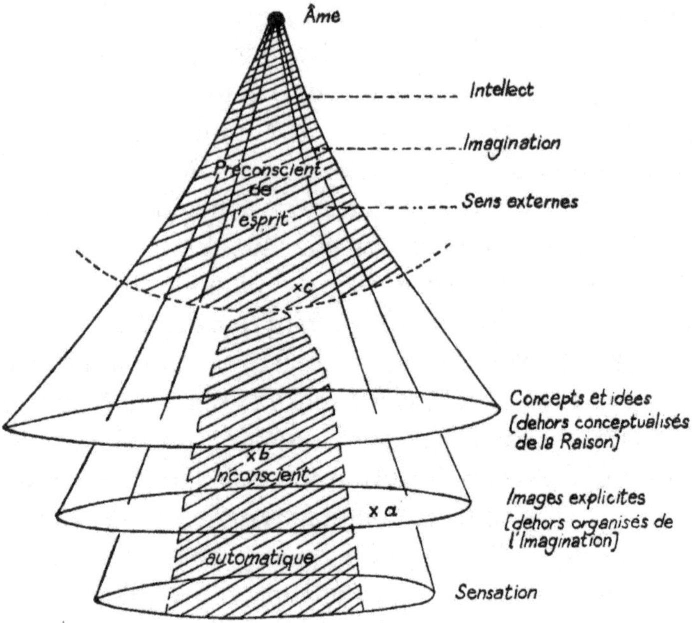

Enfin, l'exposé de la différence dedans-dehors mobilise un riche lexique phénoménologique (configuration et indéfinité de la forme, surface et profondeur, dessus et dessous, révélation et effectuation, manifeste et secret, émergence et retrait) qui confine parfois à la symbolique qui lui est propre (nuit et jour, etc.). Un passage rassemble quelques attestations particulièrement significatives :

« Il existe pour l'intelligence et la volonté un monde d'activité profonde et inconsciente, d'où émergent les actes et les fruits de la conscience humaine et les perceptions claires de l'esprit, et pour comprendre du même coup que l'univers des concepts, des connexions logiques [...], où l'activité de l'intelligence prend une forme définie et une configuration bien établie, est précédé par le travail caché d'une vie préconsciente immense et originelle. Une telle vie se développe dans la nuit, mais dans une nuit transparente et féconde qui ressemble à cette diffuse lumière primévale qui a été créée d'abord [...]. Bien loin au-dessous de la surface ensoleillée peuplée de concepts, de jugements explicites, de paroles proférées et de résolutions et de mouvements de la volonté expressément formés, se trouvent les sources de la connaissance et de la créativité, de l'amour et des désirs suprasensibles, cachées dans la primordiale nuit transparente de la vitalité intime de l'âme[171]. »

Répétons-le : cette sémantique qui ne cessera de doubler et d'enrichir celle, scolastique, de l'âme, des facultés, etc., ne relève pas de la description préalable, mais prétend épouser au plus près l'activité de l'âme artistique et, plus généralement, de la personne vivant une expérience esthétique. Celle-ci apparaît donc comme un ébranlement intime qui se produit au plus près du centre de l'âme[172]. Or, les puissances émanent de celle-ci, voire procèdent les unes des autres par leur médiation ou leur instrumentalité[173], de sorte que, plus l'on s'approche de ce centre, plus les puissances sont unifiées en leur activité. Voilà pourquoi nous n'avons pas pu attribuer le beau à une faculté séparément des autres. Toutefois la distinction entre la beauté et les autres transcendantaux n'est pas seulement ni d'abord celle de la partie (une puissance) et du tout (toutes les puissances), mais celle de l'intimité unifiée et fontale avec l'extériorité distinguée et conséquentielle, sinon éclatée. Elle renvoie donc à la distinction fond-apparition :

> « Parce que la poésie naît dans les profondeurs de cette vie où les puissances de l'âme agissent en commun, elle implique une exigence essentielle de totalité ou d'intégrité. La poésie [...] procède de la totalité de l'homme, sens, imagination, intellect, amour, désir, instinct, sang et esprit tout ensemble[174]. »

Autrement dit, l'expérience esthétique révèle la constitution ontophanique non pas seulement de la chose belle (ce dont traite la phénoménologie de Balthasar au chapitre 3), mais de l'être humain lui-même[175]. Nous éprouvons le beau lorsque l'âme est touchée non seulement en sa totalité mais en sa profondeur – ce que la Bible appelle le cœur[176]. Cette explication permettra d'éclairer, plus loin, les différents niveaux d'expérience esthétique.

– 2 –
« La musique des pulsions intuitives »[177]

Un autre pas doit être accompli pour rendre compte métaphysiquement ou plutôt « ontophaniquement » du chant comme note constitutive du vécu esthétique. En effet, nous venons de voir que l'intuition poétique naît dans les recès les plus intimes de l'âme, aux abords de ses sources vives, d'un ébranlement secret, d'avant tout mot, tout concept et *a fortiori* toute activité transitive. Or, Maritain qualifie ce premier chant de « musical » : « une sorte d'ébranlement musical, de chant informulé, sans mots ni sons, absolument inaudible à l'oreille, audible seulement au cœur, voilà le premier signe qui fait reconnaître la présence de l'expérience poétique à l'intérieur de l'âme[178]. » Le philosophe renvoie ici à la théorie du double inconscient, charnel et spirituel, ainsi qu'à l'anthropologie en quelque sorte rayonnante (centrée sur l'âme comme source des facultés) que nous venons d'évoquer[179].

Plus encore, à partir de ce centre, l'ébranlement produit dans le milieu vital de l'âme « ce que l'on pourrait appeler métaphoriquement des ondes[180] ». Notre auteur envisage donc le progrès de l'intuition et de l'expérience poétique non seulement comme un passage de l'indifférencié au distinct, du patent au latent, du silence aux mots, etc., mais, de manière inédite, comme le transfert d'un centre émetteur aux ondes s'épandant par résonance vers la périphérie – telles les vibrations à la surface de l'eau. Au centre de cette âme en état de ce que Maritain appelle ailleurs « sommeil vigilant », le beau produit un choc qui se communique vers la périphérie. Plus encore, « il y a deux musiques essentiellement distinctes » : la première, toute intérieure à l'âme, est « la musique des pulsions intuitives » – ces pulsions se définissant comme les charges dynamiques éveillées par l'expérience poétique du beau – et la seconde est son extériorisation dans « la musique des mots[181] ». Par exemple, avant que Racine ne puisse écrire « Je ne l'ai point encore embrassé d'aujourd'hui[182] », la musique des mots composant l'un des alexandrins les plus enchanteurs de la langue française a d'abord retenti en son cœur comme la mélodie de l'amour d'une mère pour son fils. Opérant, comme Balthasar, le passage du phénomène (décrit par Chrétien) au fondement[183], Maritain permet ainsi de rendre compte de la poussée hymnique révélatrice du beau (« la musique des mots ») par une incantation secrète, cet ébranlement intime, qui la prépare et l'ébauche (« la musique des pulsions intuitives »). Ainsi, ce syntagme inédit de « musique des pulsions intuitives » ne se comprend-il qu'à partir de la différence centre-circonférence, donc tire son intelligibilité d'une compréhension ontophanique de la constitution humaine.

Il est significatif que cet inconscient spirituel et préconceptuel où Maritain discerne le siège de l'expérience artistique, soit qualifié de « musical », non pas seulement par référence à la Muse de Platon, mais aussi « parce que, ne faisant qu'un avec l'activité originelle de la raison, il contient dès le début un germe de mélodie[184] ». D'ailleurs, la distinction inscrite dans le titre même de l'ouvrage entre l'art et la poésie est expliquée dès le seuil à partir de l'affirmation selon laquelle, plus primordiale que les arts, la poésie en « est la vie secrète » ; or, ajoute Maritain, cette poésie (au sens global) « est un autre nom pour ce que Platon appelait *mousikè*[185] ». Ainsi, le cœur caché de l'art, source de toute activité créatrice, coïncide avec cette musique d'avant toute musique instrumentale, qui est le cœur harmonique de tout art. Cette herméneutique pythagoricienne du beau tient à la thèse rappelée ci-dessus de « l'intercommunication entre l'être intérieur des choses et l'être intérieur du Soi humain » qui cause et révèle la mise en résonance des facultés effectuée par le beau : l'eurythmie interne à l'homme (qui n'est pas sans rappeler l'harmonie dont parlait Kant) s'inscrit dans le prolongement d'une harmonie entre le monde et l'homme. Nous y reviendrons au terme de notre propos.

On peut enfin déduire de cette argumentation une réponse à la première difficulté posée dans l'introduction : pour quelle raison partir de l'exposé maritanien de l'expérience artistique pour dire ce qu'est le beau ?

En deçà de la créativité artistique et la fondant (c'est le moment de l'art proprement dit), se rencontre une intuition poétique (c'est le moment de la poésie ou de la musique primordiale) : « l'ébranlement musical » dont il vient d'être question se produit « avant même toute amorce d'exercice opératif[186] ». De même que, chez la créature, toute donation, si créative soit-elle, est toujours précédée par une réceptivité (telle est la vérité profonde de l'axiome aristotélicien : « l'art imite la nature »[187]), de même l'artiste ne peut engendrer du beau que parce qu'il fut lui-même enfanté dans la beauté. De fait, Maritain n'hésite pas à distinguer deux aspects dans l'intuition poétique : cognitif quant « à ce qui est saisi par elle » et créateur quant « à la production de l'œuvre[188] ». Voilà pourquoi il était légitime de reprendre les analyses de l'intuition créatrice chez l'artiste pour expliciter le cheminement de l'expérience esthétique commune à tous.

– 3 –
La « blessure chérie » du poète

Enfin, ce n'est pas la moindre des surprises et des heureuses surprises que de lire Maritain évoquer, lui aussi, la vulnération féconde du poète dont Chrétien nous dit qu'« il serait fatal de vouloir [la] refermer[189] ». Il en traite en détail à propos de Dante Alighieri, mais il généralise son propos. En effet, selon le philosophe français, la *Divine Comédie* est l'œuvre d'art par excellence, parce qu'elle réussit l'exploit d'entrelacer les trois types spécifiques de poésie que sont le roman (surtout présent dans l'*Enfer*), le drame (surtout présent dans le *Purgatoire*) et le chant (surtout présent dans le *Paradis*)[190]. Or, toujours d'après Maritain, c'est l'amour impossible et donc blessé que le poète florentin a porté à Béatrice Portinari qui est à l'origine de la *Divine Comédie*.

> « Le sentiment qu'éprouve tout grand poète – serait-ce dans une angoissante obscurité – d'une certaine blessure qui a libéré en lui la source créatrice, et qui l'a séparé des autres hommes (par l'effet des rêves et du détachement de l'enfance, ou de quelque durable désespoir) est porté chez Dante au feu d'une conscience parfaitement lucide. Il connaît sa blessure et il croit en elle ; et il la chérit. C'est Béatrice qui l'a faite. »

Désormais, « toute chose révélée à Dante dans la nuit de la connaissance poétique » lui est « révélée dans et par son amour pour elle ». La blessure d'amour acquiert la capacité d'unifier toute sa vie et toutes les visées de son intelligence, à partir des « recès nocturnes de l'intuition poétique[191] ».

Certes, en raison de leurs perspectives propres, Maritain envisage cette blessure à partir des profondeurs ontologiques de l'âme[192] et Chrétien à partir de son apparaître hymnique. Certes aussi, le premier parle d'abord de la blessure selon son sens propre, qui est négatif, de privation[193], et le second selon son sens figuré, qui est positif, d'ouverture. Mais le phénoménologue n'en nie en rien la souffrance et le métaphysicien en souligne la notable fécondité. Surtout, tous deux font de la blessure une, voire *l*'expérience frontale de la beauté et la corrèlent à l'amour ou au don en son excès (qu'il s'agisse de l'inaccessible être aimé ou du chant immérité du monde). C'est ainsi que, dans une interview sur *France Culture*, Jean-Louis Chrétien compare l'extase finale de saint Thomas à qui toute son œuvre magistrale apparaît « comme de la paille [*sicut palea*] » à l'attitude de Gogol brûlant son manuscrit, alors que Maritain, considérant non plus le terme mais l'origine de la vie de l'Aquinate, le compare à Dante. À cinq ans, oblat bénédictin au Mont Cassin, le futur dominicain demande à un moine : « Qu'est-ce que Dieu ?[194] » Or, cette « question née dans l'innocence créatrice d'un étonnement d'enfant s'est développée dans le multiforme et unique mouvement de sa recherche tout au long de sa vie. » De même :

> « non une première question de la raison naissante, mais une blessure de la naissante sensibilité et, à mesure que par la suite l'expérience poétique se développait, une découverte de plus en plus profonde (comme

cette blessure elle-même) – un émerveillement sans fin devant la face de l'amour dévoilant sa miraculeuse et terrible ambiguïté ; et finalement, à travers toutes les faiblesses et tous les échecs d'une vie humaine, un pur et durable sentiment de fidélité spirituelle, un approfondissement progressif et ininterrompu dans la connaissance et la purification de l'amour[195]. »

Plus généralement, Maritain évoque la blessure à propos de l'expérience de la beauté artistique, ainsi que le notait la première partie de cet exposé. Se fondant sur la parole déjà citée de Baudelaire – traduisant lui-même le *Poetic Principle* de Poe avec ses propres mots – relative à notre imperfection[196], il note que le beau s'éprouve dans « le témoignage d'une mélancolie irritée » et non pas dans la joie de la satisfaction. Or, celle-ci signale la disparition de tout manque, donc la perfection de l'œuvre. Mais une beauté sensible ne fait que participer au beau transcendant : « Une chose finie totalement parfaite est infidèle à la nature transcendantale de la beauté. » Par conséquent, ce hiatus retentit comme une privation, autrement dit comme une blessure : « rien n'est plus précieux qu'une certaine faiblesse sacrée, et que cette sorte d'imperfection par laquelle l'infini *blesse* le fini[197]. » Il est donc de l'essence de la beauté intramondaine de s'éprouver dans une meurtrissure.

L'on pourrait objecter que les deux philosophes situent différemment l'origine de la blessure : dans la déhiscence entre le sujet et le beau qui l'appelle pour Chrétien, dans l'écart entre l'imparfaite beauté artistique et la seule beauté absolue qui est divine pour Maritain. Toutefois l'inspiration plus platonicienne du phénoménologue ne manquera pas d'inscrire cette distance immanente dans l'archi-distance du créé et de l'Incréé.

Plus décisive est la difficulté selon laquelle nous traitons ici de la beauté produite et non pas de la beauté contemplée. Plus généralement, retrouvant la seconde aporie, l'on objectera que nos analyses se sont fondées sur la description très fine que Maritain propose de la poésie qu'il distingue de son extériorisation qu'est l'art comme production de l'œuvre ; or, *L'Intuition créatrice* fait du beau non pas l'origine, mais le terme de l'œuvre d'art – ou, plus subtilement, non pas l'objet mais « le corrélatif transcendantal de la poésie » ou « la fin au-delà de la fin[198] ».

Je répondrai trois choses. D'abord que l'orientation de l'ouvrage invite Maritain à traiter de la beauté à l'occasion de l'œuvre d'art. Ensuite, la citation de Poe qui suscite ce dernier développement traite justement de l'« immortel instinct du Beau » et non de la seule esthétique artistique. Enfin et surtout, dans l'harmonieuse interconnexion entre le Soi et les Choses en lesquelles s'origine toute intuition poétique réside l'une des notes constitutives du beau (la *proportio*), dont nous allons bientôt montrer la centralité. Si la beauté n'était pas éprouvée au point de départ, comment pourrait-elle être célébrée au terme dans l'œuvre ? Au nom de la juste herméneutique de l'axiome déjà cité *ars imitatur naturam*, qui accorde toute sa place à la libre créativité de l'esprit[199], mais beaucoup plus encore au nom de la dynamique ternaire du don qui conjugue la nécessité d'une donation originaire autant que celle d'une reprise véritablement inventive dans le creuset le plus intime du don à soi, ouvrant à la donation en retour.

– 4 –
Un double discernement

Cette conception ontophanique de la beauté qui en éclaire la blessure et le chant en remontant jusqu'à ses sources vives, permet de poser un double discernement qui est aussi une réponse à la difficulté relative à l' ambiguïté morale de la blessure (p. 27-30).

Elle permet d'abord de discerner la beauté ensorceleuse de la beauté authentique à partir de l'essence de celle-ci et non seulement à partir de ses effets. D'un mot, la première est *apparence* alors que la seconde est *apparition*[200]. La première est plaquée de l'extérieur, alors que la seconde surgit de l'intimité et la révèle. Victor Hugo qui identifiait forme et beauté (« *Forma*, la beauté. Le beau, c'est la forme »), affirmait de la première : « La forme, c'est le fond qui remonte à la surface[201]. » La beauté extérieure engendre un plaisir superficiel qui tire vers un hédonisme captatif et une consommation utilitariste et bientôt une addiction aliénante[202]. L'éclat profond, celui qui surgit et exprime le fond, produit un effroi (une crainte) qui signale une oblation et appelle la mienne en retour : la pudeur par laquelle la beauté s'avance vers moi tout en se voilant, requiert mon respect mais tout autant ma réponse qu'est la louange. Je saisis la première, mais je suis saisi (au sens où saisissement rime avec ravissement) par la seconde. L'épaisseur (densité et intensité) ontologique du beau est donc proportionnelle au creusement que l'homme opère en son cœur. La beauté la plus profonde, celle où se montre le noyau de l'être, ne se donne que dans le « sommeil vigilant » dont parle Maritain, qu'à la disponibilité la plus accueillante ou, plus encore, recueillie. Elle est une école d'intériorisation autant que de découverte de la profondeur cachée en chaque étant – l'abîme ouvert par la hauteur d'un ciel bleu. Dis-moi quelle beauté t'envoûte, je te dirai où es ton cœur (cf. Lc 12,34).

Ce chantre inspiré de la beauté qu'est l'académicien François Cheng l'explique dans un roman par la bouche d'un Chinois plein de sagesse :

> « Au lieu de chercher dehors, de scruter la réaction superficielle des autres, il faut d'abord plonger en soi,

creuser jusqu'à toucher la racine, la source. C'est de là que quelque chose d'unique jaillit, tout comme [...] la beauté chez la femme qui doit toujours venir de l'intérieur et qui n'est pas une question de maquillage[203]. »

Telle est la vérité de la distinction kierkegaardienne des sphères d'existence : la beauté caractéristique de la première sphère concerne le seul esthétisme venu du dehors. Mais le génie danois, en cela fidèle à Luther, a ignoré qu'il existe une beauté, autrement splendide et ravissante, qui naît des profondeurs de la liberté (sphère éthique) et de la foi en Dieu (sphère religieuse). La deuxième partie en traitera en détail.

La phénoménologie de la beauté permet aussi d'évaluer adéquatement la beauté du diable dans son irréductible altérité avec la beauté divine. Assurément, cette distinction recouvre celle de l'apparence et de l'apparition. Mais elle dit plus, car l'enjeu est ici radicalement spirituel. En effet, nous avons vu que la beauté naît de l'auto-communication, donc de l'amour gratuitement offert. Or, par son orgueil, le démon s'est autocentré et adoré lui-même[204]. De même, mais la blessure en plus, dans l'âme pervertie, toute donation de soi est abolie, toute énergie extatique est retournée pour nourrir le seul trou noir de l'*ego* idolâtré[205]. Voilà pourquoi la beauté diabolique est dépourvue non seulement de lumière véritable, mais de chaleur. Tel Lucifer que Dante, dans le dernier chant de l'Enfer, emprisonne dans les glaces éternelles[206], les personnages « démoniaques » peints par Bernanos sont d'une froideur métallique. Tel le plus terrifiant d'entre eux, M. Ouine qui, au moment de sa mort, n'exprime nul « désir d'être sauvé, mais plutôt un détachement haineux de son propre sort, une conviction glacée[207] ».

Chapitre 5

Une quadruple « définition » de la beauté

En cherchant à répondre aux difficultés soulevées par le premier chapitre, les trois chapitres suivants ont décrit une triple épiphanie de la beauté – entendue au sens proprement phénoménologique et non métaphysique chez Chrétien, entendue au sens ontophanique, c'est-à-dire métaphysique, chez Balthasar et Maritain. Partant de leurs acquis, il est possible d'ébaucher différentes « définitions » du beau – le terme définition devant s'entendre avec les réserves relevées plus haut, liées à l'incapacité de dire un transcendantal autrement que de manière ascendante, descriptive ou inductive. Recueillons-les en leur divergence, avant de nous interroger sur leur possible convergence qui serait une « définition » récapitulative.

– 1 –
Analyse. La triple épiphanie du beau

La première « définition » s'inscrit dans le *chiasme* de l'effroi et du beau, du sujet qui éprouve et de la chose belle qui s'éprouve. S'inspirant directement des analyses décisives de Jean-Louis Chrétien, elle pourrait s'énoncer ainsi : la beauté est ce dont le choc appelle la louange, *est beau ce dont la blessure suscite notre chant.* Une telle « définition » devrait remplacer la classique approche par l'effet : « *pulchrum quod visum placet* ». En effet, même s'il est entendu que « *visum* » présente un sens métonymique (la partie exprime le tout), la juste critique de la suprématie unilatérale du visuel et de l'image nous invite au minimum à élargir le point de départ sensoriel. À cette critique lexicale joignons une critique ontologique. La jubilation inclut la joie, l'explique comme la cause son effet et l'enrichit de différentes thématiques, notamment la blessure comme ouverture et la responsorialité comme élargissement. Ce faisant, cette nouvelle « définition » conjure l'objection qui fait de la joie l'expérience native de la vérité (« *gaudium de veritate* la joie [qui naît] de la vérité[208] ») ou du bien qui s'offre en sa présence (« *gaudium propter præsentiam boni amati* : la joie à cause de la présence du bien aimé[209] »).

La deuxième « définition » s'attache au beau comme attribut de la « *res* », au beau en son *objectivité* qui, pour être métaphysique, n'en renie point sa phénoménalité. S'inspirant directement des analyses décisives de Hans Urs von Balthasar, elle pourrait s'énoncer ainsi : la beauté est l'étant dans sa révélation, *est beau ce qui se montre*. Or, une telle approche convoque implicitement la distinction ontophanique du fond et de l'apparition qui, en sa dynamique de voilement et de dévoilement, suscite celle de la *species* et de la *lumen* : la poussée extériorisante de la manifestation se configure en une forme qui, elle-même, se retire pudiquement afin de mieux attester, dans sa surexcédente lumière, le fond qui l'a gratuitement fait surgir. Dès lors, cette deuxième définition peut s'exprimer équivalemment de la manière suivante : *la beauté est* la figure dans son éclat, *la forme qui surgit du fond*. Loin de s'opposer à la description ou plutôt à la distinction objective traditionnelle des parties intégrantes de la beauté, l'approche de la phénoménologie métaphysique la requiert, la justifie et en ordonne dynamiquement les composantes – la *proportio* exceptée.

La troisième « définition », enfin, s'attache au pôle *subjectif* et y discerne, là encore, une constitution lamellaire intériorité-extériorité ou plutôt mandalique centre-périphérie. S'inspirant directement des analyses décisives de Jacques Maritain, elle pourrait s'énoncer ainsi : la beauté est la musique des pulsions intuitives. Mieux, les croisant avec les développements de Siewerth en anthropologie fondamentale, qui identifie le cœur à la totalité de l'être humain considérée ontophaniquement à partir de son centre, je proposerais : est beau ce qui rend le cœur musical, *la beauté est la musique du cœur*. Cette nouvelle approche ne permet-elle pas d'apprivoiser les approches subjectives du beau ? En particulier, n'entre-t-elle pas en résonance avec les quatre définitions proposées par Kant ? En effet, nous l'avons noté en passant, comment ne pas rapprocher la musique intérieure de l'harmonie des facultés comme source du goût pour le beau ? De plus, la connaissance par connaturalité, c'est-à-dire préconceptuelle, ne permet-elle pas de rendre compte autrement de l'absence de concept (« ce qui plaît » et « ce qui est connu sans concept ») ? Enfin, la gratuité que révèle l'expérience esthétique ne converge-t-elle pas avec le désintéressement (« indépendamment de tout intérêt ») et l'absence de finalité (« représentation d'une fin ») ?

– 2 –
Synthèse. La concorde du beau

Répondre à des apories qui bâillonnent toute parole sur le beau par pas moins de trois approches définitoires, n'est-ce pas passer du défaut à l'excès ?

Et si ces approches disparates présentaient des points communs ? Plus encore, si cette diffraction était la réfraction d'un unique rayon incident ?

Le point commun

Comment ne pas être frappé par la similitude qui rassemble secrètement les trois « définitions » ? Tout d'abord, nous l'avons assez dit, elles sont toutes trois phénoménologiques, donc articulent (diversement) un fond et une apparition. Ensuite, leur constitution ontophanique est animée par une communication interne qui s'épanche dans le rayonnement extatique révélant par excellence la grâce de la beauté. Enfin, cette auto-donation exprime un amour qui, pour ne pas être libre chez les étants non-rationnels, voire pour ne pas être toujours conscient chez les personnes, n'en est pas moins gratuit – c'est-à-dire démesuré, surabondant. À plusieurs reprises, en effet, nous avons relevé le lien intime existant entre beauté et amour[210]. Par exemple, Proclus et le courant néoplatonicien affirment que « la beauté [...] est ce qui suscite l'amour » ; Vassili Grossman résume ainsi l'expérience décisive du vieux bagnard dans sa rencontre avec Anna : « Elle était belle parce qu'elle était bonne » ; Maritain estime que si la beauté n'est pas l'objet de l'art, mais « la fin au-delà de la fin », cela tient à ce que « la poésie est amoureuse de la beauté, et la beauté amoureuse de la poésie[211] ».

Doit-on synthétiser ces « définitions » en recueillant leur point commun – l'amour et, plus précisément, l'amour de don (l'amour-don) – et affirmer par exemple que *le beau est l'être qui se donne en sa gratuité ?*

Montrons ce lien intime entre la beauté (ici considérée en son épiphanie objective) et l'être comme amour-don à partir de son articulation aux autres transcendantaux relus en clé anthropologique, le vrai et le bien. Dans la classification que propose saint Thomas[212], la distribution paraît hétérogène : alors que les premières *passiones entis* (*unum, res, aliquid*)[213] surgissent de l'intime de l'être, le *verum* et le *bonum* ne sont compris qu'extrinsèquement, en relation avec l'esprit de l'homme. Déjà, Balthasar, avec plus de cohérence, rend compte des trois derniers transcendantaux à partir de l'être même, en l'occurrence de sa structure ontophanique, ainsi que nous l'avons montrer : se dire, se donner et se montrer. En outre, loin de les juxtaposer, il les organise en une progression qui les rapproche toujours plus de l'axe central qu'est la donation fontale de l'être.

Prolongeons cette approche en partant de l'hypothèse selon laquelle l'être est amour, l'amour est au centre même de l'être, comme un « super-transcendantal » (Siewerth[214]). Ne pourrait-on alors affirmer que ces transcendantaux, voire tous les transcendantaux, se graduent en fonction de leur proximité à l'égard de ce cœur brûlant de l'être ? En effet, l'un (*unum*), comme la chose (*res*) ou l'altérité (*aliquid*), disent l'être en sa structure intime. Le vrai ébauche une première sortie de soi ou ouverture, mais encore toute en identité, puisqu'il est l'être en son auto-expression ou en sa similitude reçue. Le bien constitue un pas supplémentaire vers l'extase, puisqu'il est l'auto-donation mais sous le mode de l'attirance, donc selon une certaine continuité. Enfin, le beau est l'être-communiqué considéré non pas dans le seul mouvement de son épanchement, mais en sa raison d'être (sa finalité) qui est offrande désintéressée ; il se situe donc au plus près du noyau incandescent de l'être dont il fait goûter le rayonnement livré sans retour. Pour le dire un peu différemment, le vrai (*a fortiori*, l'*unum* ou la *res*) se tient du côté de la plus grande similitude (entre sujet et objet), le bien dit l'autre mais dans sa désidérabilité, alors que le beau, né de l'irruption surprenante et de la surabondance généreuse, atteste la *major dissimilitudo* sur fond d'unité jamais reniée.

Voilà pourquoi la beauté – en son noyau ontologique, comme éclat révélant et faisant goûter la gratuité – requiert la plus profonde réceptivité et mobilise la totalité des puissances humaines. Voilà aussi pourquoi elle appelle la réponse la plus radicale et inventive qui soit : la création artistique. Alors que le vrai suscite la parole en réponse et le bien le don en retour, le beau mobilise la totalité de l'être et « subcrée » (Tolkien) un monde – au point que certains artistes, emboîtant le pas à Nietzsche, ont cru pouvoir se délier de toute origine. En retour, la réinterprétation de la beauté à partir de sa proximité du centre amatif de l'être enrichit doublement la doctrine traditionnelle des transcendantaux : à leur succession juxtaposée, elle substitue une articulation organisée ; cette *périchorésis* (littéralement « espace-autour », la « pénétration réciproque ») n'allant pas sans une *taxis* (« ordre »), elle substitue au privilège du vrai corrélé à sa simplicité, la primauté du beau, irradiation première de l'amour au cœur de l'être.

Le processus commun

Mais il y va de plus que d'une similitude entre les trois « définitions » du beau. Il y va d'un procès qui fait se rapprocher et plus encore se rejoindre, dans et par le beau, les deux piles de l'arche, la parole du monde et la parole du sujet. Synthétisons ce que nos discours ont jusqu'ici analysé.

En effet, à la *gratuité* de la nature en sa monstration qui est donation, répond la *gratitude* de l'homme qui l'a recueillie en son cœur et la laisse résonner dans tout son être. La louange qui monte des recès cachés dans les profondeurs de l'homme, à travers ses différentes puissances, dans un procès croissant d'extériorisation et de détermination, répond à, révèle et célèbre la donation de la chose belle qui apparaît dans sa merveille inouïe et imméritée.

Jacques Maritain évoque cette double épiphanie convergente dans la phrase citée ci-dessus : « l'intercommunication entre l'être intérieur des choses et l'être intérieur du Soi humain[215]. » Elle affirme trois choses : l'origine de l'expérience esthétique qu'est la rythmique secrète par laquelle toute chose s'ouvre à l'extérieur et se montre ; son effet qu'est la mise en résonance de tout l'homme (du dedans vers le dehors) effectuée par le beau ; la conséquence autant que la condition préalable qu'est l'harmonie admirable entre le monde et la personne, l'objet et le sujet. La beauté suscite la gratitude parce qu'elle se montre en sa gratuité. La phénoménologie du *Da-sein* qui célèbre la louange vient à la rencontre de la phénoménologie de l'être se donnant en sa beauté. L'étant qui, de son fond, s'offre, appelle le cœur qui s'étonne, se réjouit et se trouve emporté dans une joyeuse célébration. Antérieure à la polyphonie convoquée par l'homme, tressaille l'antiphonaire du chant du monde et du chant de l'homme. Le beau ne s'éprouve que dans la grâce d'un *admirabile commercium* où le plus profond de la Chose, donc son dévoilement le plus oblatif, est recueilli au plus intime du Soi, y éveillant par ondes successives les irradiations multiples de ses potentialités.

Dès lors, s'ébauche une quatrième « définition[216] » : *le beau est l'être dans sa concorde*. Ce dernier terme, trop connoté et trop appauvri, n'est malheureusement plus transparent à son étymologie, et mériterait peut-être l'invention du néologisme « syncardie » – son décalque en grec. L'on songe à la parole que Beethoven a inscrite en haut de la partition de son *Fidelio* : « Vient du cœur et retourne au cœur », autant qu'à la devise que Newman a empruntée à saint François de Sales : « *Cor ad cor loquitur*[217]. »

Cette définition conjoint deux aspects en plein et en signale un troisième en creux. D'abord, *concorde* signifie musique (au sens platonicien si riche que retrouve Maritain), harmonie (au sens global que l'Orient accorde à ce terme)[218], résonance[219], vibration ou *rythmos* (au sens exploré par les pythagoriciens, retrouvé par d'autres auteurs, en philosophie[220] ou en sciences sociales[221], et analysé métaphysiquement à partir de la notion de médiation[222] ou de celle d'*analogia entis*[223]). La beauté est donc cette harmonie entre le cœur (le centre, le fond, la face intime, etc.) de la Chose et celui du Soi. Le beau est le cœur à cœur ac-cordé de l'être. En effet, il naît d'un rythme triple : celui de la Chose qui livre son intimité en sa gratuite apparition autant qu'en son pudique enveloppement ; celui du Soi en qui le don de la beauté éveille le cœur et le fait vibrer en ondes successives ; et celui, mesure des mesures (intérieure et extérieure), qui fait entrer le monde et le cœur en résonance. Le chapitre 11 reviendra théologiquement sur le lien entre beauté, amour et rythme.

Ensuite, le cœur – donc la musique ou la vibration – ne dit pas seulement la constitution épiphanique dans sa dynamique de dévoilement-voilement, mais aussi la raison foncière qu'est l'amour, en sa réalité graduée, donc analogique. En effet, le fond *se donne* dans son apparition, autant d'ailleurs que dans son retrait. La mesure est donc vivifiée par l'amour. Plus encore, à la chose belle qui se montre par amour répond le sujet qui s'y ouvre au plus intime et lui répond dans la louange. Épousant la dynamique ternaire du don, l'on peut donc affirmer, précisant les intuitions de Simone Weil, que le rythme coïncide avec l'amour-don. Traversant tout étant, la vibration l'ouvre en amont à sa réception et en aval à sa donation.

Enfin, même si chaque chose doit s'harmoniser avec elle-même, même si elle présente une mesure interne et même si, vibrant, elle demeure elle-même, le rythme, l'harmonie ou la concorde ne disent pas l'autonomie ou l'ipséité attestée dans la figure où elle s'épanche et se révèle. Il s'agit donc de lier l'intuition pythagoricienne en son contenu le plus métaphysique (harmonie de l'invariance et de la variabilité, du *péras* et de l'*apéiron*), d'une part à l'unité substantielle et d'autre part à la dynamique amative qui l'anime en sa surabondance[224].

Tirons-en deux conséquences. Cette dernière « définition » de la beauté, en tissant les deuxième et troisième approches, fondées sur les épiphanies objective et subjective, à la fois confirme et prolonge le premier accès, seulement phénoménologique. Elle la confirme en ce que la concorde se situe, comme la louange, dans l'entre-deux qui tisse le monde et l'homme. Elle le prolonge en ce qu'elle enracine métaphysiquement le chant hymnique dans la double profondeur de la chose belle qui appelle et du sujet qui répond.

Nous sommes dès lors à même de rendre compte de la distinction entre *integritas* et *proportio* ci-dessus indifférenciées. On vient de le dire, cette dernière signale non seulement l'harmonie résidant entre les parties unifiées et intégrées de la chose belle, mais aussi la musicalité qui fait vibrer l'âme (et toute la personne) en proie à une émotion esthétique, et enfin, l'eurythmie de la rencontre entre l'auto-monstration du monde et la jubilation de l'homme. Dès lors, à l'instar des deux premières, la troisième note du beau (la proportion) cesse d'être juxtaposée dans une description qui ne laisse pas d'être heureuse dans son exhaustivité, pour désormais surgir de la logique interne du beau dans son ontophanie, c'est-à-dire en son auto-donation.

Chapitre 6

Conclusion

Nous sommes partis des difficultés – sous forme d'apories ou d'antagonismes – posées par l'expérience et la pensée de la beauté : son vécu est psychologiquement ambivalent et moralement ambigu ; l'esthétique philosophique, quant à elle, est ontologiquement en tension entre une interprétation subjective et une interprétation objective. Notre propos étant avant tout philosophique, nous sommes partis de cette bipolarité, proposant de la dépasser par une triple approche phénoménologique diversifiée, qui sont autant d'étapes. Le beau s'atteste sans conteste dans l'entre-jeu d'un appel et de sa réponse laudative (Jean-Louis Chrétien). Cette analyse non métaphysique appelle un double complément métaphysique. Une première explicitation doit être prise du côté de l'objectivité de la chose belle : le beau est ce qui se montre, révélant la gratuité de la manifestation (Hans Urs von Balthasar). Elle requiert aussi une élucidation du côté de la subjectivité éprouvant la forme esthétique : le beau est la musique intérieure (Jacques Maritain). Mais la solution de l'aporie, tout en multipliant les « définitions », réintroduit subrepticement l'oscillation sans cesse renaissante du beau offert et du beau perçu, de la chose et de la conscience. Aussi une quatrième approche, synthétique, a-t-elle été proposée à partir de l'amour ou plutôt de l'être comme amour-don : jaillissant au plus près du cœur de l'être, le beau est concorde ou harmonie. Chemin faisant, les deux autres conflits, psychologique et éthique, qui distendaient l'expérience esthétique (poétique, dirait Maritain) se sont résorbés.

Le passage entre la première étape et la deuxième est le plus escarpé. En effet, il manque aujourd'hui une philosophie qui enjambe l'abîme séparant l'ontologie et la phénoménologie – cette « métaphysique à la seconde puissance » dont parlait Maurice Blondel[225]. L'herméneutique adéquate du beau en son essence révèle de manière singulièrement criante que nous sommes en attente d'une nouvelle sagesse, ou plutôt d'une intuition, d'une expérience sapientielle qui recueillerait comme un de ses moments la part de vérité précieusement hébergée par la double tradition métaphysique et phénoménologique. Les analyses précédentes suggèrent que cette nouvelle voie de sagesse est à chercher dans la direction de l'amour, en son épaisseur ontologique et en son essence dative. En effet, l'être comme amour-don – c'est-à-dire l'amour au cœur de l'être –, loin d'être rejeté du côté de la seule subjectivité *versus* l'objectivité du *logos,* leur est à la fois commun et propre. Il se déploie dans une *logique*[226] qui présente des ressources pour dépasser la mortelle antinomie du sujet et de l'objet. Celle-ci s'est cristallisée dans des courants philosophiques apparemment irréconciliables et dans une histoire qui, selon la suggestive relecture de Balthasar, a fait se succéder, en s'opposant, *via cosmologica* et *via anthropologica*. Déjà, la relecture ontophanique du beau, loin de juxtaposer les approches subjective et objective, les réinterprète à partir du couple de la réception et de la donation ; or, celles-ci s'entrelacent par et dans l'amour[227].

Ces propos d'esthétique philosophique ne sont pas seulement programmatiques et hypothétiques ; ils ne peuvent que balbutier le mystère de la beauté. Mais ce qui est difficilement dicible n'est pas inénarrable. On le sait, Platon prolongeait volontiers le *logos* par le *muthos*. Ovide a chanté l'ineffable de la beauté qui est autant la cause que l'effet de l'amour, dans la métamorphose de la nymphe Syrinx. Le dieu Pan, aussi dionysiaque que peu appétissant, la désira. Il la poursuivit. Il était près de la rattraper lorsque, pour se dérober à son désir, Syrinx se changea en roseaux. Essoufflé et déçu, ignorant la présence de celle après qui il soupirait, le dieu laissa échapper un autre soupir. Et le souffle du dépit amoureux éveilla une musique inattendue. Les joncs rassemblés devinrent la première flûte – d'où son nom de Syrinx – et leur chant la première musique. Or, « pas de roseaux (équivalent formel de Syrinx métamorphosé), pas de mélodie. Mais sans le souffle (sans le soupir d'amour vers qui n'est plus là), rien ne sort de la flûte ». Ainsi, « la création des œuvres d'art », donc le beau, « veut à la fois l'absence et la présence[228] ». Engendré par la beauté, l'amour l'engendre à son tour, épousant ainsi la dynamique du don. Beauté et amour ne concordent-ils pas dans un unique vocable : *grâce* ? Plus que le discours mythique, ce propos appelle un prolongement théologique qui fera l'objet de la deuxième partie.

Deuxième partie

La Beauté, splendeur de l'amour divin

« La beauté véritable est l'amour de Dieu, qui s'est
définitivement révélé à nous dans le mystère pascal. »
Benoît XVI, « *Vera pulchritudo est amor Dei* »[229]

« Trinité suressentielle [...], dirige-nous vers la plus haute
cime [...], faisant surétinceler dans l'obscurité la plus profonde
la lumière la plus éclatante et, dans ce qui est complètement
impalpable et invisible, emplissant outre mesure de splendeurs
de toute beauté les intellectels aux yeux clos. »
Pseudo-Denys l'Aréopagite, *La Théologie mystique*[230]

Le beau est-il une catégorie théo-logique ? Concrètement : Dieu est-il beau ? De prime abord, la question paraît tranchée depuis longtemps et la réponse évidemment affirmative. Multiples, par exemple, sont les témoins qui, dans la Tradition chrétienne, célèbrent la beauté divine. Il suffirait, pour l'attester, de reprendre les douze auteurs convoqués par le théologien suisse contemporain Hans Urs von Balthasar pour illustrer son esthétique théologique dans les deux volumes de *Styles*[231]. Provenant de clercs, puis, à partir de Dante, de laïcs[232], ces témoins couvrent presque deux millénaires d'histoire, depuis saint Irénée jusqu'à Charles Péguy, les différentes aires culturelles occidentales, grecque (Irénée et Pseudo-Denys), latine (Augustin, Anselme et Bonaventure), hispanique (Jean de la Croix), italienne (Dante), française (Pascal et Péguy), allemande (Hamann), anglaise (Hopkins) et russe (Soloviov). Limitons-nous à saint Augustin. Pour le *Doctor cari-*

tatis qui est aussi *Doctor pulchritudinis*[233], Dieu est non seulement beau, mais la Beauté. En effet, l'évêque d'Hippone affirme du Dieu transcendant la formule fameuse dont le redoublement a valeur d'hyperbole : « beauté de toutes les beautés [*pulchritudo pulchrorum omnium*][234] ».

Pourtant, à y regarder de plus près, cette attestation apparemment massive laisse place à une parcimonie, plus, à une perplexité théologique. La première partie a exploré les difficultés philosophiques soulevées par la beauté. Nous écouterons ici les apories proprement théologiques et nous nous interrogerons sur leur origine (chap. 6). Nous ferons alors quatre propositions pour progressivement affirmer la beauté du Dieu trois fois saint (chap. 7-11). Enfin, après nous être élevés jusqu'au sommet du Thabor où resplendit le Dieu-Amour, nous redescendrons dans la plaine et en recueillerons sa puissance curative.

Chapitre 7

Dieu est-il beau ?

– 1 –
Parcimonie biblique

Jamais dans le Nouveau Testament, la beauté n'est attribuée purement et simplement à Dieu ou même au Christ[235]. Mais l'Ancien Testament ne prédique guère non plus la beauté de Dieu[236]. En effet, les termes hébreux *yafeh*, « beau », *y.f.h*, « être beau » et *yofi*, « beauté », s'ils sont abondamment utilisés pour parler de l'homme ou des créatures en général, ne sont jamais appliqués à Dieu comme tel. La raison en est que l'adjectif, le verbe et le substantif sont tous trois liés à l'apparence physique dont le Dieu biblique est totalement dénué. Et même s'ils peuvent s'attribuer à une réalité moins sensible comme un comportement (Qo 5,17) ou la sagesse (Ez 28,7), il est significatif que la racine *y.f.h* ne soit pas employée pour qualifier Dieu.

De même, les deux termes *na'aweh* – « joli, désirable, qui convient » – et *".w.h* – « désirer, convoiter » à l'actif intensif ou au moyen réflexif, « être agréable, joli ; convenir » au passif – sont corrélés au désir ou à la convenance, et ont reçu un sens proche de celui des trois termes précédents : par exemple, Ct 6,4 montre l'équivalence entre *yafeh* et *na'aweh* dans le registre esthétique. Parfois, l'adjectif *na'aweh* peut se dire de la louange divine (Ps 33,1 ; Ps 147,1, dans ce dernier cas avec le terme *tov*), mais il parle de l'homme qui loue et non de Dieu qui est loué.

Assurément, on ne compte plus les occurrences du syntagme « *kabod Yahweh* : gloire de Dieu » dans l'Ancien Testament. Mais l'assimilation de la gloire divine à la beauté, opérée par Hans Urs von Balthasar, demeure médiate – nous le redirons plus bas avec un autre théologien helvète, Karl Barth. De même, s'il n'est pas rare que Dieu soit célébré comme *tov*[237], c'est pour exprimer la bonté : surtout dans les psaumes (Ps 34,9 ; 100,5 ; 135,3 ; 145,9), mais aussi dans les autres livres bibliques (2 Chr 5,13 ; 7,3 ; Ez 3,11 ; Jr 33,11 ; Lm 3,25 ; Na 1,7). L'épithète *tov* désigne sans ambiguïté la beauté seulement lorsqu'il est appliqué aux créatures, notamment à l'homme – Moïse (Ex 2,2), Samuel (1 S 9,2 ; 16,12), Avigail (1 S 25,3), David (1 S 29,9), Bethsabée (2 S 11,2), Adonias (1 R 1,6), etc. – ou aux choses – aux biens meubles comme le butin (Jos 7,21) et immeubles comme la terre d'Israël (Nb 14,7).

Je laisse aux exégètes le soin d'instruire le dossier en détail. Toutefois, après un bref inventaire, il semble que les études de fond sur ce thème soient rares, sinon absentes. Cela donne-t-il à penser que la base biblique, du moins lexicale, est plus que mince ? Et si « l'étude de l'Écriture est l'âme de la théologie[238] », celle-ci peut-elle prétendre développer un discours sur la beauté divine ?

Concluons avec un témoin de choix. Dans le paragraphe de la *Dogmatique ecclésiale* qu'il consacre à la gloire divine, Barth s'attarde sur la beauté de Dieu, soulignant l'originalité de son propos à l'égard non seulement de la théologie protestante, mais aussi de l'enracinement biblique : « Le seul passage biblique dont on ait pu sérieusement se réclamer, à ce sujet, est le Ps 104,1 s, où il est question de "l'éclat et de la magnificence" dont Dieu est revêtu, et où il est dit qu'il "s'enveloppe de lumière comme d'un manteau"[239] ». Encore, ce passage n'emploie-t-il aucun des termes ci-dessus, mais *gadol,* qui signifie « grand »...

– 2 –
Hésitation grecque

L'étude de la pensée antique nous conduit à une autre surprise. Certes, l'école platonicienne a fortement affirmé la beauté divine : Platon et, dans son sillage, Plotin, Porphyre, Jamblique, Apulée, etc.[240]

Pour autant, le statut du beau demeure ambigu. D'un mot, le Beau est toujours en concurrence, chez Platon avec le Bien et chez Plotin avec l'Un. Pour le fondateur de l'Académie, double est la remontée : vers le Beau dans le *Banquet*[241], vers le Bien dans le livre VII de la *République* ; or, le Beau est à la fois assimilé et subordonné au Bien[242]. Plotin s'avère encore plus ambivalent. D'un côté, il affirme que l'Un-Bien est « une beauté [*kalon*] au-dessus de la beauté[243] ». De l'autre, il tient que le Bien n'a pas besoin du Beau, puisqu'il « est plus originel » et « antérieur[244] ». Voire, l'auteur des *Ennéades* n'hésite pas à affirmer ensemble : « le bien est la première beauté » et « le bien est au-delà [...] du beau [*kalon*][245] ». Formulons cette difficulté dans d'autres catégories néoplatoniciennes. La Forme est produite par l'Un, mais elle n'en constitue pas l'essence et s'en distingue. Voire, de même que l'Un donne ce qu'il n'a pas[246] – « il n'est pas nécessaire que ce qui donne possède ce qu'il donne[247] » –, de même donne-t-il la *species* qu'il n'est pas[248] : « la forme se trouve dans ce qui est informé, alors que ce qui informe était dépourvu de forme[249] ». La raison de cette ambivalence s'enracine dans la théorie des émanations. Plotin distingue trois Hypostases, l'Un, l'Intellect et l'Âme, la suivante procèdant de la précédente. Or, le Beau suppose une dualité sujet-objet qu'ignore l'*Hen* de sorte qu'il est assimilé au seul Intellect (ou à l'Être)[250]. Ainsi l'hénologie plotinienne exclut la beauté de l'Hypostase qui, principe sans principe, est proprement divine, pour la réserver au seul échelon pénultième. Les philosophes grecs ont donc reculé face à une attribution claire et massive de la beauté à Dieu. L'oscillation entre la primauté du Bien et celle de l'Un se double de la tension existant entre l'*agathos* et le *kalos*.

Dès lors, ne faudrait-il pas affirmer qu'une attribution de la beauté à Dieu est proprement chrétienne ? De fait, la kalologie augustinienne prend nettement ses distances à l'égard de l'esthétique néoplatonicienne. L'anagogie qui est commune à Augustin et Plotin (et, plus généralement, aux *Platonici*) s'achève chez le seul docteur d'Hippone à l'identité de Dieu et de la Beauté en soi[251]. Pour lui, comme pour le pseudo-Denys, le Beau est l'un des noms propres de Dieu. Allons plus loin. Assurément, la ressemblance entre les émanations plotiniennes et les processions intratrinitaires n'est que lointaine et superficielle : les premières sont nécessaires et inégalitaires, les secondes sont par nature (au-delà de la différence du volontaire et du nécessaire) et surtout n'introduisent aucune hiérarchie. Si l'on maintient toutefois la comparaison, on notera une nouvelle opposition : chez Plotin, l'Un n'engendre la Beauté que parce qu'il ne coïncide pas avec elle. Or, chez saint Augustin, la beauté est appropriée au Fils, par la médiation de l'image (selon l'affirmation scripturaire et la formule hilarienne : « *Species in Imagine*[252] », pieusement recueillie et commentée par saint Augustin dans le *De*

Trinitate[253]). Toutefois, elle n'est pas réservée à la deuxième Personne trinitaire. Plus encore, rien n'est dans le Fils qu'il ne l'ait reçu du Père – hormis la paternité, c'est-à-dire hormis le fait d'être le terme de la génération. Si donc le Fils est Beau, le Père l'est aussi, non seulement comme principe de sa Beauté, mais comme possesseur plénier[254]. Pour le dire dans les termes des Pères cappadociens, la Beauté engendrée (du Fils) ne peut que provenir de la Beauté inengendrée (du Père)[255]. La splendeur appartient donc à toute la Trinité, ainsi que l'affirme Saint Cyrille d'Alexandrie : « L'unique nature de la divinité [...] est en trois hypostases distinctes, de même forme et d'essence identique, se rejoignant dans une unique beauté [*kalos*] transcendante[256] ». Pourtant, nous le dirons plus bas, l'affirmation augustinienne de la beauté du Christ est complexe et nuancée.

– 3 –
Discrétion médiévale

Nous retrouvons la même ambivalence chez les Saints docteurs.

Saint Thomas d'Aquin

Le jeune Thomas a commenté avec dévotion le chapitre que l'Aréopagite consacre à la beauté comme nom de Dieu. Le propos de l'illustre commentateur peut se résumer en quatre points[257] :

1. Dieu est beau. Cette affirmation se subdivise en deux. D'une part, il l'est en lui-même (« *secundum ipsum, secundum se et primo* ») et non à raison de la créature (par exemple, parce qu'il en est la source). D'autre part, il est infiniment beau, sans nulle limite et encore moins sans défauts. Au point que Thomas le dit « *superpulcher*[258] ».

2. Dieu est « source de toute beauté [*fontem totius pulchritudinis*[259]] ». Le commentateur le montre à partir des deux propriétés constitutives de la beauté que sont la *claritas* et la consonance[260]. Et il joint cette affirmation à la première : Dieu cause la beauté des créatures parce qu'il est lui-même beauté subsistante.

3. Mais, à la suite du Pseudo-Denys, Thomas va plus loin, affirmant que Dieu cause non seulement la beauté, mais *l'être* de toutes choses par sa beauté : « De la beauté divine, dérive l'être de toutes choses [*ex divina pulchritudine esse omnium derivatur*[261]] ». La leçon suivante revient sur cette affirmation d'une auto-communication divine de la beauté elle-même. En effet, commente l'Aquinate, Denys affirme :

« que, par le beau, sont causées "toutes les substances essentielles" des étants. En effet, toute essence, ou bien est une forme simple, ou bien a un complément par une forme ; or, la forme est un certain rayonnement [*quædam irradiatio*] qui provient de la clarté première. La clarté relève en effet de la raison de la beauté[262] ».

4. En explicitant le processus par lequel Dieu exerce sa causalité sur les étants, Thomas fait appel au vocabulaire de la causalité, précisément des trois espèces de cause, efficiente, finale et exemplaire. Il émarge aussi à celui de la donation. Ainsi, comme cause efficiente, il donne l'être (« *dans esse* ») et communique sa ressemblance (« *per communicationem suæ similitudinis* »).

Si Thomas adopte sans sourciller ou du moins sans objecter la thèse dionysienne de la beauté divine, il n'en est plus de même dans les œuvres de maturité. Certes, il n'affirme pas que la *pulchritudo* ne peut s'attribuer à Dieu. Mais les silences sont aussi révélateurs que les paroles. Or, si les différents transcendantaux sont minutieusement appliqués à Dieu[263], ce n'est point le cas de la beauté. Ce qui est vrai de la théologie de l'essence divine l'est aussi de la théologie trinitaire. Certes, un article célèbre de la *Somme de théologie* accueille avec la révérence qui lui est coutumière l'appropriation que le docteur poitevin fait de l'éternité au Père, la beauté (« *species* ») au Fils et la jouissance au Saint-Esprit[264] ; mais il ne s'agit que d'une appropriation (« La beauté offre de son côté une analogie avec la propriété du Fils[265] »). Et, quoi qu'il en soit, la beauté n'est pas étendue aux autres Personnes divines.

Enfin, comment ne pas lire un signe de cette ambivalence dans la métaphysique thomasienne ? On retrouve les mêmes tensions à propos d'une question plus disputée qu'on ne le dit : la transcendantalité du beau. D'un côté, les liens intimes que le beau entretient avec le bien et le vrai dans les passages si souvent commentés de la seconde *Somme* plaident en faveur de celle-ci. De l'autre, la liste pourtant si riche ouvrant le *De veritate* l'ignore. De même, les commentateurs actuels de saint Thomas sont divisés entre ceux qui affirment la coextensivité du beau et de l'être (comme Brito[266], Corvez[267], Eco[268], Gilson[269], Thomas de Koninck[270], Lachance[271], Leroy[272], Lotz[273], Marc[274], Maritain[275], Pouillon[276], Schmitt[277], Sertillanges[278]) et ceux qui la nient (comme Descoqs[279], Gredt[280], Lallemant[281], Grenet[282], Munnynck[283], Marie-Dominique Philippe[284], Roldan[285]). Au fond, ne rencontre-t-on pas ici l'une des bipolarités nodales du beau, qui peut se déduire des propos de Platon[286], mais non de ceux d'Aristote.

On peut émettre l'hypothèse que, après le commentaire du Pseudo-Denys, Thomas n'éprouve plus le besoin d'établir la transcendantalité du beau. Mais il paraît plus probable que, face à un néoplatonisme envahissant et grâce au rééquilibrage permis par Aristote, il tienne à la nécessité d'asseoir davantage la consistance du monde créé et donc exprime une réserve. En effet, afin de conjurer le péril de dissoudre le monde en une symphonie de beautés et en « lumineuses visions » (chez Scot Erigène, voire chez Robert Grosseteste), le Docteur commun, selon Umberto Eco, enracine son pancalisme en chaque étant constitué dans son essence actualisée par l'être[287].

Saint Bonaventure

Il sera peut-être plus surprenant de constater que, notamment dans son *Breviloquium*, saint Bonaventure ne fait pas de la beauté un attribut divin, plus précisément d'une des Personnes divines. S'interrogeant sur ce qui doit être approprié à chacune d'entre elles, le Docteur séraphique se fonde sur l'Écriture. Il élabore une première série de propriétés essentielles à partir des transcendantaux qu'il approprie ainsi : l'unité au Père, la vérité au Fils, la bonté à l'Esprit-Saint[288]. Le *pulchrum* n'apparaît donc pas parmi les appropriations ; il apparaîtra seulement par la suite, de manière seconde, dans le sillage de saint Hilaire, en lien avec l'Image, et donc avec le Fils.

Au terme de son chapitre sur la beauté de Dieu, Emilio Brito part de ce constat et propose une hypothèse explicative : le beau dit, mais de manière différenciée, chacune des personnes trinitaires[289]. Pour cela, il se fonde sur la catégorie, centrale chez le Docteur séraphique, d'*expressio*. Or, interprétée à partir de celle-ci, la beauté se présente sous trois aspects.

1. Tout d'abord, la beauté est unité et mesure : les choses sont belles parce qu'elles s'accordent ; or, cet accord ou cette mesure sont liés à l'accord de la chose avec son idée ; puisque le Père est la source de l'accord intradivin d'expressivité qu'est la génération du Fils à son image, la beauté peut donc lui être rapportée.

2. La beauté est aussi vérité. En effet, celle-ci n'est pas seulement adéquation formelle ; « elle se produit en tant qu'expression de la profondeur de l'être. » Mais le Verbe de Dieu est lui-même révélation, manifestation. Donc, un étant s'exprime parce qu'il se fonde sur ce pouvoir d'expression communiqué par le Verbe à toute créature. La deuxième Personne divine doit donc aussi être qualifiée de belle.

3. Enfin, la beauté requiert « la bonté libérale, le don de soi sans réserve ». Or, cette diffusion de soi par laquelle l'*expressio* devient *impressio* en l'autre est l'œuvre même de l'Esprit. De plus, elle demande la gratuité ; or, le don est l'autre nom de l'Esprit. Le beau mérite donc également d'être attribué à la troisième Personne divine.

La réinterprétation du *pulchrum* à partir des trois transcendantaux *unum, verum* et *bonum* est suggestive, mais le dilue en eux et en perd la spécificité. De plus, si ces transcendantaux sont appropriés à chacune des Personnes divines, la beauté ne risque-t-elle pas d'introduire une *quaternitas* ou de qualifier l'essence ? Mais pourquoi la prédication des autres *passiones entis* serait-elle plus personnelle que celle du transcendantal qui les achève ? Une nouvelle fois, la tentative d'une kalologie théologique paraît peiner, sinon échouer.

– 4 –
Réserve contemporaine

Hans Urs von Balthasar

Le dernier tiers de sa vie (de 1961 à 1987), Balthasar a cherché à relire la Révélation à partir des trois transcendantaux : le beau, le bien et le vrai. De cet ambitieux programme sont sortis les seize volumes de la *Trilogie*. Or, si l'on se limite à l'*opus magnum* qu'est le triptyque, nous rencontrons un paradoxe inattendu.

Les sept premiers volumes, intitulés *Herrlichkeit*, « Gloire », sont consacrés à une esthétique théologique. Donc, de prime abord, le théologien bâlois a longuement traité de la beauté divine.

Néanmoins, à y regarder de près, les conclusions de *Herrlichkeit* concernent l'économie et s'arrêtent au seuil de l'immanence. Il n'est pas traité de la vie intratrinitaire comme telle, sauf en passant. En effet, comment la distinction du fond et de l'apparition qui structure l'esthétique pourrait-elle prendre place dans la communion des Personnes divines ? Une formule peut résumer la manière dont Balthasar comprend esthétiquement la relation entre le Père et le Fils : « Le Père est le fond, le Fils est la manifestation ; le Père est le contenu [*Gehalt*], le Fils est la figure [*Gestalt*] [...]. Les deux sont un dans le beau[290]. » La beauté n'est donc pas attribuée en propre à une Personne divine mais à l'unité du Père et du Fils qui se distribuent les deux pôles constitutifs de la *pulchritudo* (le fond qui est corrélé à la *lumen* et la manifestation à la *species*). Assurément, le trait est forcé. Mais il est par exemple significatif qu'un des auteurs qui a le plus traité de la thématique de la beauté divine ne notifie pas ce qui caractérise en propre chaque Personne divine[291].

Inversement, tout en reconnaissant l'axiome selon lequel on n'accède à Dieu que par le Christ, le deuxième volet centré sur le bien, la *Theodramatik*, fonde ultimement l'économie du salut sur les relations entre les Hypostases divines. Résumons très sommairement le cœur de la sotériologie[292]. Le péché, et la damnation qui en est la conséquence, sont séparation d'avec Dieu. Or, en engendrant son Fils dans un acte éternel d'amour, le Père se donne sans retour, donnant même d'avoir donné, de sorte qu'il introduit une distance infinie entre lui-même et le Monogène. Le drame humain étant ultimement une séparation, il trouve donc sa condition de possibilité ultime dans les processions intradivines. Or, en ces développements centrés sur l'*Urdrama* trinitaire, Balthasar ne traite plus de la beauté divine. Ainsi, paradoxalement, c'est au moment où le théologien pénètre avec le plus de profondeur dans la vie tripersonnelle de Dieu que s'évanouit sa méditation sur sa beauté.

Enfin, si *Epilog* traite de la beauté du point de vue théologique, il la reconduit au Christ mais non au Fils dans sa vie éternelle et encore moins à la Trinité immanente[293]. Derechef, Balthasar insiste tellement sur la nécessité de ne pas « omettre la visée de celui qui révèle » et ne pas « tendre directement au mystère[294] » qu'il ne parle pas de la beauté suressentielle de l'amour tri-unitaire.

En introduction de la deuxième partie, nous rappelions la liste des témoins que Balthasar convoque dans la deuxième partie de son esthétique théologique. Mais, d'abord, ces monographies n'étayent pas les développements de l'imposante troisième partie ; les deuxième et troisième parties demeurent étrangement juxtaposées. Ensuite, aucun des auteurs étudiés par les *Styles* ne traite en direct la beauté trinitaire. Enfin, *Schau der Gestalt*, l'ouvrage introductif du premier volet, a longuement montré pourquoi, depuis la fin du Moyen-Âge, la théologie a malheureusement peu affaire avec la beauté. Si la désesthétisation touche, sans aucun doute, la théologie protestante[295], elle n'a pas épargné la théologie catholique. Balthasar en explique la raison fondamentale dans la longue introduction de ce volume. La beauté est un transcendantal, donc est coextensive au créé et à l'incréé. Or, si, à l'époque médiévale, raison et Révélation sont vitalement unies, à l'orée des temps modernes, Descartes opère leur séparation. Selon le théologien helvète, la méconnaissance du beau s'origine donc dans la séparation de la raison et de la foi. Certes, quelques grands penseurs de l'époque classique, tels Pascal ou Leibniz, maintiennent leur connexion. Mais le divorce foi-savoir est consommé au milieu du dix-neuvième siècle, par exemple au nom de la spécialisation. Même la théologie est frappée par cette rupture : les sciences historiques détachent la lettre de l'esprit qui seul demeure objet de foi[296].

Karl Barth

Nous avons déjà noté que le théologien réformé, premier de son « espèce », consacre un développement à la beauté divine dans sa *Kirchliche Dogmatik*[297]. Il affirme très clairement que l'on peut et doit attribuer la beauté à Dieu. Il le montre à partir d'une définition-description qui, comme rien ne saurait précéder Dieu, ne peut valoir que de Dieu avec qui elle est une et ne se déduit d'aucune définition générale ou mondaine de la beauté. On pourrait distinguer un double pôle, subjectif et objectif[298]. Le concept de beauté divine apparaît dans le paragraphe consacré à la gloire de Dieu. Mais la gloire dit-elle plus que la puissance ? Surtout, s'impose-t-elle comme un fait ? Pour ne pas contraindre, la puissance de la gloire se doit d'attirer en suscitant la joie et le désir. Or, tel est le sens, subjectif, du beau : « la gloire de Dieu est efficace parce qu'elle est beauté[299]. » Mais cette beauté ne saurait être liée au seul vécu de l'homme sous peine de sombrer dans une réduction anthropologique de la théologie. Elle se fonde donc dans l'être de Dieu, autrement dit, elle comporte un pôle objectif, à savoir sa forme. Barth le montre à partir de trois exemples : l'essence divine, la Trinité de Dieu et l'incarnation[300].

Considérons seulement le premier : l'essence de Dieu s'épanouit en ses attributs auxquels elle s'identifie ; or, ces attributs sont autant de perfections qui se distribuent en paires : identité et non-identité, intériorité et extériorité, mouvement et repos, amour et liberté, etc. Mais ces couples sont mystérieusement un. L'essence divine en est donc l'unité parfaite. Cette considération s'est arrêtée au contenu. En un second temps, s'interrogeant sur la forme une, Barth se demande si cette forme n'est pas parfaite, aussi parfaite que le contenu. Et telle est la beauté divine : cette unité de la forme qui elle-même ne fait qu'un avec son contenu : « La perfection de la forme n'est que le rayonnement de la perfection de son contenu, c'est-à-dire Dieu lui-même[301]. »

Pourtant, cette affirmation inédite de la beauté divine ne va pas sans de notables réserves. Déjà, ainsi que nous le notions ci-dessus, Barth observe avec honnêteté combien la base biblique d'une théologie de la beauté est fragile sinon inexistante. Ensuite, la réflexion de Barth sur la beauté divine est suscitée par la nécessité qu'a la gloire divine non pas de s'imposer comme un fait, mais d'exercer un pouvoir d'attraction et de susciter la joie ; cette propriété demeure donc seconde. En introduisant ce hiatus, le théologien suisse s'oppose à son compatriote Balthasar qui identifie beauté et gloire en Dieu. « Nous parlons de la beauté de Dieu uniquement afin de faire comprendre sa gloire. Le terme de beauté est donc une notion secondaire et auxiliaire[302]. » D'ailleurs, la première limite fonde la seconde : c'est parce que le témoignage biblique porte sur la gloire de Dieu et non sur sa beauté, que « nous n'avons pas le droit de penser que l'idée de beauté représente Dieu tout entier, comme c'est le cas de ses perfections ». Barth dénie donc enfin le droit à la beauté d'avoir la même extension que d'autres attributs comme la grâce, la miséricorde et la patience (toutes trois liées à l'amour divin) ou l'unité, la toute-puissance et l'éternité (toutes trois liées à la liberté divine). Par conséquent, « la notion de beauté » n'entre pas « dans la série des notions majeures de la doctrine de Dieu[303] ».

– 5 –
Un christianisme « misokale » ?

Loin de relever que le christianisme affirme généreusement la beauté divine, certaines critiques l'ont récemment accusé d'être « misokale », ennemi de la beauté. Convoquons d'abord deux détracteurs parmi les plus illustres. Voici ce qu'affirme Nietzsche au début de *La naissance de la tragédie* :

> « Rien n'est plus rigoureusement contraire à l'interprétation et à la justification purement esthétiques du monde enseignées dans ce livre que la doctrine chrétienne, laquelle n'est, et ne veut, que morale et qui, du fait de ses normes absolues (ne serait-ce, par exemple, que la véracité divine) proscrit l'art, quel qu'il soit, dans le domaine du mensonge, – c'est-à-dire le nie, le damne, le juge[304]. »

Au terme d'un ouvrage à prétention, elle aussi, archéologique, Renan écrit :

> « Par son origine première, le christianisme était aussi contraire aux développements des arts plastiques que l'a été l'islam [...]. Mais les religions sont ce que les font les races qui les adoptent. Transporté chez des peuples amis de l'art, le christianisme devint une religion aussi

> artistique qu'il l'eût été peu s'il fût resté entre les mains des judéo-chrétiens. Aussi sont-ce les hérétiques qui fondent l'art chrétien[305]. »

Quoique dans un esprit diamétralement opposé, Ivan Gobry pose au fond le même diagnostic : « Les “grands siècles”, là où les lettres et les arts arrivaient à leur degré culminant, furent des siècles de libertinage, où la religion était singée et la morale bafouée[306]. »

Ces critiques rejoignent le constat d'une désaffection de la théologie à l'égard de l'esthétique. Au terme de son dialogue avec Jean-Pierre Changeux, Paul Ricœur qui, pour ne pas être théologien, était doté d'une véritable culture théologique, affirme : « En dehors d'un théologien comme Urs von Balthasar, il y a eu très peu de considération pour la beauté. Je dis même la beauté du monde, que le déploiement de l'“éventail du vivant” peut à nouveau aider à célébrer. Célébrons donc la beauté du monde[307] ! » Ce même Balthasar, nous l'avons vu, ne se contentait pas d'enregistrer ce désintérêt, il l'expliquait par la rupture moderne entre créé et incréé, rendant inconcevable l'*analogia pulchritudinis* fondatrice d'une esthétique théologique.

Enfin, une théologie de la beauté ne nie-t-elle pas la dramatique de l'histoire ? Peut-on encore célébrer la splendeur divine après Auschwitz ? Affirmer la transcendantalité du beau n'est-ce pas nier la laideur du péché et raturer le scandale du mal ? Assurément, le pécheur est appelé à être sauvé, mais le péché n'entrera pas dans le Royaume. Le culte actuel de la beauté ne participerait-il pas à l'euphorie perpétuelle et l'hédonisation consuméristes fustigées par exemple par Pascal Bruckner, Gilles Lipovetski ou Christophe André[308] ?

– 6 –
Bref bilan. Un déficit stimulant

Il serait bien entendu contraire aux faits les plus patents d'affirmer que la théologie chrétienne n'a jamais attribué la beauté à Dieu. Il serait encore plus erroné de conclure qu'elle s'y oppose. Mais il demeure une certaine perplexité, qui prend des formes multiples : insuffisance des sources bibliques ; ambivalence de celles-ci vis-à-vis de la beauté du Christ ; discrétion de la Tradition à l'égard des assertions relatives à la vie intime du Dieu trinitaire ; hésitation dans l'attribution de la beauté à l'essence divine ou aux Personnes divines ; oscillation entre la prédication à toute la Trinité ou l'appropriation à la seule Hypostase du Fils ; etc.

Mais, à côté de ces raisons, dont la liste est loin d'être limitative, et plus en amont, j'émettrais l'hypothèse – la première d'une série de sup- et pro-positions qui s'égrèneront dans cette deuxième partie – que la perplexité en question est le reflet d'un *déficit de réflexion théologique (mais aussi philosophique) sur les relations existant entre la beauté et l'amour* : si Dieu est amour, il est nécessaire de s'interroger sur ce que l'amour me dit de la beauté. Si l'on n'a pas manqué de montrer combien l'*agapè* renouvelle de l'intérieur la conception et le vécu de l'amour, il ne semble pas que l'on se soit beaucoup interrogé sur ce que la Révélation exprime d'inédit sur la relation de l'amour à la beauté[309]. Cette question va désormais progressivement apparaître comme centrale.

Chapitre 8

De la beauté de la créature à la splendeur de Dieu

Le beau est-il une catégorie théologique, demandions-nous en ouvrant cette deuxième partie ? L'on peut entendre l'expression « catégorie théologique » de deux manières, selon que nous attribuons à l'épithète un sens épistémologique ou ontologique. Dans le premier cas, nous traitons du beau comme chemin pour connaître Dieu. Mais cette première approche ne doit pas nous conduire à éviter la seconde question dont nous avons vu qu'elle est beaucoup plus délicate. Si nous prenons le terme « théo-logique » en sa signification ontologique, la question devient : Dieu est-il beau ? Quelles propositions adresser en vue d'une kalologie théologique ?

Nous procéderons en trois temps :
1. De la créature belle à la splendeur de Dieu (chap. 7)
2. La beauté du Christ (chap. 8)
3. La beauté du Dieu trinitaire (chap. 9-11)

En cette deuxième partie où nous traitons du beau comme voie d'accès à Dieu, nous emprunterons différents chemins : en revue l'Écriture, la Tradition, la philosophie et la littérature.

– 1 –
Témoignage de l'Écriture

La Bible atteste que la beauté des créatures est une voie vers Dieu. « Dieu est l'auteur d'œuvres grandioses et insondables, le créateur de merveilles qu'on ne peut nommer » (Jb 5,9). Et les Psaumes transforment cette splendeur de la création en autant d'occasion de louer le Créateur. Bref florilège : « Allez, contemplez les hauts faits du Seigneur, lui qui remplit la terre de splendeurs » (Ps 46,9) ; « Je me souviens des hauts faits du Seigneur, je me souviens d'autrefois, de tes merveilles ; je me murmure toute ton œuvre et sur tes bienfaits je médite » (Ps 77,12) ; « Grandes sont les œuvres du Seigneur, dignes d'étude pour qui les aime. Faste et splendeur, son ouvrage [...]. Il laisse un mémorial de ses merveilles » (Ps 111, 2-3).

Ce témoignage est si prégnant que le lecteur le rencontre dès la première page, dans le récit élohiste de la création où Dieu ne répète pas moins de six fois l'adjectif « *tov* ». Et cette épithète doit être prise dans toute sa riche polysémie : « en remarquant que ce qu'il avait créé était *bon* – note Jean-Paul II dans sa *Lettre aux artistes* –, Dieu vit aussi que c'était *beau*[310]. » Or, le pape continue d'une manière très suggestive en proposant non pas de juxtaposer les deux transcendantaux mais de les ordonner, selon l'articulation phénoménologique et métaphysique du fond (invisible) et de la manifestation (visible) : « La beauté est en un certain sens *l'expression visible du bien* de même que le bien est *la condition métaphysique de la beauté*[311] ». Par conséquent, la splendeur du monde créé est un chemin qui conduit à la bonté de son Origine incréée – *Bonitatis splendor*. Il demeure que la beauté n'est pas expressément attribuée à Dieu.

Dans un passage célèbre qui traite de la connaissance naturelle de Dieu, le livre de la Sagesse affirme que sont chemins vers celle-ci non seulement les créatures, mais la *beauté* des créatures :

> « Oui, vains par nature tous les hommes en qui se trouvait l'ignorance de Dieu, qui, en partant des biens visibles, n'ont pas été capables de connaître Celui-qui-est, et qui, en considérant les œuvres, n'ont pas reconnu l'Artisan... S'ils les ont pris pour des dieux, qu'ils sachent combien leur Maître est supérieur, car c'est la source même de la beauté qui les a créés. » (Sg 13,1.3)

Pour autant, l'union symbolique n'est affirmée qu'en soulignant aussi la distance : « La grandeur et la beauté des créatures font, *par analogie*, contempler leur Auteur. » (v. 5) Or, qui dit analogie dit à la fois ressemblance et dissemblance. Voire, selon une parole fameuse du quatrième concile du Latran, « entre le Créateur et la créature on ne peut marquer tellement de ressemblance que la dissemblance entre eux ne soit pas plus grande encore [*major dissimilitudo*][312] ». L'Écriture propose donc une « analogie » ascendante de la beauté.

Une telle *analogia pulchritudinis* est aussi suggérée par la parole du psalmiste « Le Roi sera séduit par ta beauté » (Ps 45,12), si elle est mise en résonance avec une parole d'Isaïe : « Ton Dieu lui-même sera ta beauté » (Is 60,19). Il est ainsi suggéré que la beauté qui attire Dieu est la sienne dont nous participons.

– 2 –
Témoignage de la Tradition

Ce que l'Écriture dit, la Tradition vivante le transmet et le « développe » « sous l'assistance du Saint-Esprit[313] ». Multiples sont les témoignages qui nous viennent de l'époque patristique sur le cosmos théo- et kallophanique. Quelques attestations parmi beaucoup : « Et voilà le monde composé d'éléments totalement bons – affirme Tertullien –, le voilà se présentant comme la figure authentique des biens merveilleux qui attendent l'homme, lui pour qui a été préparé tout cet univers[314] » ; « Dieu est la beauté première par laquelle toutes choses sont belles [*Deus est species prima a quo omnia sunt speciosa*][315] », écrit saint Augustin. Saint Isaac le Syrien renchérit : « Tout ce que Dieu a fait a été fait dans la beauté et la mesure[316]. » Voici une citation plus ample de saint Hilaire de Poitiers :

> « Les cieux, l'air et la terre, les mers sont revêtus de splendeur, et le cosmos tout entier doit son nom à sa magnifique harmonie. Nous apprécions cette beauté des chose d'instinct, naturellement, mais la parole qui l'exprime est toujours inférieure à ce que notre intelligence saisit. À plus forte raison le Seigneur de la beauté est-il au-dessus de toute beauté ; et si notre intelligence ne peut concevoir sa splendeur éternelle, elle garde pourtant l'idée de splendeur. Nous devons donc confesser un Dieu d'une beauté inconcevable pour notre esprit, mais que nous ne pouvons atteindre en dehors de lui[317]. »

La Tradition englobe aussi les Saints. Bien des témoignages pourraient être retenus. Par exemple, sainte Thérèse de l'Enfant-Jésus commence ainsi l'une de ses prières : « Face adorable de Jésus, seule beauté qui ravit mon cœur, daigne imprimer en moi ta Divine Ressemblance, afin que tu ne puisses regarder mon âme sans te contempler toi-même[318]. »

Mais c'est sans doute saint François d'Assise qui a vécu le plus radicalement cette *via pulchritudinis*.

Qui ignore le Cantique des créatures ? Tout d'abord, il est mieux nommé *Cantique au Dieu Très Haut* car il s'adresse au Créateur. Ensuite, une lecture trop superficielle ne voit pas que le cosmos n'est symbole de Dieu et retour vers Dieu que par la médiation de l'homme, ainsi que l'a montré Éloi Leclerc dans la thèse qu'il lui a consacrée[319]. Enfin, le cantique célèbre la splendeur de l'Éternel – « Tu es la beauté ! » – en invoquant la beauté de chaque créature. En effet, le Poverello – écrit saint Bonaventure dans sa biographie – « *contemplait le Très Beau dans les choses belles* » :

> « En chacune des créatures, comme en autant de dérivations, il percevait avec une extraordinaire piété le jaillissement unique de la bonté de Dieu et, comme si l'harmonie préétablie par Dieu entre les propriétés actuelles des corps et leurs interactions lui eût semblé une musique céleste, il exhortait toutes les créatures, à la façon du prophète David, à la louange du Seigneur[320]. »

Ce texte contient toutes les notes du *pulchrum* sur mode suréminent[321].

Du point de vue subjectif, la beauté de la création est révélée non seulement par la célébration, mais par la piété ; or, celle-ci est la vertu qui unit à Dieu, plus encore, la vertu qui convertit la dette insolvable en chant d'action de grâces, affirmant avec le psalmiste : « Comment rendrai-je à Dieu tout le bien qu'il m'a fait ? » (Ps 115,12).

Et le maître général de l'Ordre franciscain corrèle de manière étonnante la vision (« percevait »), qui est un acte de la connaissance, avec la piété, qui est une vertu de la justice, donc de la volonté, comme si l'ouverture de celle-ci à Dieu conduisait par surabondance à dilater aussi son intelligence.

Du point de vue objectif, la beauté du monde naît de son étroite connexion à Dieu. Tout d'abord, François voit la créature comme un « jaillissement unique de la bonté de Dieu ». Autrement dit, Dieu est source en tant qu'il est bon, donc amour. Or, saint Bonaventure précise dans ses écrits systématiques que « le premier Principe a fait ce monde sensible pour se manifester [*ad declarandum*] lui-même ». Or, à cette manifestation divine correspond et répond la manifestation humaine, c'est-à-dire la parole. Donc, « par ce monde, comme par un miroir et un vestige, l'homme doit remonter à Dieu créateur qu'il doit aimer et louer[322]. » D'ailleurs, cet hymne est choral : François « exhortait *toutes* les créatures [...] à la louange du Seigneur ». Nous retrouvons cette caractéristique si fortement soulignée par Jean-Louis Chrétien. Enfin, dans cette remontée eucharistique, qui est réponse à la descente généreuse, les créatures trouvent leur unité (« interactions »), ici décrite comme « une musique céleste ». L'union horizontale des êtres naturels s'enracine dans l'élan vertical de la louange cosmique[323]. Comme plus tard celui qui l'a choisi comme saint patron, François offre une vision cosmique et systémique qui rime avec théo-logique : « Tout est lié » dans la nature, avec l'homme et en Dieu[324].

– 3 –
Confirmations philosophiques

Nombreux sont les penseurs qui se sont élevés sur cette échelle métaphysique du beau, depuis Diotime dans le *Banquet*, jusqu'à Simone Weil (une autre femme), en passant par saint Thomas[325] et, de manière inattendue, René Descartes. Limitons-nous à deux illustrations.

Nous notions ci-dessus que Balthasar faisait de René Descartes l'un des agents privilégiés de la rupture d'avec l'esthétique théologique dans l'histoire de la pensée occidentale. Sans nier la vérité globale du diagnostic, il n'est pourtant pas impossible de trouver chez le philosophie français la trace d'un tel saisissement presque laudatif. N'est-ce pas lui dont témoigne, de manière inattendue mais heureuse, la finale trop négligée, voire suspectée de la troisième des *Méditations métaphysiques* ? En effet, celle-ci vient de démontrer « très évidemment » l'existence de Dieu en montant de notre imperfection et dépendance, à Dieu qui « possède en soi toutes ces grandes choses auxquelles j'aspire ». Or, avant de passer « à la considération des autres vérités que l'on en peut recueillir », Descartes tient ce propos surprenant : il estime « très à propos de [s]'arrêter quelque temps à la contemplation de ce Dieu tout parfait. » Par ailleurs, de « ses merveilleux attributs », il n'en isole qu'un : « l'incomparable beauté », suscitée par son « immense lumière », face à laquelle son « esprit [...] demeure en quelque sorte ébloui[326] ». Mais l'éblouissement dit plus que le seul éclairement ; il exprime à la fois un excès qui oblige à détourner les yeux blessés par cette démesure et un ravissement qui saisit. Ainsi, pour l'auteur du *Discours de la méthode*, Dieu se révèle objectivement comme beauté et subjectivement par une bienheureuse blessure – qui n'est pas sans rappeler la « plaie délicieuse » dont parle saint Jean de la Croix.

De même, pour la philosophe d'inspiration platonicienne Simone Weil, l'abîme du beau appelle l'abîme de Dieu :

> « Quand on voit un être humain véritablement beau, ce qui est très rare, ou quand on entend le chant d'une voix vraiment belle, on ne peut pas se défendre de la croyance que derrière cette beauté sensible, il y a une âme faite du plus pur amour. Très souvent c'est faux, et de telles erreurs causent souvent de grands malheurs. Mais pour l'univers, c'est vrai. La beauté du monde nous parle de l'Amour qui en est l'âme comme pourraient faire les traits d'un visage humain qui serait parfaitement beau et qui ne mentirait pas. [...] il n'y a

dans cette conception aucun panthéisme ; car cette âme est dans ce corps, elle le contient, le pénètre et l'enveloppe de toutes parts, étant elle-même hors de l'espace et du temps : elle en est tout à fait distincte et elle le gouverne. Mais elle se laisse apercevoir par nous à travers la beauté sensible comme un enfant trouve dans un sourire de sa mère, dans une inflexion de sa voix, la révélation de l'amour dont il est l'objet[327]. »

– 4 –
Confirmation littéraire

On sait combien Dostoïevski faisait de la beauté, en particulier celle de la nature, un chemin vers Dieu – sans qu'il soit possible de le soupçonner de panthéisme[328]. Illustrons cette conception ontophanique de la beauté à partir d'un passage de *L'adolescent*. Dans ce roman, le héros rencontre un vieillard malade, Makar Ivanovitch, qui a tout perdu et part dans une longue quête, vivant de rien et cherchant le « lieu du cœur ». Un jour, après avoir passé la nuit dans un champ, il fait une expérience qui change sa vie :

« J'ouvris les yeux de bon matin, quand tout le monde encore dormait et le soleil lui-même n'était pas encore sorti du bois. Eh bien, mon enfant, je relevai la tête, embrassai d'un coup d'œil l'horizon et soupirai : partout une beauté ineffable ! Tout est calme, l'air léger, l'herbe pousse – pousse, herbette du bon Dieu ! l'oiselet chante – chante donc, oiselet du bon Dieu ! le petit enfant piaille sur les bras de sa mère – Dieu te garde, petit homme, grandis et sois heureux ! Et, pour la première fois peut-être de toute ma vie, j'enfermai tout cela en moi-même... Je me recouchais de nouveau, et m'endormis d'un sommeil si léger ! Il fait bon ici-bas, mon cher ! [...] Qu'il y ait des mystères, c'est tant mieux. C'est terrible pour le cœur et c'est merveilleux, mais cette peur réjouit le cœur : "Tout est en toi, Seigneur, je suis moi-même en toi, reçois-moi !" Ne murmure pas, jeune homme : ce n'en est que plus beau d'être mystère. Et l'adolescent de reprendre cette phrase qu'il dit garder dans sa mémoire : "Plus beau d'être mystère."[329] »

L'expérience ici rapportée est esthétique : parce qu'elle enrôle tous les sens (*aisthésis*, en grec, signifie « sensation ») ; surtout parce qu'elle naît du beau (« partout une beauté ineffable », ressentie paradoxalement comme effroi et paix et, plus encore, comme bonheur) cosmologique et mystique. Or, par cette expérience, s'ébauche à nouveau une remontée analogique vers Dieu : à la naissance du soleil en ce matin neuf et originaire répond la naissance de cet homme à sa plus profonde intimité (« pour la première fois peut-être de toute ma vie, j'enfermai tout cela en moi-même »). Cette aurore est celle du monde en gésine promis à l'éternité. Dostoïevski affirme enfin la relation entre beauté et mystère. Le vieillard découvre, comme le remarque Olivier Clément, commentant ce passage à l'orée de son autobiographie spirituelle, que « la prière est l'essence des choses[330] ». Or, seul l'homme peut la mettre en mots. Tel est le sens de cette parole qui traverse tous les règnes du vivant : « l'herbe pousse – pousse, herbette du bon Dieu ! l'oiselet chante – chante donc, oiselet du bon Dieu ! » Et tel est le testament que le sage vieillard livre à l'adolescent : « Plus beau d'être mystère. » La beauté conduit à Dieu, car elle partage avec le mystère d'entrelacer une épiphanie en sa remontée et une théophanie en sa descente.

Chapitre 9
La beauté du Christ

La voie décrite par le précédent chapitre remonte analogiquement de la beauté des créatures à leur Créateur. Au minimum, elle s'arrête à contempler Dieu comme source de la beauté et, au mieux, elle affirme celle-ci *supereminenter* de l'essence divine. Par exemple, dans le passage déjà évoqué que *Les noms divins* consacre à la beauté divine, le Pseudo-Denys ne fait qu'attribuer à Dieu la « beauté suressentielle » qui « contient et surpasse toute beauté » sans lui offrir un contenu concret. Son propos, et c'est beaucoup, s'inscrit donc d'autant plus dans le cadre de la *via pulchritudinis*, que, reprenant la pseudo-étymologie fameuse du Cratyle, il fait du beau (*kalos*) ce que Dieu appelle (*kalloun*) et donc ce qui y conduit[331].

Mais est-il possible de préciser en quoi consiste la beauté divine ? Et qui peut parler du Dieu invisible si ce n'est le Fils qui, par son incarnation, est venu le révéler : « Qui m'a vu a vu le Père » (Jn 14,9. Cf. Jn 1, 18) ? Ne faut-il pas affirmer que le Christ est beau ?[332]

– 1 –
La beauté du Christ transfiguré ?

Si l'on excepte la relecture patristique du Ps 44,3 (« le plus beau des enfants des hommes »), ou l'auto-proclamation de Jésus qui se dit « le beau [*kalos*] Pasteur » (Jn 10,11), le lieu théologique par excellence de la beauté du Christ est la Transfiguration. En effet, nous retrouvons dans cet épisode kalophanique les notes, objectives et subjectives, de la beauté, mais portées à l'incandescence. Pour le montrer, nous conjuguerons le témoignage des trois récits synoptiques (Mt 17,1-8 ; Mc 9,2-8 ; Lc 9,28-36).

1. En sa structure *objective,* le beau se révèle comme figure et éclat, *species* et *lumen* (p. 34). Or, les évangélistes décrivent la transfiguration à partir du soleil et de la lumière : « Son visage resplendit [*élampsen*] comme le soleil, et ses vêtements devinrent blancs comme la lumière. » (Mt 17,2) La *métamorphose* (qui est le terme grec employé pour décrire la transfiguration) est à ce point lumineuse qu'elle concerne non seulement le corps (en sa partie visible et expressive : le visage), mais aussi les vêtements.

Toutefois, si inouï, si excessif soit le resplendissement – « d'une telle blancheur qu'aucun foulon sur terre ne peut blanchir de la sorte » (Mc 9,3) –, il n'abolit en rien la figure : les témoins voient de leurs yeux la lumière émaner du visage ou du vêtement.

Enfin, toujours du point de vue objectif, la beauté présente la bipolarité ontophanique du fond et de l'apparition (chap. 3). Mais, chez un être spirituel, cette manifestation, loin d'être automatique, engage la volonté qui se donne : elle est un épanchement gratuit, au double sens de libre et d'aimant. Or, saint Luc note que la transfiguration se produit lorsque Jésus prie (Lc 9,29), donc est en relation avec son Père : de ce colloque intime, nous n'entendons rien, mais il nous est donné à voir la gloire de celui qui est l'exégète du Père (*cf.* Jn 1,18 ; 14,9). Plus encore, la manifestation se renverse. En effet, par sa voix, c'est le Père qui dévoile l'identité de Jésus : « Celui-ci est mon Fils bien-aimé ». Ainsi, la gloire du Christ manifeste sa divinité, qui donc se révèle belle[333]. Autrement dit, selon la fulgurante mise en perspective opérée par le théologien orthodoxe Paul Evdokimov, la déclaration de Jésus « Je suis la vérité » (Jn 14,9) équivaut à dire « Je suis la beauté[334]. »

2. En son vécu *subjectif*, la beauté tout d'abord ravit. Or, sur la montagne de la Transfiguration, Pierre affirme sa joie en exprimant son désir de demeurer : « Dressons donc trois tentes, une pour toi, une pour Moïse et une pour Elie. »

Outre le *ravissement*, la beauté engendre une surprise, voire un *effroi*. Si Matthieu lie celui-ci à la voix du Père (*cf.* Mt 17,6), Marc le corrèle à la transfiguration même du Christ à laquelle Moïse et Elie participent : l'effroi qui saisit les Apôtres les laisse sans voix – « il ne savait que répondre. » (Mc 9,6)

Par ailleurs, la beauté suscite la *louange*. Un paradoxe vaut la peine d'être noté. D'un côté, il est dit que Pierre « ne savait que répondre ». De l'autre, ce commentaire de l'évangéliste suit une prise de parole dudit Apôtre. L'apparente contradiction ne se résout-elle pas dans la louange, c'est-à-dire dans cet au-delà de la parole qui est pourtant parole ? En effet, c'est une parole – ou plutôt un cri – de gratitude qui, spontanément, monte dans le cœur de Pierre. Or, il l'exprime avec un mot à forte consonance esthétique qu'attestent les trois synoptiques : « Il est beau [*kalon*] que nous soyons ici. » Ce que Pierre comprend dans son face-à-face avec Jésus transfiguré, Paul, citant Isaïe (52,7), le pressent dans son devoir pressant d'annoncer l'Évangile : « Qu'ils sont beaux [*ôraioi*] les pieds de celui qui annoncent la Bonne Nouvelle ! » (Rm 10,15)

Enfin, le chant est, à nouveau, *responsorial*. À ce sujet, un autre paradoxe vaut d'être noté. L'évangile selon saint Marc écrit : Pierre « ne *savait* que répondre, car ils étaient saisis de frayeur ». Comment comprendre cette conjonction de singulier et de pluriel ? Et si la parole-silence de Pierre était l'expression d'une pluralité de personnes ? N'est-ce pas toute l'Église qui, à la suite de leur témoignage, peut maintenant célébrer celui qui s'est manifesté sur « la montagne sainte » (2 P 1,16-18) ? Et, selon la tradition orthodoxe, toute liturgie n'est-elle pas la continuation et l'actualisation de la Transfiguration[335] ? Voire, la reconnaissance de Pierre qui, comme si souvent, parle au nom des Apôtres et de l'Église, n'est-elle pas un écho de la parole même de gratitude que le Père exprime à son Fils, « mon Bien-aimé » ? Or, si la parole de Pierre précède chronologiquement celle du Père, elle lui succède ontologiquement, car elle concrétise la béatitude que Jésus, juste avant la montée au Thabor, a prononcé sur Pierre après sa confession à Césarée : « Bienheureux es-tu, car ce ne sont ni la chair ni le sang qui t'ont révélé cela, mais mon Père qui est dans les cieux. » (Mt 16,17) Il s'ouvre donc une perspective trinitaire, attestée par la nuée lumineuse (la *Shekinah*) où la Tradition a lu une mission visible de l'Esprit-Saint[336], ce dont il faudra nous souvenir plus loin. Par conséquent, la beauté du Christ transfiguré révèle mystérieusement – le *Catéchisme de l'Église catholique* parle de « l'épisode mystérieux de la Transfiguration[337] » – la « sursplendeur » (pour parler comme le Pseudo-Denys) de Dieu en sa vie intime.

– 2 –
La laideur du Christ défiguré ?

Donc, le Christ transfiguré resplendit. Pourtant, la Tradition est loin d'être unanime à propos de la beauté du Sauveur.

En effet, dans une lecture allégorique, typique, le dossier scripturaire apparaît contrasté. Si, nous l'avons vu, le psalmiste célèbre « le plus beau des enfants des hommes » (Ps 44,3), le quatrième chant du Serviteur lui attribue aussi la défiguration : « Sans beauté ni éclat nous l'avons vu, et sans aimable apparence » (Is 53,2). Les thèses contrastées de la Tradition vont se cristalliser autour de ces deux *topoï* christologiques.

Les Pères latins sont divisés. D'un côté, Tertullien affirme la laideur native du Dieu incarné[338]. De l'autre, saint Jérôme est fasciné par la beauté de Jésus crucifié. Dans une lettre à Principia, l'ermite commente : « S'il n'avait eu dans le visage [*vultu*] et dans les yeux quelque chose de sidéral [*quiddam sidereum*], jamais les Apôtres ne l'auraient suivi immédiatement et ceux qui étaient venus l'arrêter ne se seraient effondrés[339]. » L'on retrouve la même ambivalence chez les Pères grecs, par exemple entre saint Clément d'Alexandrie[340] et saint Jean Chrysostome[341].

Loin d'en rester à cette tension, saint Augustin tente de conjuguer la vérité des deux affirmations contraires :

« Il apparut laid [*foedus*] à ses persécuteurs [...]. S'ils ont commis ces actes, c'est qu'il leur apparaissait laid [*foedus*]. Car ils n'avaient pas les yeux pour voir la beauté [*pulcher*] du Christ[342]. » Pour cela, il attribue le premier texte à la *forma Dei* et le second à la *forma servi*[343], ou bien, mais cette distinction n'est pas étrangère à la précédente, le texte prophétique au Christ en sa vie terrestre et le passage du psaume au Christ ressuscité en sa vie glorieuse[344]. Peu importe l'écart, ces deux réponses écartent la beauté du Jésus prépascal : chez saint Augustin, *claritas* ne peut rimer avec *humilitas*[345]. Mais sont-elles satisfaisantes ? Doit-on dénier toute beauté au Christ crucifié ? Plus généralement, si Jésus est « *Deus cum carne*[346] », selon l'expression suggestive du Docteur d'Hippone, faut-il attendre la seconde Parousie pour en contempler la splendeur ? Celle-ci n'irradie-t-elle pas dès sa vie humaine, en tous ses *acta et verba ?* Mais la difficulté qu'eut saint Augustin et plus d'un autre Père de l'Église à attribuer la beauté à l'humanité de Jésus, ne tient-elle pas à une autre raison que celle, souvent invoquée, d'une influence de l'hellénisme. En l'occurrence, la difficulté à contempler la beauté du Christ prépascal ne provient-elle pas d'une conception encore insuffisamment élaborée de l'amour ? Cette question, qui fut au cœur de la première partie et a offert la clé ouvrant les « définitions » philosophiques de la beauté, se trouve de nouveau au centre de cette partie théologique et conduira la méditation des trois derniers chapitres.

Chapitre 10

La beauté du Dieu trinitaire. Les deux pôles

Jusqu'à maintenant, notre propos a considéré la beauté divine brillant dans la création et resplendissant dans le Christ. Peut-on aller plus loin et affirmer que Dieu est beau en sa vie infiniment sainte ? Autrement dit, nous remontons de ce que l'on appelle l'économie, c'est-à-dire Dieu dans l'histoire du salut, à l'immanence, c'est-à-dire Dieu en sa vie intratrinitaire.

Peut-on dire que le Dieu unitrine est beau ?[347] Pour répondre à cette question, nous convoquerons les catégories élaborées en première partie et rappelées ci-dessus : la louange qui révèle la beauté dans le cœur de celui qui en est ému, le don qui est le cœur secret et ardent de la beauté. Envisageons successivement ces deux pôles, subjectif et objectif, même si cette dualité est totalement surmontée en Dieu.

– 1 –
L'Eucharistie trinitaire

Peut-on affirmer la présence d'une louange au sein de la Trinité, c'est-à-dire entre les Personnes divines ? L'hypothèse paraît audacieuse. Pourtant, nous avons vu que le cri laudatif d'émerveillement de Pierre à l'égard du Christ glorieux faisait écho et participait à la louange même du Père à l'égard de son propre Fils.

Suivant la mystique Adrienne von Speyr, Hans Urs von Balthasar n'hésite pas à parler d'une mutuelle louange entre les Personnes trinitaires. Il aborde ce sujet à plusieurs reprises dans la *Trilogie*, presque toujours dans le cadre de la *Theodramatik*. Un bref passage du dernier volume est consacré à la présence de la prière entre les Personnes divines[348] : « le dialogue trinitaire [*trinitarische Gespräch*] », affirme Balthasar, est « la prière fondamentale [*Ur-Gebet*] ». Entre les Hypostases trinitaires, la prière première est l'adoration. En effet, explique Adrienne, « toute adoration a son fondement ultime dans l'altérité de l'autre [...]. L'adoration est la relation pure au "Toi", tant et si bien que seul le "Toi" entre en considération. » Or, l'amour divin est tellement extatique, que la Personne est totalement tournée vers l'autre : le Fils, absolument décentré de lui-même, découvre ainsi sa divinité non pas en lui-même, mais dans le Père qui l'engendre. En conséquence, l'adoration divine ne tient pas à l'« objet » qu'est la divinité – comprenant qu'il est Dieu, le Fils s'adorerait lui-même –, mais à l'acte par lequel le Fils est absolument tourné vers le Père (*cf.* Jn 1,2) et n'advient donc à la conscience de lui-même qu'en l'autre et par l'autre. Ainsi, c'est l'amour kénotique de radicales donation et réception de soi qui est le fondement de l'adoration entre les Hypostases divines (elle-même exemplaire de toute adoration humaine).

Or, « dans l'adoration on trouve » une seconde forme de prière intradivine : la « reconnaissance », « une louange réciproque [*gegenseitigen Verherrlichung*] ». En effet, la louange est gratitude pour la gratuité du don ; or, « puisque Dieu se tient devant Dieu, il est permis de dire que "Dieu rend gloire à Dieu" » ; plus précisément, le Fils remercie le Père de lui donner l'être et la divinité ; de plus, il éprouve « beaucoup d'étonnement et de reconnaissance [*Dankbarkeit*] : étonnement que Dieu soit si grand et reconnaissance [*Dankbarkeit*] pour le fait qu'il se laisse contempler ». Par conséquent, nous sommes en droit d'affirmer la présence entre les Personnes divines d'une éternelle et surabondante eucharistie. Prenant bien soin d'éliminer toute potentialité et toute indétermination dans cet archi-mouvement vital incessant, Balthasar contemple la vie entre les Hypostases comme une jubilante circumincession, un émerveillement mutuel sans cesse renouvelé[349].

Cette doxologie amoureuse et admirative au-delà de tout mot n'est pas seulement présente en Dieu, elle est originaire. C'est ce que montre un ouvrage d'Adrienne von Speyr, *Le monde de la prière*, dont son père spirituel s'est largement inspiré dans les développements précédents. Bien qu'il le cite abondamment, Balthasar n'en offre qu'une analyse elliptique. Aussi vaut-il la peine de l'analyser pour lui-même. L'ouvrage commence par une surprenante affirmation qui en commande toute l'intelligibilité interne : « Il n'existe pas de définition de la prière, car c'est une vie mystérieuse avec Dieu, une participation au centre de son être [*Teilhanme an der Mitte seines Seins*], à son amour divin, trinitaire[350]. » De fait, après une brève introduction, suit une longue étude sur la prière dans la Trinité, c'est-à-dire entre les Personnes trinitaires[351]. Or, dans cette prière, la reconnaissance est première. Certes, l'initiative appartient au Père ; certes, son premier acte est la parole d'amour par laquelle il engendre le Fils. Toutefois, Adrienne ne dit pas de ce prime événement qu'il est prière. En effet, celle-ci est dialogue ; or, celui-ci ne commence qu'avec la réponse du Fils. En revanche, « la première chose [*das erste*] que font le Fils et l'Esprit, c'est de remercier [*danken*] le Père. » Et l'objet de cette gratitude n'est rien moins que le double don du Père : l'engendrement et la spiration. Est-ce à dire que le Père est exclu de la reconnaissance ? Celle-ci est la réponse à la gratuité fontale et toute réponse est seconde ; elle est retour vers l'origine et le Père est « l'amour dans la source », selon la formule d'*Ad gentes*[352]. Assurément, concède Adrienne, le Père d'abord « agrée cette gratitude [*Dank*] » : « il ne peut donc rien entreprendre pour échapper à ce remerciement [*Dank*] ». Toutefois :

> « ce n'est pas pour le garder en lui qu'il l'agrée, mais pour le redonner à ceux qui remercient [*Dankenden*], reconnaissant [*dankbar*] de ce qu'ils ont accepté de partager avec lui sa nature, de répondre depuis toujours et encore à sa volonté, à son attente, à son amour[353]. »

Cette affirmation s'éclaire si l'on ajoute que, à l'instar de Balthasar, sa dirigée affirme que, si actif soit le Père, il présente aussi une face réceptive. Dans l'amour trinitaire, la passivité ou réceptivité (les nuances ne sont pas toujours faites) reçoit le même statut ontologique positif et même suréminent que l'activité : la logique de l'amour est autant donation que réception. Or, le Père n'est pas seulement celui qui donne au Fils, mais aussi celui qui reçoit du Fils la réponse à sa donation ou plutôt à l'attente qu'a le Père d'aimer parfaitement, donc que le don qu'il fait de lui-même soit totalement reçu[354]. Par conséquent, toute la Trinité vibre de ce chant de gratitude. En Dieu même, « le remerciement est la première manifestation de l'amour qui vient de naître [*Der Dank ist der erste Kundgabe der entstandenen Liebe*][355]. » Ce qui est une évidence pour la créature l'est aussi, *ana-*

logiquement, pour la sainte Trinité ; plus encore, tout remerciement humain trouve son origine et sa mesure dans l'éternelle reconnaissance que les Personnes se portent l'une à l'autre.

Nous venons de voir que les Hypostases divines vivent de la gratitude à raison du don inimaginable de la nature divine. À cette reconnaissance qui s'enracine dans l'objet de la donation, s'ajoute une autre reconnaissance qui jaillit de sa mesure au-delà de tout désir et donc de toute mesure. En effet, Adrienne tient beaucoup à cette affirmation selon laquelle l'être divin est « toujours-plus[356] » : c'est ainsi qu'elle parle du « toujours-plus de l'être divin [*Je-mehr des göttlichen Seins*[357]] ». Cette pure « fécondité » tient à la nature de l'amour qui jamais ne se contente de combler ce qui est attendu, mais surprend toujours tout désir. Concrètement, non seulement le Fils comble l'attente du Père, mais il excède « les plus audacieuses [*kühnsten*] attentes du Père[358] ». Et ce « surpassement [*Überschwang*] advient encore dans le jaillissement de l'Esprit-Saint[359] », puisque la troisième Personne surpasse l'amour réciproque du Père et du Fils en l'attestant. Or, cette surabondance suscite la gratitude :

> « l'Esprit comble tellement [*erfüllt so sehr*] l'attente du Père et du Fils que le Père et le Fils voient en lui plus [*mehr*] que celui qui était attendu, trouvent en lui un témoignage insoupçonné [*unvermutetes*] de leur

amour, qu'ils lui manifestent spontanément leur gratitude [*Dankbarkeit*], comme l'Esprit leur manifeste la sienne[360]. »

Derechef, loin d'être réservée à l'une ou l'autre Personne divine, cette eucharistie éternelle les saisit toutes trois non sans se différencier – la reconnaissance intradivine conjuguant la *taxis* à la *périchorésis* dans une gratuité-gratitude jamais épuisée. Aussi le dialogue premier de la sainte Trinité est-il louange incessante : « Dans ce toujours-plus de la nature de Dieu se trouve la racine la plus intime de la prière [*In diesem Je-mehr des Wesens Gottes liegt die innerste Wurzel des Gebetes*[361]] » et de la prière de reconnaissance.

– 2 –
La donation trinitaire

Au pôle subjectif de la louange correspond le pôle objectif déjà évoqué : l'événement trinitaire de la donation absolue des Personnes divines l'une à l'autre. Il requerra un développement plus bref. Bien évidemment, il ne s'agit plus d'attribuer la beauté à l'essence divine ou à une Hypostase en particulier (en l'occurrence le Fils), mais de la contempler en elles trois.

Pour saint Thomas, depuis le commentaire sur les *Noms divins* jusqu'à la *Somme de théologie*, le bien s'identifie au beau quant au sujet, mais en diffère quant à la raison, « car le beau ajoute au bon un ordre à la puissance cognitive [*ordinem ad vim cognoscitivam*[362]] » Voilà pourquoi l'Aquinate fait du beau la splendeur du vrai. Nous émettrons l'hypothèse selon laquelle, sans en rien écarter la vérité, ni d'ailleurs les autres transcendantaux, il est possible d'éclairer la beauté à partir de l'amour (qui ne s'identifie pas au bien). Il ne s'agit donc pas tant de dénouer le lien entre le beau et le vrai que de resserrer celui existant entre beauté et amour[363] et, ce faisant, de repenser la nature de cette connexion.

Via pulchritudinis et *via caritatis* ne convergent totalement que dans le foyer ardent de la foi chrétienne qui est le Dieu-Amour. Et, pour la contempler, nous procèderons à une induction scalaire[364]. Si cette démarche ascendante ressemble à celle du discours de Diotime, toutefois, elle est plus encore weilienne[365] et secrètement aimantée par la révélation trinitaire, donc aussi implicitement descendante.

Chapitre 11

La beauté du Dieu trinitaire. L'amour, source de la beauté

Saint Augustin d'Hippone affirmait : « *Num amamus aliquid nisi pulchrum* : nous n'aimons jamais quelque chose s'il n'est beau[366]. » Saint Thomas d'Aquin renchérit : « La contemplation de la beauté spirituelle est principe de l'amour spirituel[367]. » À propos du Christ, sainte Élisabeth de la Trinité parle de « l'extase de l'amour écrasé par la beauté, la force, la grandeur immense de l'objet aimé[368]. » On pourrait multiplier les citations. Mais faire de la beauté la source de l'amour, « les païens n'en font-ils pas autant ? » Une telle affirmation n'a rien d'inédit et encore moins de spécifiquement chrétien. Pour un Grec, tout amour est *érôs kalou*. Même si le classement des *Ennéades* est de Porphyre, n'est-il pas significatif qu'il les ouvre sur le traité du beau[369] ?

Le christianisme introduit une révolution, au sens propre du terme, en inversant la formule : à la beauté qui suscite l'amour, la révélation chrétienne substitue l'amour qui est la beauté (voire, la beauté par excellence) et, par voie de conséquence, l'amour qui suscite la beauté[370].

– 1 –
L'amour est beau

« Tu étais beau, hier, tu m'as défendue », dit Hélène, jeune fille trisomique de 18 ans, au professeur Lejeune, après qu'il est passé à la télévision le 13 octobre 1988.[371] Sans le savoir, Hélène reprenait le mot de Socrate s'émerveillant face à un élève qui avait compris, mais elle ajoutait autre chose : l'illustre généticien s'était battu pour elle par amour. Belle est la personne qui se donne. Face à certains actes, ne nous exclamons-nous pas spontanément : « Que c'est beau ! » ? « La pratique du bien – observe le *Catéchisme de l'Église catholique* – s'accompagne d'un plaisir spirituel gratuit et de la beauté morale[372]. » Inversement, face à certaines méchancetés, l'enfant s'écrie : « C'est laid. » Le fait mérite d'être souligné, d'autant qu'il est loin d'être propre à la langue française. Nous avons vu que l'hébreu *tov* et le grec *kalos* pouvaient se traduire tantôt par « bien », tantôt par « beau ». En effet, en toute rigueur, les actes humains se distinguent selon qu'ils sont bons ou mauvais. En leur attribuant la beauté, ne leur reconnaît-on pas une bonté particulière ? Si nous affinons l'observation, nous constaterons que les actions qui suscitent l'émotion et un cri d'admiration ne sont pas seulement ni même d'abord héroïques, mais gratuites, comme le pardon. Et si elles sont héroïques, comme le martyr, c'est d'abord parce qu'elles attestent un don sans retour. De fait, un acte de générosité authentique, c'est-à-dire désintéressé, arrache à l'âme qui ne s'est pas dérobée à la grâce, cette exclamation bouleversée : « Que c'est beau ! »

« La vraie beauté n'est-elle pas le geste de l'amour salvifique ? », demande le liturge Piero Marina[373]. Fin décembre 1947, à l'île Bouchard, près de Tours, en France, Marie apparut pas moins de dix fois à trois enfants. Elle était si belle qu'une des voyantes lui demanda : « Pourquoi es-tu si belle ? » Marie répondit : « Parce que j'aime[374]. » Parole pédagogique, sinon ingénue, destinée à de jeunes enfants (la plus âgée a tout juste douze ans) ?

Écoutons un saint théologien que l'on ne pourra soupçonner de naïveté, le *Doctor caritatis* : « La charité est la beauté de l'âme[375]. » Nous citions dans le chapitre 1 la parole de *L'Idiot* : « La beauté sauvera le monde. » Mais se souvient-on de son contexte ? D'abord, si cette demande est attribuée au prince Muichkine, elle est en réalité posée sur les lèvres de l'athée Hippolyte. Or, devant celui qui la rapporte en se moquant, le prince demeure en silence (« Le prince le contempla attentivement et ne répliqua rien »), comme Aliocha demeure silencieux après avoir entendu Ivan lui conter la Légende du Grand Inquisiteur, et surtout, comme un jour, un autre homme, qui était le Verbe, s'est tu devant l'accusateur qui lui demandait avec mépris : « Qu'est-ce que la vérité ? » (Jn 19,38). Ensuite, l'interprète ajoute :

« Et moi, je prétends que s'il a des idées aussi folâtres, c'est qu'il est amoureux. » Enfin, tout en soulignant son scepticisme (« Quelle beauté sauvera le monde ? »), le *beau* parleur fait aussi mention du christianisme du prince à cette occasion : « Vous êtes un fervent chrétien ? Kolia dit que vous-même, vous vous donnez ce nom de chrétien. » Si Muichkine ne dit rien, il se tient, dans une infinie compassion d'amour, à côté de ce jeune de dix-huit ans qui se meurt de tuberculose.

De trois manières, la beauté est donc corrélée à l'amour. Plus encore il nous est signifié que la beauté qui sauve le monde s'identifie à l'amour de charité annoncé et vécu par le Christ, l'amour qui transforme la souffrance de l'intérieur, l'amour qui s'offre pour le salut de l'autre. D'ailleurs, si Aliocha se tait, sa bouche parle d'une autre manière : en embrassant son frère, il lui signifie son pardon et donc son amour inconditionnel. La dernière phrase de la légende n'est-elle pas : « Le baiser lui brûle le cœur, mais il persiste dans son idée[376] » ?

– 2 –
Pourquoi l'amour est-il beau ?

Afin d'établir en quoi l'amour est beau et embellit, repartons des trois notes descriptives de la *pulchritudo* recueillies et systématisées par les Docteurs médiévaux : l'intégrité, l'harmonie et la lumière (p. 33).

L'amour est intégrité

L'amour est tout d'abord l'intégrité et la perfection par excellence. *Intègre* doit s'entendre ici non pas d'abord au sens moral qui est synonyme d'incorruptible, mais au sens ontologique de ce qui est entier, intact, complet, donc achevé ou accompli. L'intégrité est alors intégration.

Que l'amour accomplisse est déjà vrai pour la personne qui aime : « sans la charité, je ne suis rien » (1 Co 13,1-3). Recueillant l'enseignement paulinien, saint Thomas l'a systématisé dans sa doctrine fameuse de la charité comme « forme des vertus [*forma virtutum*[377]] ». Or, la forme est principe intrinsèque d'unité et d'intégration.

Mais cette propriété se vérifie encore davantage pour les personnes qui s'aiment. En effet, le fruit par excellence de l'amour est la communion. Lorsque le Docteur angélique s'interroge sur les effets de l'amour, il nomme en premier l'*unio*[378]. Plus encore, le don est pour la communion[379]. Voire, pour certains, l'amour se définit comme « *vis unitiva* : puissance unifiante[380] ». Or, la communion est la perfection même de l'unité interpersonnelle : plus que la simple coopération, mais moins que la mortifère fusion-fission, la communion qui est l'échange des dons assure le maximum de proximité dans le maximum de respect.

L'amour est harmonie

Par ailleurs, l'amour est « *debita proportio* », harmonie. On le comprendra encore mieux au chapitre suivant quand nous le conjuguerons au rythme. Reprenons ici une autre doctrine classique que saint Thomas a élucidé avec sa limpidité et sa profondeur coutumières. Aristote distingue les vertus intellectuelles des vertus morales[381], auxquelles la Révélation adjoint les vertus théologales. Mais ces différentes dispositions ne sont pas vertus au même titre. En fait, seules les vertus morales le sont au sens propre – et *a fortiori* les vertus théologales. En effet, le propre de la vertu est de perfectionner l'agir humain, c'est-à-dire de nous transformer en nous rendant meilleurs. Or, les vertus intellectuelles (le savoir et le savoir-faire) n'outillent que l'intellect, alors que les vertus morales (le savoir-être) visent le bien entier de la personne : les vertus intellectuelles rendent l'intelligence bonne (compétente), mais seules les vertus morales rendent l'homme bon. C'est en ce sens que Cicéron affirme : « Le beau [*decorum*] est inséparable de l'honnête [...] et toutes les choses justes [*iusta*] sont belles[382]. » Et saint Thomas précise que cette assertion s'applique singulièrement à la tempérance – et, plus encore à l'une de ses deux espèces, la chasteté[383] –, en raison de « la proportion », de l'harmonie qu'elle introduit entre sensibilité et volonté[384]. Enfin, les vertus théologales, notamment la charité, offrent à l'homme sa perfection ultime en l'unissant au Bien suprême. Par conséquent, l'amour est, par excellence, la vertu qui harmonise la personne et qui ainsi la rend belle.

Là encore, ce qui est vrai de l'unité harmonieuse de la personne dans sa diversité se vérifie encore davantage de l'union des personnes dans la concorde, c'est-à-dire l'union des cœurs (p. 105) :

> « Le mouvement amoureux, écrivent des théologiens italiens, est lié à une unité dans la diversité que l'homme peut percevoir comme beauté [*bellezza*] [...]. L'amour intègre en un mouvement plus vaste d'harmonie [*armonia*] entre les êtres, qui renvoie à la création[385]. »

L'amour est lumière

Surtout, l'amour est *claritas*, c'est-à-dire rayonnement. Dans un passage du discours sur la montagne, le Christ attribue la beauté à nos œuvres au nom de leur rayonnement : « Que brille votre lumière aux yeux des hommes, pour qu'en voyant vos bonnes actions [*kala erga*], ils rendent grâce à votre Père qui est aux cieux » (Mt 5,16). Or, cette lumière est celle de la charité. De multiples témoignages attestent que la beauté naît de cette diffusion de l'amour.

Pour saint Augustin et saint Thomas, cette clarté caractérise tout acte honnête, c'est-à-dire vertueux[386].

Sainte Thérèse de l'Enfant-Jésus interprète en ce sens l'image du flambeau mis sous le boisseau ou sur le chandelier : « J'ai compris que la charité ne doit point rester enfermée dans le fond du cœur. Il me semble que ce flambeau représente la charité qui doit éclairer, réjouir[387]. » De même, le philosophe, mathématicien et théologien russe Pavel Florenski commente ainsi ce passage du discours sur la montagne :

> « Vos "actes bons" ne signifient pas en réalité "actes bons" au sens philanthropique et moraliste : *tà kalà érga* veut dire "actes beaux", révélations lumineuses et harmonieuses de la personnalité spirituelle – surtout, un visage lumineux, beau, d'une beauté qui donne à "la lumière intérieure" de l'homme de se répandre à l'extérieur. C'est alors que, vaincus par cette lumière irrésistible, les hommes rendent gloire au Père céleste, et son image resplendit ainsi sur la terre[388]. »

Dans des pages dédiées au « mystère de la beauté », Divo Barsotti affirme que « la vraie beauté, réside dans une perte de soi qui est un acte d'amour ». Voilà pourquoi la Vierge Marie qui « est le don total et éternel de la créature à Dieu [...] réalise toute la beauté de l'univers dans son acte d'amour[389] ». Marie-Noël, qui fit tôt l'expérience de l'angoisse[390] et ne l'a jamais oubliée[391], sait que la beauté se conquiert par l'amour sur la peine, comme l'espérance sur l'angoisse originelle[392] :

> « Si nous nous sommes, tous les jours, répandus en bonté sur la peine qui passe, c'est notre bonté, un jour, qui nous secourra. Si nous avons, tous les jours appelé la Beauté – Beauté de l'âme, Beauté des actes, Beauté des œuvres – c'est la Beauté, un jour, qui nous consolera[393]. »

Quant à cette troisième note, la comparaison avec l'esthétique érotique des Grecs fait singulièrement saillir l'originalité chrétienne. Si sensible soit-il à la forme, le philosophe hellène lie avant tout la beauté à la clarté ou à la lumière. Mais c'est l'éclat qui suscite l'amour et non l'inverse : « la beauté – affirme Plotin contre la définition stoïcienne du beau qui prévalait à son époque[394] – consiste moins dans la symétrie [*summétria*] que dans l'éclat qui brille en cette symétrie, et c'est cet éclat qui suscite l'amour. » Un signe en est que « les statues les plus vivantes sont les plus belles, même s'il y en a d'autres dont la proportion est supérieure » ; de même, « pourquoi un homme vivant, même s'il est laid, est-il plus beau qu'un homme beau représenté par une statue[395] ? » En effet, chez le vivant, brille l'éclat du beau, la couleur apportée par la vie.

Dans la perspective chrétienne, tout au contraire, la lumière de l'amour rend beau car elle transforme l'être qui aime[396]. La différence de conception de la beauté s'enracine donc dans la conception de l'amour. En effet, chez Platon, l'amant désire d'abord chez l'aimé la beauté dont lui, l'amant, est dépourvu[397]. Tout au contraire, chez les Pères, l'amant se porte vers l'aimé afin de lui faire retrouver la beauté perdue[398]. Si l'*érôs* grec est fils de *poros* et de *pénia*, l'*agapè* chrétienne est fille de surabondance et non d'indigence. Il en est de même de la beauté. Voilà pourquoi elle peut s'attribuer à Dieu.

On peut le dire autrement en repartant du rayonnement. Classiquement, la symbolique de la lumière caractérise la seule intelligence. Ici, elle s'étend à la volonté aimante. Mais cet élargissement suppose implicitement un déplacement du sens de l'amour et du bien : l'amour se révèle non pas tant attrait du bien que don de soi et auto-communication ; de même et corrélativement, le bien n'agit pas seulement ni d'abord comme une cause finale qui incline (« *quod omnia appetunt* »), mais comme une cause efficiente qui s'épanche[399]. Autrement dit, la diffusion s'opère à partir de l'origine et non plus (au moins seulement) à partir du terme[400]. Or, tel est justement le déplacement ou plutôt l'enrichissement opéré par le christianisme (sans rien nier de la première perspective). Si excessive soit la systématisation opérée par le théologien luthérien Anders Nygren[401], elle nomme précisément la nouveauté introduite par la Révélation : l'*agapè* s'oppose à l'*érôs* comme le mouvement descendant de celui qui se donne sans raison (autre que d'aimer) au mouvement ascendant de celui qui s'élève vers ce qui l'achève[402]. Ainsi, le renversement opéré par l'esthétique chrétienne vis-à-vis de l'esthétique grecque est parallèle à la conversion de l'érôs en *agapè*[403].

– 3 –
L'amour suscite la beauté

L'*agapè* n'est pas seulement la beauté par excellence, elle la suscite. Autrement dit, l'amour embellit. Saint Jean de la Croix l'affirme dans une page du *Cantique spirituel* de haute valeur et densité christologique et trinitaire. Commentant He 1,3 sur le Fils, « splendeur de Dieu », le Docteur mystique affirme que le Père nous aime par la médiation de « la figure de son Fils », c'est-à-dire de l'« infinie beauté surnaturelle de la face de Dieu » qu'est le Fils. À cette affirmation classique et plus statique, il ajoute que cet amour est lui-même source de toute beauté naturelle (« par là il leur a donné l'être, la beauté et les dons naturels » ; or, qui dit don dit amour) et de toute beauté surnaturelle (Dieu « a revêtu [toutes choses] de beauté, c'est-à-dire leur a communiqué l'être surnaturel lors de l'Incarnation du Verbe[404] »).

Davantage encore, l'amour rétablit la beauté perdue. La charité du Sauveur ne part pas seulement d'un état de non-beauté, mais de son contraire, la laideur défigurante du péché, pour la transformer dans la beauté christoconforme de la grâce. C'est ce qu'explique saint

Augustin en commentant le verset de la *Prima Ioannis* : « Lui nous a aimés le premier. » (1 Jn 4,9)

> « [Dieu] nous a aimés le premier, lui qui toujours est beau [*semper est pulcher*] ; et qu'étions-nous quand il nous a aimés, sinon laids et défigurés [*fœdos et deformes*] ? Il ne nous a pas aimés pourtant pour nous laisser à notre laideur, mais pour nous changer et, de défigurés que nous étions, nous rendre beaux[405]. »

Précisons que Dieu n'aime pas notre laideur comme telle[406], mais le sujet de celle-ci. En effet, jusque dans sa déchéance qui est la perte de la « ressemblance », l'homme garde sa dignité d'« image de Dieu » (Gn 1,26-28). Plus encore, ce passage de la défiguration à la beauté ne peut s'effectuer sans le Christ, de sorte que cette pâque devient comme un résumé de l'économie aimante de l'Incarnation et de la Passion, ce qui éclaire d'une manière nouvelle la défiguration du Serviteur et creuse la différence entre les esthétiques chrétienne et païenne : « "Il n'avait ni forme ni beauté" pour te donner forme et beauté [*speciem et decorem*]. Quelle forme ? quelle beauté ? La dilection de la charité [*dilectionem caritatis*[407]] ».

– 4 –
La beauté du Dieu trinitaire

Affirmer que l'amour est source de beauté et non l'inverse, conduit à attribuer résolument et sans heurt la beauté à Dieu – en raison de son amour[408] – non seulement en l'unité de son essence, non seulement en son agir économique, mais en la Triade immanente de ses Personnes. Cette affirmation ouvre aussi à une nouvelle compréhension de la beauté trinitaire que j'introduirai sans la développer. Ce renversement de perspective retrouve une intuition sommitale de la théologie balthasarienne : l'amour comme « super-transcendantal » est sans *a priori* ; il est ce qui éclaire tout, mais qui n'est mesuré par rien d'autre que lui-même. Voilà pourquoi, en régime chrétien, c'est lui qui explique la beauté et non celle-ci qui explique l'amour. Or, le Dieu uni-trine se révèle comme amour : non seulement comme amour essentiel, mais aussi comme amour tripersonnel, de sorte que chaque Personne divine exprime une « facette » différente et différenciée de l'amour, ainsi que nous allons le redire. Aussi la beauté doit-elle lui être attribuée en sa vie intime. Précisément, nous avons vu que ce n'est pas n'importe quel amour qui est beauté et qui suscite celle-ci, mais le don de soi. L'unique fois où Jésus s'attribue à lui-même l'adjectif *kalos* est un passage où il révèle qu'il va se donner totalement : « Je suis le beau Pasteur, qui donne sa vie pour ses brebis » (Jn 10,11). Et l'unique fois où le Christ prépascal apparaît dans sa gloire est étroitement connectée avec sa livraison d'amour : l'épisode de la Transfiguration est encadré par les différentes annonces de la Passion ; Jésus parle avec Moïse et Elie de son départ, précisément, de son « exode [*exodos*] pour Jérusalem » ; cette scène se déroule sur l'arrière-fond de la liturgie vétérotestamentaire des Tentes dont l'un des points culminants est le pardon des péchés. Liant la beauté du Christ à sa livraison, saint Augustin commente ainsi le Psaume 44,3 :

> « Il est beau [*pulcher*] dans le ciel comme Verbe auprès de Dieu ; et beau sur terre, revêtu de la nature humaine ; il est beau dans les entrailles, et beau aux bras de ses parents ; il est beau dans les miracles et beau dans la flagellation ; il est beau conférant la vie, et beau ne se refusant pas à la mort ; il est beau remettant son âme, et beau la reprenant ; il est beau sur la Croix, beau dans le sépulcre, beau de retour au Ciel[409]. »

Or, selon le double axiome liant la Trinité immanente et la Trinité économique rappelé ci-dessus, le Christ révèle la vie intime non seulement du Fils, mais des trois Personnes divines. Entrer dans le détail supposerait que l'on s'interroge sur la manière dont chaque Hypostase vit en propre l'amour absolu qui caractérise Dieu, pour, à partir de là, élucider une esthétique elle-même diversifiée, voire une nouvelle topique kalologique. Si, par exemple, l'on suivait la théologie trinitaire élaborée par Balthasar – qui est tout entière fondée sur la révélation johannique : « Dieu est amour » (1 Jn 4,8.16) –, l'on serait conduit à distinguer une triple beauté : celle du don sans reste (kénotique) qui caractérise le Père ; celle de l'obéissance réceptive tout aussi absolue, doublée d'une éternelle reconnaissance, qui est propre au Fils ; celle de la communion et de la fécondité, qui spécifie l'Esprit-Saint[410].

Chapitre 12

La beauté du Dieu trinitaire. L'amour comme rythme

En cherchant à comprendre pourquoi l'amour est la beauté par excellence, nous avons convoqué les trois notes de la beauté. Mais celles-ci demeurent juxtaposées. Certes, il est possible de rapprocher l'intégrité et la proportion au nom de la forme et de l'unité ; mais elles sont encore posées à côté de la lumière. Tout à l'opposé, il est possible de souligner, à la suite de Balthasar, que la beauté ultime naît du dessaisissement de soi, de ce fond sans fond qu'est l'amour se livrant gratuitement. Mais la difficulté s'inverse : comment rattacher ce jaillissement infini à l'harmonie de la forme finie qui semble en figer le flux ?

– 1 –
La beauté comme harmonie

Pour répondre à cette objection, nous émettrons une nouvelle hypothèse : ne pourrait-on entrelacer ces trois caractéristiques – qui peuvent être reconduites à deux si l'on rassemble les deux premières en une, la forme (*species*) – dans le concept unifiant de *rythme*[411] ? En effet, la pulsation ondulatoire conjugue la stabilité et le mouvement ; de plus, elle commence à battre *ad intra* avant de se transmettre *ad extra*. Or, à l'intime, la beauté est unité intègre et proportionnée ; mais elle rayonne au dehors par la lumière qu'elle émet. La beauté serait donc eurythmie[412]. Or, l'amour est lui aussi informé, animé par une rythmique. C'est ce que montre la conclusion d'un opuscule qu'Adrienne von Speyr dicta à Balthasar en 1955 : *Sur l'amour*[413]. En effet, il s'achève dans – ou plutôt, il est couronné par – un bref chapitre aussi original que profond intitulé : « L'amour comme chant [*Die Liebe als Gesang*[414]]. »

De prime abord, la dirigée offre une méditation suggestive sur l'analogie (de proportionnalité) entre le chant et l'amour[415]. En réalité, ces cinq pages serrées disent beaucoup plus. Son intuition pourrait se synthétiser dans la formule suivante : *l'amour possède une forme musicale*. Cela est d'abord vrai du chant lui-même : celui-ci se présente comme une réalité en expansion ondulatoire, rythmique. En effet, dans le paragraphe initial, Adrienne décrit le chant en quatre vagues successives. La première va de l'intérieur à l'extérieur du chanteur : « Celui qui chante exprime [*drückt*] quelque chose qui jusqu'ici vivait retenu en lui et qui doit maintenant sortir [*aussen muss*] ». La deuxième s'étend du chanteur à la communauté des chanteurs, à la chorale : « Mais il exprime [*drückt*] aussi quelque chose qui est le bien commun [*Gemeingut*] des chanteurs. » La troisième vague vient toucher ceux qui ne sont plus en puissance à chanter, mais en acte d'écouter : les auditeurs « qui seraient incapables de chanter et qui ont pourtant besoin du chant, qui en attendent un enrichissement [*Bereicherung erwarten*] ». Enfin, la dernière vague vient à la rencontre de ceux qui ni ne chantent ni même n'écoutent, « ceux qui ne sont là que par hasard [*zufällig*] » et pourtant sont saisis : « soudain ils oublient leurs affaires pour écouter attentivement les sons et se faire offrir [*beschenken*] quelque chose sur quoi ils n'avaient pas compté [*nicht gerechnet hatten*[416]] ». Adrienne von Speyr présente donc une conception de la musique en quelque sorte concentrique à l'image de la propagation des ondes sonores qui constituent son matériau.

Or, ainsi que le montre le paragraphe suivant du chapitre, l'amour procède de même : par extension harmonique. Tout d'abord, s'originant dans le cœur, il tend à s'extérioriser. Il est un *bonum diffusivum sui* : « la puissance contenue en lui est plus forte que lui [*die Kraft in ihm ist stärker als er*] : elle veut et doit sortir [*Sie will und muss heraus*], de même que le chanteur doit chanter, de même celui qui aime doit donner à son amour la liberté [*so muss der Liebende seiner Liebe die Freiheit geben*][417] ». Ensuite, l'amour ne déborde pas seulement vers un Tu perceptible, mais touche et vise d'autres, qui « l'attendaient » ou qui, « présents par hasard », ne l'attendaient pas. Celui qui aime fait ainsi l'expérience que son amour lui échappe : « c'est tout juste s'il comprend encore qu'il est parti de lui ». Il découvre donc qu'« il est impossible de posséder, de retenir [*zu besitzen, festzuhalten*] l'amour ». Ainsi « l'amour est plus grand que lui [*die Liebe grösser ist als er*] ». Or, en faisant l'expérience de cet amour en surcroît qui lui échappe en aval, celui qui aime comprend qu'il lui échappe aussi en amont : « quelque chose est passé à travers lui [*durch ihn hindurchging* : on notera la répétition du « *durch* », qu'il est difficile de rendre en français], qui venait de bien plus loin [*viel weiter*] ». Par conséquent, nous éprouvons en cette échappée irrésistible, donc éprouvée comme nécessaire – « cette puissance instinctive [*Triebkraft*] » de l'amour est « si grande que rien ne peut plus l'arrêter » – que nous ne sommes pas l'origine de l'amour. Et, si celui qui aime « est chrétien, il sait que le Seigneur est » cette origine, qu'il est « à l'origine [*Ursprung*] de tout amour chrétien[418] ».

Pour autant, cet amour ne fait pas que nous traverser. Déjà, nous l'avons vu, il nous fait entrer en résonance : comme le chant, il jaillit du plus intime de notre intimité. Ensuite, centré sur cette traversée de l'amour, le précédent paragraphe s'achève par ce constat : le Seigneur le « donne aussi en propre [*zu eigen schenkt*] à ceux qui sont aimés », en « son Église[419] ». Plus encore, cet amour est transformant. En effet, l'amour reçu développe en nous « de nouvelles possibilités [*neuen Möglichkeiten*] ». Par exemple, celui qui écoute par hasard se trouve enrichi (« l'enrichissement [*Bereicherung*] produit par le chant »), il reçoit de « nouvelles forces [*neuen [...] Kräfte*] ». Cela vaut encore plus pour celui qui chante : « en entendant un chœur d'hommes, comment [ne pas s'étonner que] des gens si posés qui, toute la journée, ont exercé un travail sans âme, peuvent, le soir venu, chanter avec des voix si intactes ». Leur force vient donc d'ailleurs, d'une origine qui leur échappe. De même, dans l'amour, « nous nous sentons usés et las [*verbraucht und verdrossen*] ». Or, de nouveau, nous faisons l'expérience d'un renouvellement, d'un enrichissement de notre puissance intérieure, quand nous aimons (« l'amour a augmenté notre capacité de relation [*die Liebe unsere Beziehungsfähigkeit vermehrt hat*] ») et nous nous donnons (dans « un don commun [*gemeinsamer Hingabe*] »). Plus précisément, nous éprouvons cet amour quand nous nous livrons à partir d'une origine qui nous traverse non sans nous bénir : « tout d'un coup, quelque chose nous arrive qui rétablit notre capacité [*Fähigkeit*], nous rencontrons le Seigneur nouvellement, subitement nous connaissons l'amour originel [*Ursprüngliche Liebe*] ». Mais ce dont nous ne maîtrisons pas l'origine, nous n'en maîtrisons pas davantage la destination : cette « puissance trop grande [*Kraft zu gross*] » « veut, par-delà nous-mêmes [*über uns hinaus*], aller vers de nouvelles actions ». La joie, le rire, la danse, l'enfance (et l'esprit d'enfance) l'accréditent[420].

L'on objectera que nous avons déjà rencontré le thème de la beauté comme chant avec Chrétien et Maritain (chap. 2 et 3). Cette inclusion ne serait-elle qu'une répétition ? D'abord, les deux philosophes ont parlé du chant à propos du pôle subjectif de la beauté, alors que nous le considérons ici dans l'entre-deux du sujet et de l'objet. Ensuite et surtout, ils ont interprété la musique de la beauté dans une perspective noétique, celle de l'appel et de la réponse chez Chrétien, celle de l'intuition créatrice chez Maritain ; or, loin de privilégier cette approche cognitive qui sigille l'esthétique occidentale depuis l'origine, la proposition d'Adrienne initie une nouvelle démarche, de type amatif et datif (répétons-le, au sens transcendantal).

– 2 –
La beauté divine comme harmonie

Ébauchons maintenant l'application de cette intuition suggestive – la beauté comme chant ou harmonie – à la beauté divine. Analytique ou atomistique, l'approche développée par le chapitre 10 était davantage centrée sur les êtres considérés en leur individualité : une chose est d'autant plus belle qu'elle rayonne. Systémique ou holistique, l'approche de ce chapitre considère leur interconnexion, la communion tissée entre eux : *un tout est d'autant plus beau qu'il consonne.* Elle rejoint la conclusion de la première partie (chap. 5). Une dernière fois, empruntons la *scala mystica* qui monte de la Trinité économique à la Trinité immanente.

La Trinité économique

En effet, Adrienne voit l'amour comme une impulsion divine à la fois douce et violente, libre et nécessaire qui nous fait entrer en résonance. Teilhard de Chardin contemple dans le cosmos une rythmique naturelle d'expansion et de concentration, elle-même suspendue au mouvement d'amorisation le portant vers le Christ-Oméga[421]. En une phrase suggestive et sans équivalent, le livre de la Sagesse lie le son qui est vibration à la connaissance, en une divine phono-logie : « L'esprit du Seigneur [...] a connaissance de chaque son [*phonès*] » (Sg 1,7 [422]). « Comme le concert immense d'un artiste ineffable [*Velut magnum carmen ineffabilis modulatoris*] », disait saint Augustin de l'harmonie au second degré que sont les périodes de la vie personnelle et les divines cadences de l'histoire chrétienne du salut[423].

Plus encore, l'hymne aux Éphésiens chante la recréation du monde en six vagues successives, ponctuées par la doxologie « à la louange de sa gloire », à partir de la bénédiction primordiale du Père, source et fin de toute l'histoire du salut, envoyant le Fils et l'Esprit (*cf.* Ép 1,3-12).

Premier d'une longue lignée, saint Irénée comprendra cette double mission non pas seulement par l'image des deux mains mais en soulignant leur complémentarité, le Fils exprimant au dehors ce que l'Esprit imprime au dedans – comme une respiration trinitaire. En redoublant de manière intentionnelle et hautement significative le terme *kalos*, saint Grégoire de Nysse met la beauté de l'âme en résonance participative avec la Beauté-source du Père : « Il faut contempler sans cesse la beauté du Père [*patrikon kalos*] et en embellir notre âme [*tèn idian kallôpizein psukèn*][424] ». De même, l'Église primitive aimait à parler de « *symphonia* pour exprimer sa perception de la synthèse entre unité et multiplicité » caractéristique de la foi et de la communauté ecclésiale[425]. Plus précisément, poursuit Joseph Ratzinger, cette « symphonie » se retrouve par exemple au sein de la Bible : loin d'être une monodie, l'Écriture constitue « un chant polyphonique, avec de nombreuses notes qui semblent dissonantes. [...] Laisser de côté l'un des thèmes de cette symphonie, c'est appauvrir l'ensemble. Les Pères qualifient cette attitude d'"hérésie", c'est-à-dire de choix simplificateur, car ce n'est que dans la totalité et dans ses tensions, que se trouve la vérité[426]. »

D'ailleurs, cette symphonie suit un rythme qui fait alterner expansion (de la Bible à l'Église, et de celle-ci à toute l'humanité et même à la création – ce que Balthasar appelait une liturgie cosmique[427]) et concentration (le quatrième niveau de la *symphonia* distingué par Ratzinger se concentre sur la personne individuelle : « l'homme lui-même est un être pluriel » trouvant son unité par la grâce qui le « conduit de la division à l'unité[428] »). En continuité avec cette vision patristique, Henri de Lubac définissait ainsi sa propre théologie dès 1929 :

> « Il s'agit d'abord de comprendre la doctrine en elle-même pour la faire voir dans son unité, son harmonie, sa beauté. Il s'agit ensuite de montrer en elle le principe qui fait comprendre tout le reste[429]. »

La Trinité immanente

Oserait-on remonter jusqu'à la vie intradivine et contempler dans l'amour partagé par les Personnes divines le paradigme de toute harmonie ?

Origène parlait de l'unité dynamique par concorde, harmonie, identité de volonté, etc., entre le Père et le Fils[430]. Karl Barth ne suggère-t-il pas cette identification entre munificence divine et eurythmie se propageant par ondes successives ? En effet, il conçoit la beauté divine à partir de « cette unité admirable, toujours mystérieuse et toujours évidente en elle-même, de l'identité et de la non-identité, de la simplicité et de la pluralité », se prolongeant au dedans dans la bipolarité en résonance de la forme et du contenu et au dehors, dans le dipôle de l'essence divine en son objectivité (qui est forme et contenu) et de la joie suscitée dans le sujet : « Comment, lorsque l'essence divine parfaite se donne à connaître, ne répandrait-elle pas aussi la joie [...], suscitant le plaisir, le désir, la jouissance ? » ; « Et comment la forme qui possède ce pouvoir de persuasion ne serait-elle pas appelée la beauté de Dieu[431] ? »

Ce qui est dit de l'essence divine vaut aussi de la Trinité, pour une raison similaire. En effet l'essence divine parfaite présente une forme concrète, celle du Père, du Fils et de l'Esprit. Or, cette forme spécifique n'est pas imposée par une règle générale et extérieure, elle est une avec son contenu qu'est la vie même de Dieu. Et cette unité de forme et de contenu s'impose, non en contraignant, mais en suscitant la joie. Nous retrouvons donc les deux pôles, subjectif (la joie) et objectif (la forme), ci-dessus distingués, en quoi réside le *proprium* de la beauté divine. Le théologien réformé conclut donc en toute rigueur que « la Trinité de Dieu est le mystère de sa beauté ». Or, « la forme de l'essence divine est rayonnement, et ce rayonnement est joie[432]. » Une nouvelle fois, la beauté trinitaire est donc interprétée à partir de l'amour qui est autocommunication harmonieuse, intra- et extra-divine.

Une telle conclusion suscite deux difficultés.

Cette insistance sur l'harmonie entre les Personnes trinitaires ne distend-elle pas l'unité « absolument simple » de l'être divin[433] ? L'on n'ignore pas combien des philoariens – notamment en 341, à Antioche, dans le concile célébré contre le pape Jules – ont parlé des trois hypostases unies par l'harmonie, formule vague et ambiguë qui est une manière de se distancer de Nicée. L'on ne peut non plus se cacher que ce thème touche l'une des questions les plus épineuses de la théologie trinitaire contemporaine : celle de l'unité ou de la pluralité de sujets conscients et libres en Dieu[434] qui formeraient un « nous[435] » en dialogue[436] et en communion[437].

Nous répondrons que cette question a déjà été indirectement abordée en traitant des relations de prière unissant les Hypostases divines. Contentons-nous de deux indications. *Primo*, l'harmonie requiert à la fois une pluralité consonante et un ordre (une tonalité ou au moins une modalité) fondé sur une résonance qu'Olivier Messiaen n'hésitait pas à qualifier de « naturelle ». Or, l'union aimante des Hypostases divines – « Tout ce qui est à moi est à toi » (Jn 17,10) – demande autant la réciprocité que l'asymétrie originaire, la *communio* que l'*ordo* (fondé sur les processions), la *périchorésis* que la *taxis*[438]. Pourrait-on alors parler d'une archi-harmonie fontale de la Sainte Trinité elle-même ?[439] *Secundo*, cette difficulté théologique invite aussi à réviser son fondement métaphysique implicite : l'unité, et l'unité substantielle ou personnelle comme *unum* par excellence ou exemplaire. Ne pourrait-on émettre l'hypothèse, quasi inaudible à un Occidental, que la communion interpersonnelle, lorsqu'elle est scellée dans l'amour-don, est une unité plus haute que l'unité de la substance seconde[440] ?

La Croix n'échappe-t-elle pas à cette universelle harmonie ? Voire, ne courrait-on pas le risque de sombrer dans les apories de ces théodicées optimistes – dont Leibniz a écrit la plus célèbre – justifiant l'injustifiable et annulant la violence au nom d'une *harmonia mundi* beaucoup plus orientale que chrétienne. L'objection fut adressée à Balthasar[441] ; elle a été soulevée au terme de la première partie, lorsque nous nous sommes demandés si une théologie de la beauté ne nie pas la dramatique de l'histoire.

Nous répondrons, là encore très brièvement[442], en convoquant la parole très suggestive d'un auteur que l'on ne saurait soupçonner de naïveté optimiste puisqu'il fait de la beauté et du malheur les deux expériences les plus décisives de l'homme : Simone Weil. Dans un texte qui fait partie du groupe encore très peu exploré de ses intuitions néo-pythagoriciennes christianisées, elle écrit : « Le cri du Christ et le silence du Père font ensemble la suprême *harmonie*, celle dont toute *musique* n'est qu'une imitation[443]. » De même, Adrienne notait que l'affirmation selon laquelle « l'amour charme comme un chant [*die Liebe wie ein Gesang anmutet*[444]] » se vérifie singulièrement de l'amour de la Croix. La mystique suisse ajoutait toutefois, avec une juste réserve, que notre esprit trouve ici sa limite : le contenu d'amour de la Croix, de l'amour que Dieu a pour l'homme, « ne peut jamais être médité dans les bornes [*Schranken*] que lui donne notre esprit ; la Croix s'ouvre sur Dieu [*Kreuz ist offen zu Gott hin*[445]] ».

Chapitre 13

Conclusion

« *Khalépa ta kala* : Le beau est difficile », écrit Platon à pas moins de cinq reprises dans des dialogues différents, et toujours lors d'un moment important[446]. De fait, le chapitre 6 a montré que, face à la beauté divine, les théologiens ne font pas preuve de l'unanimité que, de prime abord, nous attendions. Voire, sans la nier, ils sont saisis de mutisme. Leur voix se brise, comme celle des Apôtres sur la montagne sainte, soit qu'ils ne sachent « que répondre » (Mc 9,6), soit que la présence de l'Esprit et la voix du Père coupent la parole de Pierre (« Comme il parlait encore » : Mt 17,5 ; *cf.* Lc 9,34).

Si nous demeurons sans voix, nous ne demeurons pas sans voie. Face à cette situation paradoxale, nous avons émis la supposition que cette parcimonie provient d'une carence en réflexion sur le lien existant entre l'amour et la beauté. Le mal dictant le remède, les chapitres suivants ont émis différentes propositions en direction d'une kalologie théologique qui soit inspirée par l'affirmation centrale de la Révélation chrétienne, « Dieu est amour » : du point de vue subjectif, en faisant l'hypothèse de la présence d'une louange au sein de la

Trinité (chap. 9) ; du point de vue objectif, en montrant le renversement introduit par le christianisme qui fait passer de la beauté source d'amour à l'amour source de beauté[447] (chap. 10), puis en proposant de considérer la beauté comme chant, rythme, harmonie (chap. 11).

Il resterait maintenant à tirer les applications pratiques, notamment de la nouveauté apportée par le plus beau des enfants des hommes. Bien des voix, et des voix autorisées[448], se font entendre, dans l'Église – et sur ce point, l'Italie est exemplaire[449] – pour affirmer la nécessité d'une *via pulchritudinis* en pastorale[450]. Déjà, dans les pages célèbres ouvrant *Herrlichkeit*, Balthasar notait avec conviction que, face à la suspicion généralisée à l'égard de la froideur du *verum* et de la dureté du *bonum*, seul le *pulchrum* peut encore aujourd'hui emporter l'adhésion – et ainsi héberger de manière neuve les deux premiers transcendantaux. Mais une « voie de la beauté » ne conduira à la radicalité de l'Évangile que si elle est celle qui nous ouvre au véritable amour et donc nous invite à passer de la violence au don de soi, de l'individualisme à la communion, bref, à penser l'amour comme ce qui suscite la beauté et non l'inverse : « La beauté vient de l'amour [*Die Schönnheit kommt von Lieb*] : le visage même de Dieu tient son amabilité [*Lieblichkeit*] de lui, sinon il ne brillerait pas[451]. »

En ce sens, la célèbre parole de *L'Idiot*, dont on a rappelé qu'elle se présente sous la forme d'une question (« Quelle beauté sauvera le monde ? »), ne doit pas être prise en un sens platement esthétique. En fait, on pourrait objecter à cette citation trop ressassée, que seul le Christ sauve. La beauté étant une créature comme les autres, elle a donc, elle aussi, besoin d'être rachetée. Elle participe au combat que l'homme doit mener pour être rédimé : « Il peut sembler terrible de confier le salut du monde à la beauté – notait Soloviov –, alors que *c'est la beauté même qu'il faut sauver* d'expérimentations artistiques et critiques qui tendent à remplacer le beau idéal par le difforme réel[452]. » L'interrogation de Dostoïevski ne recevra donc une réponse affirmative et vitale que si cette beauté est celle du Visage ensanglanté et couvert de crachats, celle du *formosus deformis,* que si elle est identifiée à l'Amour crucifié et ressuscité qui me sauve de la laideur de mon égoïsme et de ma violence – ainsi que des pseudo-esthétiques de l'apparence qui ne surgissent pas du fond gratuit de l'amour livré...

Conclusion générale
La beauté guérira le monde

« Il faut de nouveau élever le serpent d'airain pour que quiconque jette les yeux sur lui soit sauvé. »
Simone Weil, *Attente de Dieu*[453]

Redescendons de la montagne et voyons combien la beauté, qu'elle soit cosmique, humaine ou divine, guérit. En effet, nous avons vu que la beauté qu'est Dieu n'est rien d'autre que l'Amour qui se donne. Or, elle se communique en ouvrant, harmonisant et fécondant. Autrement dit, en guérissant. Et comme cette action curative passe notamment par les médiations naturelles et humaines, cette descente du Thabor (qui n'est en rien une chute gnostique) sera aussi l'occasion de croiser à nouveau quelques approches philosophiques abordées en première partie.

– 1 –
La beauté curative

« Elle conduit une petite voiture de ville, se laisse porter par le mouvement irrégulier de l'embouteillage. Elle a mal au dos, un peu plus encore que les jours précédents. Il y a surtout ce point, en bas à droite, ce point comme une sale présence, un clignotant, ce point que même l'ostéopathe échoue à soulager. Elle ne supporte plus son métier, encore moins ceux qu'il l'oblige à côtoyer, il faudrait trouver la force d'en changer, elle le sait. Mais le savoir ne suffit pas. Peut-être reproche-t-elle à l'homme qui rentrera, ce soir, à peu près en même temps qu'elle, de ne pas la lui donner, cette force, peut-être lui reproche-t-il, à elle, de ne pas la trouver, elle ne sait plus. Elle ne sait plus qui reproche quoi à l'autre. L'automobiliste devant elle vient de freiner au dernier moment, elle l'évite de justesse en écrasant la pédale de frein et c'est alors qu'elle sent, plus pointu que jamais, plus meurtrier, le petit poignard en bas à droite de son dos [...]. Elle pourrait pleurer, mais elle ne pleure pas. Elle ne remarque même pas ses doigts, sur l'autoradio, qui font défiler les stations, elle n'entend ni les jingles agressifs, ni les pubs pour les hypermarchés [...]. Et puis, soudain, au hasard d'un changement de station, surgit la voix de Michel Berger : sa voix qui la prend tout de suite, portée par quelques notes de piano, sa voix qui lui parle sans même qu'elle écoute les paroles, cette mélodie qui la remplit. En elle, d'un seul coup, quelque chose se rassemble, se fluidifie. L'apaisement est total : "C'est beau". Le temps de cette émotion esthétique, plus rien n'existe. Elle est tout entière convoquée, tout entière là, enfin présente à elle-même et au monde. [...] Cette émotion ne durera pas, mais elle ressemble à l'éternité. Ce plaisir esthétique est comme un indice, une promesse. [...] Elle s'appelle Lucie. Et c'est comme si la beauté la sauvait de son renoncement[454]. »

Ainsi s'ouvre le livre du philosophe Charles Pépin qui s'intitule : *Quand la beauté nous sauve*. Qui n'a fait l'expérience que la beauté, contemplée ou créée, pacifie, unifie, console ? De multiples études attestent aujourd'hui que la nature repose[455]. Or, l'une des raisons avancées est son harmonie, donc sa beauté. Ce qui vaut pour l'expérience subjective vaut aussi pour la nature objective du beau. Le beau suppose l'unité : « Le sens de la beauté – écrivait Coleridge – consiste dans une intuition simultanée des relations des parties l'une à l'autre, et de toutes à l'ensemble[456]. »

Tout à l'inverse, la laideur déstructure. Le beau apaise ; le difforme, l'abject, le hideux, etc., ne font pas que dégoûter, ils angoissent. La personne qui *se vit* laide (je ne dis pas qu'elle l'est), qui ne supporte pas son corps ou son visage, les traîne partout comme une disgrâce[457] ou un stigmate[458]. Plus le regard de l'autre, toujours étonné, parfois interrogateur, curieux ou méfiant, jamais accueillant se pose sur la personne stigmatisée, plus celle-ci se replie sur elle, s'exclut et s'identifie à sa meurtrissure.

Permettez-moi un souvenir personnel. Vers la fin des années 1990, j'ai visité Bucarest. À la suite du tremblement de terre de 1977, Lazarescu, l'architecte de Ceaucescu (de surcroît influencé par son voyage en Chine maoïste, dans les années 70), a détruit systématiquement les vieux quartiers de la capitale de la Roumanie, substituant à la ville, au village et à la maison considérés comme entités bourgeoises, ces immeubles gris, indéfiniment répétés, maussades, boursouflés de vérandas qui sont autant d'yeux aveugles, se haussant jusqu'au dixième étage et scotomisant la seule partie de la réalité que l'homme ne puisse encore déconstruire et rebâtir à sa triste image : le ciel. C'est pour cela que, au moins à l'époque, on ne visitait pas Bucarest : on ne pouvait qu'en désespérer, la fuir... ou compatir.

– 2 –
Les trois mécanismes de la blessure

Passons du fait à la cause. Qu'est-ce donc que la blessure ?

La blessure en général

La blessure s'entend d'abord, au sens propre, de la lésion physique qui affaiblit et, le plus souvent, fait souffrir. Elle se présente aussi, toujours du point de vue corporel, comme une solution dans la continuité de l'organisme, cette ouverture menaçant non seulement l'intégrité, mais aussi la santé qui requiert cette clôture bénie assurée par la peau ou les muqueuses.

Nous parlons dans ces pages de la blessure au sens figuré. En s'étendant à l'intériorité de l'homme, psychologique, voire spirituelle et même surnaturelle, elle retient différentes notes de son sens premier, mais les applique analogiquement : la souffrance, l'affaiblissement, l'ouverture. Ces traits demeurent toutefois descriptifs. En ceci réside la limite des discours sur la blessure qui, ne prenant pas le temps de cerner son signifié formel, peuvent la réduire à une simple métaphore[459]. Pour surmonter cette difficulté, il faut donc s'affronter à cette question : en quoi consiste précisément la blessure intérieure ? D'un mot, elle s'identifie à la *privation*.

Sans rentrer dans le détail d'une démonstration faite dans d'autres écrits[460], disons que la blessure est un mal. Or, double est le mal : voulu (*malum culpæ*) et subi (*malum pœnæ*). Mais le premier est contraire au bien de l'homme, alors que le second en est seulement la privation. Or, qu'elle soit physique ou intérieure, psychologique, éthique ou théologale, la blessure est pâtie. En son essence, elle constitue donc une privation du bien de l'homme. Par exemple, le bien de l'intelligence humaine est la vérité ; son péché est le mensonge et sa blessure l'ignorance.

Dynamismes et mécanismes

Pour approfondir ce qu'est la blessure de l'homme, il nous faut donc analyser la manière dont elle prive l'homme de son bien. Mais le creux ne se comprend qu'à partir du plein. Ainsi le processus de décréation qu'est la blessure ne s'éclairera qu'à la lumière du processus de « création » de l'être humain. Là encore, nous allons résumer des développements qui ont été proposés ailleurs[461].

L'homme se construit à partir de trois grands *dynamismes* : l'ouverture, l'unification et l'innovation. Autrement dit, la personne humaine est un être d'ouverture, d'unité et d'histoire. Une image pourrait résumer ce qui requerrait de longues analyses. L'homme « est comme un arbre » (Ps 1,3). Par ses branches, ses feuilles, ses fleurs et ses fruits, ainsi que par ses racines, il s'ouvre au soleil, aux insectes, aux oiseaux, aux nutriments du sol, etc. Par son tronc, il porte sa ramure et en assure l'unité. Et cette structure et ses fonctions s'inscrivent dans une histoire de croissance continuelle, avec ses phases. De même, l'être humain est appelé à s'ouvrir par ses multiples facultés à toute la richesse du monde (autrui, nature, artefacts, Dieu) dont il se reçoit et auquel il se donne ou s'adonne. Il ne le peut que parce que ces capacités s'harmonisent et s'enracinent dans l'unité plus fondamentale du corps animé ou de l'âme incarnée. Enfin, l'être s'inscrit dans un devenir qui, chez l'homme, est histoire : de même que l'anatomie et la physiologie surgissent d'une embryologie, de même unité et apérité sont unification et ouverture progressives.

Or, nous avons vu que la blessure est une privation. Elle affecte donc ces dynamismes transformants pour les déformer en autant de *mécanismes*. De même que les dynamismes humanisants sont au nombre de trois, de même les mécanismes aliénants de la blessure sont ternaires : la *division*, l'*occlusion* et la *répétition*. Évoquons-les brièvement.

La blessure divise

La blessure intérieure naît d'un traumatisme, c'est-à-dire d'un événement extérieur qui n'est pas assimilé. Or, cette impossibilité vient de la mise en péril de l'intégrité psychique. La blessure s'oppose donc directement à notre unité intérieure. Tel est le mécanisme fondamental de la blessure : est blessant tout événement qui menace l'unité du psychisme[462].

Partons d'un exemple anodin. Quelqu'un nous fait une réflexion que nous jugeons blessante. Pourquoi ? Parce que celle-ci ne peut être intégrée et donc menace notre intégrité, c'est-à-dire notre unité. En effet, cette parole peut produire en nous une tristesse ou une colère. Mais, surtout et antérieurement, elle se traduit toujours par une rumination : nous commençons involontairement à la tourner dans notre tête. Or, elle tourne en rond parce que nous ne pouvons l'assimiler. De même que l'estomac malaxe l'aliment indigeste, de même l'esprit avec une parole jugée toxique. Voire, de même que le corps possède des fonctions naturelles d'excrétion de l'indésirable, notre psychisme, lui aussi, dispose de ressources pour traiter ces micro-traumatismes indigestes. Toutefois, lorsque le coup est trop fort ou trop répété ou que le psychisme est trop vulnérable, il met véritablement en péril notre intégrité intérieure et requiert une guérison.

La blessure ferme

Par ailleurs, la blessure ferme et enferme. En effet, nous venons de voir que la blessure naît d'une mise en péril de notre unité intérieure. Notre psychisme se trouve dès lors divisé entre une partie blessée, en souffrance, et le reste qui demeure sain et aspire à fonctionner le mieux possible. Le psychisme va donc se protéger en se clivant et en se fermant tant, du dedans, à la partie blessée (qui devient inconsciente) qu'à ce qui, du dehors, peut la réveiller.

Comme le conflit endopsychique, cette fermeture est d'abord involontaire, subie – même si elle peut être entretenue par des décisions de la volonté. Cette fermeture adopte différentes formes, que l'on peut classer, par exemple avec la psychanalyse, comme des mécanismes intérieurs de défense ou, par exemple, avec l'analyse transactionnelle, comme des scénarios extérieurs. Quoi qu'il en soit, cette fermeture est un mécanisme de protection contre la souffrance : ne pas s'ouvrir pour ne pas souffrir. Pour reprendre l'exemple de la parole (jugée) blessante, le psychisme s'en protège en l'enfermant dans sa mémoire qui, à force de refoulement, devient inconsciente. En apaisant et réconciliant le psychisme avec lui-même, la guérison rend l'homme à sa féconde apérité.

La blessure répète

Enfin, l'homme blessé répète l'événement qui le traumatise. La farandole parfois épuisante, voire obsessionnelle que mènent certaines paroles n'atteste pas seulement qu'elles nous clivent, mais qu'elles nous mettent au rouet. Repartons du mécanisme originaire : la blessure naît de ce qu'un événement extérieur n'est pas assimilé. Or, ce qui n'est pas intégré demeure extérieur au psychisme. Comme celui-ci désire l'unité dont le signe premier est la paix, il n'a d'autre choix, comme l'estomac avec l'aliment indigeste, que de le répéter de multiples manières (rêves, lapsus, symptômes) pour qu'il puisse enfin faire un avec notre histoire. Mais cette répétition est inefficace. La blessure est donc source d'un mécanisme de répétition.

Voilà pourquoi blessure rime avec démesure. Le blessé déborde. La réflexion non métabolisée ressort dans une parole agressive qui parfois surprend même celui qui en est l'auteur. De même que la blessure est enkystée dans une part du psychisme (et du corps), de même la personne blessée ne cesse de rejouer ce passé douloureux et amer. Seule la guérison permet de passer d'un futur seulement réactif à un avenir véritablement créatif.

– 3 –
Les trois guérisons de la beauté

La blessure décrée triplement l'homme : en le fermant, le divisant et le vouant à la répétition[463]. Tout à l'inverse, la beauté s'offre à contempler, s'intériorise en harmonisant et nous introduit dans une créativité. Elle guérit donc la personne au plus intime d'elle-même en l'unifiant, l'ouvrant et la dynamisant.

La beauté offerte, guérison de la fermeture

En ouvrant l'autoradio et plus encore en ouvrant son oreille à « la voix de Michel Berger » qui « surgit », Lucie se déverrouille de l'intérieur de sorte que la « mélodie la remplit ». Ce qui, avant, était comme compacté par la souffrance, au point qu'« elle pourrait pleurer, mais elle ne pleure pas », « se fluidifie ». L'« émotion esthétique » a soudain attendri le cœur endolori. Plus encore, Charles Pépin observe qu'« elle ne remarque même pas ses doigts qui font défiler les stations » et tomberont sur cette musique, comme pour signifier que cette coïncidence rime avec chance, que cet événement est un avènement, que ce donné est un don. Le cadeau immérité de la beauté a ouvert en cette personne au prénom de lumière une zone qu'elle avait oubliée, mais qui l'attendait pour s'y déverser.

La blessure ferme. Comment rouvrir celui qui, avivé par la souffrance, se clôt sur lui-même ? La beauté gratuitement offerte possède le pouvoir mystérieux de nous décadenasser. Pourquoi ? Tout simplement parce qu'elle est attirante. Déjà, il y a vingt-quatre siècles, Platon l'observait dans une citation signalée plus haut : « Seule la beauté a eu cette prérogative de pouvoir être ce qui se manifeste avec le plus d'éclat et ce qui le plus attire l'amour. » Suit l'explication :

> « La beauté [...] était resplendissante quand elle se trouvait au milieu du reste de ces sublimes objets ; et maintenant que nous sommes venus en ce monde, elle a été saisie par nous, brillante de la plus vive clarté, au moyen du sens qui, entre ceux que nous possédons, a le plus de clarté [...], la vue[464]. »

Ensuite, la blessure suscite des mécanismes de défense. Et ces protections qui sont des réflexes vitaux sont autant de fermetures. Or, au-delà de tout concept et de tout discours, la beauté déroute nos routines, désajointent nos cuirasses : « L'Art nous révèle une profondeur logiquement inexprimable. En effet, il est impossible de raconter une poésie, décomposer une symphonie, disloquer un tableau[465]. »

Mais allons plus loin. La beauté est médicinale parce qu'elle s'offre à nous. Prenons-nous assez au sérieux la manière dont les êtres *naturels* se donnent à nous ? Nous avons vu qu'Adolf Portmann ose faire des formes animales une auto-manifestation non pas utilitaire, mais gratuitement offerte, donc belle. Nous cheminons sur un sentier et, brusquement, au détour d'un virage, la douce lumière d'une clairière. Nous avançons sur un chemin de montagne, et, soudain, nous entendons le bruissement d'un torrent. Nous progressons continûment et, sans crier gare, s'ouvre une perspective inouïe, imméritée, inattendue. Nous pensons souvent les réalités naturelles comme des monades brutes, isolées. Or, elles ont une manière de se présenter à nos sens, de s'offrir – selon la leçon de Heidegger. Les choses apparaissent et leur manière de se donner à voir, à entendre est déjà un don : « Observe, dit Léonard de Vinci, “le serpentement de toute chose”, c'est-à-dire observe en toute chose, si tu veux la bien connaître et la bien représenter, l'espèce de grâce qui lui est propre[466]. » Sans compter que, souvent, cette donation est unique, donc vulnérable : « Aimez ce que jamais on ne verra deux fois[467] » – la nostalgie de Vigny en moins, l'émerveillement en plus. L'approche de la chose est elle-même inséparable de la chose approchée. « Le beau vient à notre rencontre, se fait intime, proche, apparenté à la substance même de notre être. » Paul Evdokimov précise : « il ne s'agit nullement d'une illusion ou d'un transfert de nos émotions subjectives ; nous n'ajoutons rien à la réalité objective d'une révélation ; simplement nous en sommes saisis sans même pouvoir toujours trouver des “mots poétiques” adéquats à notre bouleversante expérience[468]. » Voilà pourquoi la beauté des choses nous advient dans une pudeur, un secret. C'est ce qu'exprime le mot si étrange et si profond – l'un des plus beaux que je connaisse – d'Héraclite : « La nature aime se cacher[469]. » Philon d'Alexandrie commentait : « Notre nature est, selon Héraclite, l'arbre qui aime se cacher et se celer[470]. »

Ce qui est vrai de la nature l'est tout autant, voire plus encore de l'œuvre d'art. Nul, peut-être, sinon Martin Heidegger, ne l'a montré, notamment dans *L'origine de l'œuvre d'art*. En effet, à travers l'œuvre d'art, l'homme fait l'expérience intérieure d'un dépaysement. Précisément, d'un arrachement à l'utilité, à la préoccupation et au souci. Mais cet existential révèle une ouverture à l'être, au don gratuit de l'Être qui s'offre. Voilà pourquoi Heidegger parle d'une « offrande du beau ». La beauté est au fond la vérité même de l'être, elle partage avec lui de se découvrir : « La vérité, c'est l'être à découvert de l'étant comme tel. La vérité est la vérité de l'Être. » Or, estime Heidegger, récusant une réduction subjectiviste du beau, celui-ci « n'est pas seulement relatif au plaisir », mais « réside dans la forme ». Et il faut entendre la forme au sens plénier des Grecs : non pas l'extériorité accidentelle, mais le mode d'apparition, d'éclaircie de l'étant à partir de l'être. Voilà pourquoi « la beauté ne se rencontre pas à côté de cette vérité : car lorsque la vérité se met en l'œuvre, elle apparaît. C'est l'apparaître qui, en tant que cet être de la vérité à l'œuvre dans l'œuvre, est la beauté[471]. » La beauté est donc constitutive de l'avènement (*Ereignis*) de la vérité, donc de l'Être. Soit un temple grec : contrairement à l'opinion courante, il n'est pas une représentation du dieu, fixant les idées sur son « aspect extérieur » ; c'est une œuvre qui a pour fonction de « laisser advenir à la présence le dieu lui-même, et qui est ainsi le dieu lui-même[472] ». Et l'œuvre d'art est le signe de cette attraction qui existe dans l'essence de la vérité à se dévoiler. Dans l'œuvre, advient un monde[473].

Ainsi, qu'elle soit naturelle, donc œuvre divine[474], ou artificielle, donc œuvre humaine, la chose belle donne gratuitement. Le « se montrer », dont nous avons vu, avec Balthasar, qu'il constitue le propre de la beauté, est aussi un « se donner ». Non seulement elle se donne, mais elle s'abandonne. C'est ainsi que l'on peut comprendre le mot de Pascal Quignard, « c'est l'adieu qui fait le fond de la beauté. Si ce fond a une lumière, l'adieu a une lumière[475]. » Or, tout don gratuit est un acte d'amour. Voire, l'acte par excellence de l'amour s'identifie au don de soi. Ainsi, l'offrande de la beauté est une offrande d'amour. À qui sait s'en étonner, la splendeur merveilleuse est une étreinte amoureuse. Or, la toute première blessure est toujours un manque à être aimé. Ainsi, le beau ne guérit pas seulement parce qu'il attire et se donne, mais parce qu'il vient remplir le cœur navré par carence d'amour.

La beauté éprouvée, guérison de la désunité

En s'ouvrant ou plutôt en étant ouverte à l'avènement de la beauté, Lucie éprouve un « apaisement total », explique Charles Pépin. Ce que la blessure avait fragmenté, « se rassemble » et s'unifie. Précisons, tant nos *egos* sont malades de leurs ruminations, que cette unification fut le fruit non pas d'abord d'un travail intérieur, mais d'une ouverture au don qui lui était fait : « Elle est tout entière convoquée, tout entière là, enfin présente à elle-même et au monde. » Lucie a retrouvé la paix en étant consciente d'elle-même, mais elle est devenue présente à elle parce qu'elle s'est rendue présente à la beauté qui s'offrait.

Au lendemain de la Saint-Barthélémy, Catherine de Médicis disait à son fils, le roi Henri III : « Maintenant, il faut recoudre. » La blessure ferme, parce qu'elle divise. Or, la beauté travaille en nous à recoudre les morceaux déchirés.

En effet, la beauté raccommode l'homme avec la *nature* ou plutôt la création. Dieu, écrit le moine bénédictin Yves Girard, « a placé devant nous un spectacle tout en lumière pour que nous nous perdions en cette beauté, jusqu'à en oublier toutes les violences du monde et, plus loin, jusqu'à noyer dans cette lumière toutes les défaillances et les insuffisances de notre vie[476]. » En effet, explique un autre religieux au cœur d'enfant émerveillé, le père Émonet, l'intelligence cherche habituellement à découvrir l'essence des choses, et cela à travers un usinage de représentations abstraites qui tient la chose comme à distance. Mais voici que s'éveille une sympathie, une affinité, une connaturalité entre cette chose, par exemple cet arbre, et l'intelligence. Celle-ci se sent soudain proche de cet arbre. Dès lors, elle se passe du lourd appareillage des concepts, des raisonnements. Que faire ? « Elle accepte d'entrer dans la nuit translucide en l'absence d'idées, d'images, de jugements. Alors l'objet aimé, désiré, peut s'approcher, entrer dans l'esprit, lui verser sa charge de lumière sans plus d'intermédiaires. Cette possession de la chose par l'intelligence que l'amour a procurée en lui imposant le silence des concepts, comble la volonté spirituelle, tout à la joie de tenir enfin ce qu'elle aime[477]. » Telle est l'expérience de la beauté : par elle, les choses se font familières et s'approchent de nous. Nous cessons de les tenir à distance et de nous en protéger.

Le beau resoude aussi l'homme en *lui-même* : « L'expérience esthétique – écrit Jean-Louis Vieillard-Baron – me donne, si elle est intense, cette impression qu'une grâce m'est accordée, d'être réconcilié avec moi-même[478]. » Cette harmonisation intérieure est au cœur de l'esthétique de Kant (p. 36 s), et plus encore de celle de l'Hegel. Art, religion et philosophie sont, pour le grand idéaliste allemand, les trois modalités d'expression du divin, de l'Esprit absolu. Centrons-nous sur l'art qui, pour le philosophe allemand, est le lieu de la beauté. Il a « pour tâche de présenter en général l'Idée [Dieu] pour l'intuition immédiate dans sa forme sensible et non dans la forme du penser et de la pure spiritualité[479]. » En effet, au terme du système hégélien, l'Esprit qui est Dieu réconcilie le Logos qui est Dieu dans son immédiateté et la Nature qui est Dieu dans sa médiateté et donc sa négativité. Concrètement, comme la religion et la philosophie, le beau a pour fonction de dire Dieu qui s'est réconcilié avec son contenu aliéné dans le fini. Toutefois, à la différence de la religion et de la philosophie, l'art exprime le principe divin dans son élément sensible. La raison en est que, pour Hegel, la beauté est avant tout sensible : le contenu spirituel prend une forme sensible, la Vérité dont l'essence est spirituelle s'aliène dans l'élément extérieur matériel. « La figure de la *beauté* » est la « représentation concrète de l'esprit ». Aussi le beau réside-t-il seulement dans « l'extériorité sensible[480] », quoiqu'à « la forme de l'*immédiateté* sensible » soit jointe la « détermination » du contenu spirituel[481]. L'esthétique hégélienne mérite donc doublement son nom : elle est détermination du beau (usage actuel du terme esthétique) et détermination de la sensibilité (signification étymologique de l'esthétique)[482].

La beauté apaise, ainsi que Lucie en fait l'expérience. Or, la paix n'est pas seulement le calme, mais « la tranquillité de l'ordre[483] ». La sérénité est la signature affective d'une personne qui a retrouvé son principe d'ordre et donc d'unité. De multiples manières, le beau opère cette concorde intime : entre le matériel et le spirituel entre l'affectivité de la connaissance, entre l'approche subjective et l'approche objective, voire, osons-le dire, entre le corps et l'âme. En effet, dans une anthropologie plus platonicienne, le corps est signe de l'âme, l'extérieur manifeste l'intérieur ; or, avec Balthasar, nous avons vu que la figure extérieure, visible, exprime, sans l'épuiser, le fond invisible qui l'habite et le porte.

Enfin, le beau réconcilie avec *Dieu*. L'intuition d'Yves Girard, est qu'en tout homme est enfouie une gloire cachée qui est la source de toute beauté, et qu'il appartient à chacun de rejoindre : « j'ai le pressentiment que nous sommes bien mal synchronisés avec notre "gloire cachée" », gloire invisible aux yeux de chair et à ceux du discernement psychologique[484]. Qui, mieux que Simone Weil, a fait de la beauté l'une des médiations par lesquelles l'homme est conduit à Dieu ?

> « En tout ce qui suscite chez nous le sentiment pur et authentique du beau, il y a réellement présence de Dieu. Il y a comme une espèce d'incarnation de Dieu dans le monde, dont la beauté est la marque. Le beau est la preuve expérimentale que l'incarnation est possible[485]. »

Intériorisée, la beauté travaille à notre insu pour tisser ce que la blessure a désarticulé. Ainsi, elle conspire à cette réunification à laquelle toute personne meurtrie aspire.

La beauté reçue, guérison de la répétition

Rouverte et réharmonisée par la beauté, Lucie est introduite dans un avenir auquel elle se refusait (tel est « son renoncement »). En effet, « ce plaisir esthétique est comme un indice, une promesse », et la promesse invite l'avenir dans le présent. Mais ne s'agit-il pas d'une illusion ? L'« émotion » suscitée par la chanson « ne durera pas » et cette « voix qui lui parle » ne connaît pas sa vie. Charles Pépin répond avec profondeur que ce goût du beau « ressemble à l'éternité ». On peut l'interpréter de manière platonicienne. On peut aussi le lire de manière chrétienne : l'Amour crucifié s'est humilié pour nous rappeler qu'il passe par les plus humbles médiations ; l'Esprit qui se joint à notre esprit s'immisce dans chaque interstice pour réinsuffler sa vie.

Divisant la personne et la fermant, la blessure incurve aussi son histoire dans une sempiternelle et désespérante répétition des mêmes scénarios destructeurs. Or, la beauté brise cette fatalité en engendrant de l'inédit.

Jusqu'à maintenant, nous avons traité de la beauté contemplée (reçue) et éprouvée (intériorisée). Mais, plus encore, nous pouvons aussi *produire* la beauté. Pour le grand peintre Matisse, Dieu est « la Beauté absolue ». Et « qu'est-ce que Dieu attendait de Matisse ? Qu'il produise de la beauté. » Ce qu'il a fait, continue Régine Pernoud : par la chapelle de Vence[486]. Or, créer de la *beauté,* c'est *créer* de la beauté, donc injecter une nouveauté aussi indéductible qu'imprévisible. Même la découverte scientifique la plus géniale est « dans l'air ». Si Einstein n'avait pas inventé la théorie de la relativité restreinte, un autre physicien aurait tôt ou tard montré l'équivalence matière-énergie qui s'en déduit. En revanche, si Bach n'était pas né, *Les variations Goldberg* manqueraient définitivement au monde. Le beau surprend toujours. Qui sait ce qu'il peut advenir d'une âme qui se donne le droit de s'exprimer et d'inventer ? « Certains jours – disait Jean-Marie Lustiger – j'ai jubilé d'étonnement en voyant tel slogan surréaliste, ou telle merveilleuse invention poétique de la jeunesse réapparaître soudainement[487]. » Nietzsche l'avait pressenti, qui faisait de l'art le salut de la philosophie et de l'homme.

Plus encore, l'œuvre d'art introduit de l'inédit dans le monde. C'est ce que montre l'esthétique que, dans son existence dense et tourmentée, Vladimir Soloviov (1853-1900)[488] a trouvé le temps d'élaborer[489]. Pour le converti à l'orthodoxie puis au catholicisme, la beauté se retrouve dans la nature (contre Kant) et exprime le divin (contre Hegel), en Dieu (contre Kant, Hegel et Heidegger). En revanche, avec Kant, Hegel et Heidegger, il estime que l'art est un des lieux par excellence de la beauté. Comme Hegel, il estime que la beauté artistique est « meilleure » que la beauté cosmique : « La beauté artistique est à la beauté naturelle ce que la conscience de soi humaine est à la sensation de soi de l'animal. » Certes, il existe une beauté objective dans la nature : en cela, à la suite de Platon ou de Schelling, le philosophe et poète russe souligne la réalité de la beauté. Or, l'art consiste non à reproduire, mais à poursuivre l'œuvre artistique commencée par la nature. Aussi l'œuvre esthétique a-t-elle une portée eschatologique : elle anticipe le monde futur.

Mais l'apport profondément novateur de Soloviov est ailleurs. Contre les philosophes grecs (Platon, Plotin) et les idéalistes allemands (Schelling, Hegel), il estime que *la tâche de l'œuvre d'art est l'organisation de la réalité* : « L'art doit être une force réelle qui éclaire et qui transfigure tout le monde humain[490]. » À l'instar de l'amour, c'est-à-dire de l'idéalisation érotique (au sens propre du terme), qui est une révélation de la personne aimée, l'art est aussi une transfiguration, mais du réel en son entier.

Or, selon le principe d'uni-totalité cher au Newman russe[491], cette transfiguration est la réalisation du principe divin dans le monde humain. La fonction artistique est donc, au sens propre, *théurgique*. Le but de l'art, dit-il dès ses premiers ouvrages, est de faire « communier avec le monde supérieur par l'activité supérieure, par l'activité créatrice intérieure[492] ». En effet, « la valeur absolue de l'homme est fondée, nous le savons, sur la possibilité inhérente à sa raison et à sa volonté de perfectionnement infini ou, selon l'expression patristique, la possibilité de divinisation [...]. Cette possibilité intérieure latente devient de plus en plus réalité[493]. » Or, l'œuvre d'art est pensée et liberté. Aussi est-elle le lieu par excellence où s'actualise cette possibilité. L'art contribue donc à cette divinisation de l'homme. Enfin, puisque la création artistique est intimement unie à la mystique, la *liturgie* devient le lieu par excellence où se réalise cette esthétique divinisante.

Mais, objectera-t-on, cette voie esthétique et donc cette capacité curative sont réservées aux seuls artistes.

Nous répondrons que nous pouvons tous créer du beau. Ce qui ressemble fort à un slogan aguicheur ou un mot d'ordre soixante-huitard s'atteste dans chacune de nos existences : enfant, nous avons colorié, dansé, chanté. Pourquoi, aux alentours de six ans, l'éducation nous a-t-elle si souvent fait passer d'un exercice prédominant du cerveau droit à un exercice prédominant du cerveau gauche ? Assurément, n'est proprement artiste que celui qui, avec les ressources qui sont les siennes et qui sont variées, s'exerce et donc acquiert cette compétence (ce métier, comme on disait) qu'est l'art et s'y exerce longuement[494]. Mais, de même que la vertu s'ébauche dès le premier acte, de même cette production belle et inventive se promet dès notre premier dessin. Tel est le fondement anthropologique validant les approches plurielles et aujourd'hui de plus en plus développées de l'art-thérapie, par exemple dans le cadre de la musicothérapie ou de stages de théâtre. Un grand artiste à la fois calligraphe et écrivain, dont le propos ne saurait être soupçonné de complaisance, atteste cette universalité de la disposition artistique à *produire* de la beauté : « Nous sommes tous plus ou moins artistes. Le simple fait de vivre suppose un certain art de vivre. Nous savons par exemple disposer des fleurs pour égayer notre demeure. » Et il l'enracine dans l'universalité de notre disposition esthétique, c'est-à-dire à *recevoir* la beauté : « Nous savons [...] dresser l'oreille pour écouter un chant d'oiseau. » Mais encore faut-il la cultiver : « si nous voulons dépasser les clichés, dépasser l'habitude de réserver la beauté à seulement quelques moments privilégiés, nous devons apprendre à habiter poétiquement la terre comme l'a proposé le poète Hölderlin. Car la beauté, ce don qui nous est offert sans réserve, est omniprésente. »

Encore faut-il « savoir en capter les plus humbles manifestations. Ces fleurs anonymes qui poussent dans les fentes d'un trottoir, ce rayon de soleil qui soudain fait chanter un vieux mur[495] », etc.

– 4 –
Guérison, beauté et amour

Le beau transforme celui qui le contemple. L'on attribue cette citation au jeune Nikolaï Vassilievitch Gogol : « Si l'Art n'accomplit pas le miracle de transformer l'âme du spectateur, il n'est qu'une passion passagère. » Remplacez Art par Beauté. La beauté transforme et assainit l'homme, en le réharmonisant, l'ouvrant et l'invitant à la nouveauté. Nous avons donc montré que la beauté guérit le cœur blessé en corrélant les trois mécanismes de la blessure et les trois facettes de la beauté qui rétablissent les trois dynamismes caractérisant l'homme sain. Certains ont toutefois objecté à cette démonstration que leur expérience de la guérison intérieure par le beau était beaucoup plus unifiée.

Une première réponse distinguera l'ordre de la compréhension et l'ordre de l'expérience vécue, c'est-à-dire les exigences de l'intelligence et la richesse du réel. Une réponse peut-être plus convaincante et en tout cas plus profonde passera de l'analyse à la synthèse : le pouvoir thérapique de la beauté relève d'une logique plus radicale et plus cachée, celle de l'amour.

En effet, les trois aspects de la beauté distingués dans la partie précédente pourraient sembler arbitraires, juxtaposés ou simplement choisis pour coller avec les besoins de la démonstration. En réalité, ils sont animés par une dynamique secrète et plus universelle, celle du don : réception, appropriation et donation (p. 53). Or, le don est l'acte de l'amour : aimer, c'est se donner. Ainsi, la puissance curative du beau s'identifie au rayonnement même de l'amour. La musique des pulsions intuitives où Maritain lisait l'avènement créateur de la beauté n'épouse-t-elle pas l'événement sanateur de l'amour (p. 85 s) ? Comment s'en étonner puisque, nous l'avons évoqué en passant, toute blessure intime consiste, toujours, en ultime analyse, en un manque d'amour : le plus souvent un manque à avoir été aimé ; mais aussi, parfois, une impossibilité à pouvoir aimer et une carence de respect, donc une négation du don à soi-même qu'est l'appropriation. De même, en son fond, la thérapie reconstruit à la mesure de l'amour qu'elle transmet, objectivement, à travers les outils qui communiquent la vie au patient et, subjectivement, à travers l'écoute et l'attention qui sont des formes de don de soi.

Certes, la psychanalyse freudienne a banni l'amour de l'attitude distanciée de l'analyste, autrement que dans le contre-transfert qui n'est qu'un symptôme. Toutefois il ne suspecte l'amour que parce qu'il l'identifie à l'*érôs* et celui-ci à une pulsion fusionnelle ; mais il le réintroduit comme *agapè* dans la persévérance parfois héroïque d'une écoute sur la longue distance. Surtout, outre leur efficacité thérapeutique avérée[496], les thérapies brèves n'ont plus cette pudeur et cette froideur de l'analyse. Un exemple particulièrement saisissant en est la thérapie familiale élaborée par le psychiatre et psychothérapeute récemment disparu Mony Elkaïm[497]. Le systémicien belge invite le thérapeute à une implication, voire à une substitution, qui, sans jamais devenir une indifférenciation, ne peut s'interpréter qu'en termes d'amour-don radical du thérapeute pour son patient.

Pascal est l'un de ceux qui, à la suite de Montaigne, a vu la force des automatismes enfonçant l'âme dans la matière et les pratiques dans le formalisme : « il ne faut pas se méconnaître : nous sommes automate autant qu'esprit [...]. La coutume fait nos preuves les plus fortes et les plus crues ; elle incline l'automate, qui entraîne l'esprit sans qu'il y pense[498]. » Mais, avec une tout autre espérance que le compositeur des *Essais*, le rhapsode des *Pensées* proposait une guérison de ces habitudes mortifères. En effet, il ajoutait aussitôt le remède, cette parole du psalmiste (Ps 118,36) que cite souvent saint Augustin : « Incline mon cœur, ô Dieu [*Inclina cor meum, Deus*][499]. » Or, l'on sort de la répétition infinie par la vérité, c'est-à-dire par l'adéquation de la figure extérieure à la conviction intérieure : « Il faut que l'extérieur soit joint à l'intérieur [...] c'est-à-dire que l'on se mette à genoux, prie des lèvres, etc.[500]. » En creux, cette adéquation demande de vaincre deux défauts : la superstition par laquelle on en reste au dehors et on oublie de lui joindre le dedans ; la superbe par lequel on veut se passer de cet extérieur pour immédiatement atteindre l'intérieur. En plein, ces noces entre le dehors et le dedans s'opèrent lorsque la représentation extérieure devient transparente à la réalité intérieure. Or, pour le converti du *Mémorial*, ces épousailles nécessitent une médiation : la *charité*. C'est l'amour présent dans le cœur qui assure cette unité. Loin de tout dualisme cartésien, Pascal joint le corps et l'esprit par la charité, l'inclination du cœur. On peut préciser : un cœur qui se soumet à une ascèse, à un renoncement de soi, voire une mort à soi : « La grandeur de la foi éclate bien davantage lorsque l'on tend à l'immortalité par les ombres de la mort[501]. »

Mais, à la suite de Balthasar[502], nous pouvons expliciter ce qui demeure implicite chez Pascal : la beauté est la réconciliation entre la figure gracieuse et sa profondeur mystérieuse, entre ce qu'elle révèle et ce qu'elle ne pourra jamais épuiser. En demeurer au seul fond fut la tentation protestante, qui condamne toute représentation ; en demeurer à la seule forme fut le risque auquel a parfois succombé l'art baroque, qui en demeure à un esthétisme de surface. La voie mystique de la charité et la voie esthétique convergent dans leur action thérapeutique qui unifie ce que la blessure avait divisé.

Beauté et amour convergent pour une autre raison qui consonne aussi avec l'amour, ici l'amour d'amitié. Dans les deux livres qu'il consacre à l'amitié, Aristote en distingue trois espèces : utilitaire, agréable et honnête ou vertueuse. Or, l'amitié vertueuse s'oppose à l'amitié seulement utilitaire et à l'amitié seulement agréable comme l'amour centré sur autrui et l'amour centré sur soi. Pourtant, ajoute le Stagirite avec profondeur, dans l'amitié vertueuse se trouvent au plus haut point agrément et aide, mais par surcroît. De même, le beau qui est toujours gratuit, devient utile, mais par surabondance. Ernest Hello en offre la parabole suivante :

> « Quand l'aigle plane, disent certains voyageurs, le pèlerin altéré devine une source à l'endroit où tombe son ombre dans le désert. Le pèlerin creuse, l'eau jaillit. L'aigle avait parlé son langage, il avait plané. Mais la chose belle avait été une chose utile ; et celui qui avait soif, comprenant le langage de l'aigle, avait fouillé le sable et trouvé l'eau[503]. »

Synthétisons en un tableau les conclusions de l'analyse précédente, en ajoutant à titre hypothétique, la triple caractéristique de la beauté.

Les dynamismes sains	Ouverture	Unité	Innovation
Les mécanismes de la blessure	Fermeture	Division	Répétition
La guérison par la beauté	La beauté accueillie ouvre	La beauté intériorisée réunifie	La beauté « créée » invente un avenir
La dynamique du don	La réception	L'appropriation	La donation
Les notes de la beauté	Clarté ou lumière	Intégrité	Harmonie ou proportion

La beauté n'est pas seulement un puissant adjuvant curatif, mais se retourne avantageusement sur elle-même pour panser ses propres blessures. En effet, le beau court deux risques : le premier, subjectif, d'être réduit à ce que nous en ressentons ; le second, objectif, d'être réduit à un décor. L'extériorité devient alors synonyme de superficialité et l'apparition d'apparence. Or, cette superficialité illusoire dispose à l'utilitarisme. Qu'elle soit envisagée dans une perspective réaliste (antico-médiévale) ou dans une perspective idéaliste (moderne, notamment avec Kant), la beauté ainsi instrumentalisée court donc le risque de se convertir en son contraire, la laideur. C'est au nom de son caractère adjacent, surajouté, et bientôt accidentel, c'est-à-dire accessoire, que l'on a relégué la beauté dans les musées et transformé nos villes en objets d'autant plus instrumentalisés qu'ils sont laids[504]. Il est temps que, dans un monde transi par l'utilitarisme hédoniste de l'hyperconsommation, l'on interprète ce caractère surajouté pour ce qu'il est : la gratuité, c'est-à-dire le surcroît immérité de l'amour. Le sourire n'est jamais dû, mais seul il donne au visage, même le plus plastiquement modelé, le rayonnement de la splendeur. Surtout, il est temps que, dans un monde obsédé par le look et attristé par la comparaison, la beauté redécouvre son essence : non pas une vaine apparence, mais une pleine apparition.

Enfin, une telle relecture de la beauté à l'aune de l'amour-don don permet de corriger deux conceptions erronées de l'art. Elle permet d'abord de sortir de la problématique solipsiste où l'idéalisme allemand, notamment kantien, a enfermé l'esthétique. D'ailleurs, le jugement de goût est, chez Kant, désintéressé. Certes, pour lui, ce désintéressement n'est doué que d'une connotation subjective. Le beau subjectivement éprouvé s'ouvre donc en amont sur la gratuité et, en aval, sur un appel à l'action de grâce et à la créativité. Cette relecture permet aussi de comprendre que l'artiste ne crée pas comme Dieu crée[505]. On le sait, cette problématique a envahi la philosophie et la pratique de l'art il y a maintenant plus d'un siècle[506]. Elle a d'ailleurs évacué la question du beau au profit de la pure liberté conçue comme capacité d'autocréation de soi par soi. Tout au contraire, Heidegger voit l'essence de la poésie dans sa capacité à nommer, à créer un nom, mais pas à donner à l'être d'être. Il ne savait pas qu'il se faisait l'écho d'une parole de saint Basile de Séleucie : « Dieu donne l'être à tout vivant et l'homme lui donne son nom[507]. »

– 5 –
La beauté, blessure ou remède ?

Nous ne pouvons pas ignorer que, en démontrant le pouvoir médicinal de la beauté, nous contredisons orthogonalement la thèse de Jean-Louis Chrétien à laquelle nous avons consacré un chapitre entier : « La blessure du beau ». En effet, celui-ci « nous porte [...] une blessure[508]. » Assurément, la beauté nous réjouit, mais cette joie « nous brise » : « Une plénitude qui est faille, [...] telle est la beauté. C'est pourquoi il y a un effroi du beau[509]. » La raison est aussi simple que la thèse : *l'excès de la beauté*. Celle-ci transcende celui qui la contemple, de sorte qu'il ne peut être comblé. Autrement dit, ne pouvant contenir (aux deux sens du terme) le don de la beauté, le sujet défaille (dé-*faille*).

Je répondrai d'abord que le phénoménologue et écrivain emploie le terme *blessure* en un sens métaphorique. Au fond, il en fait un équivalent d'« ouverture » transgressant la clôture, éventuellement associée à une souffrance. Or, si notre développement utilise le mot blessure en un sens figuré, nous lui donnons un sens véritablement conceptuel, ainsi que nous l'avons vu : celui de privation, c'est-à-dire de carence d'une perfection (forme, au sens aristotélicien) nécessaire à l'achèvement d'une chose ou d'un événement.

Je répondrai surtout que Chrétien répond à une problèmatique moderne et, plus encore, contemporaine, notamment heideggérienne, selon laquelle l'homme est un être-pour-la-mort intimement marqué par la finitude ; or, la beauté, comme l'appel, transgresse cette limite ; déchirant cet horizon par son excès, elle ne peut donc que s'éprouver comme une blessure. Tout au contraire, notre propos s'inscrit d'emblée dans une perspective métaphysique et chrétienne : tout étant est actué par l'être (*esse*) qui, complet, mais non subsistant, participe de Celui qui est l'Être même subsistant ; être spirituel, l'homme est soulevé par un désir qui, par *nature,* l'appelle à communier avec le Surnaturel, c'est-à-dire le Dieu infini lui-même. Dès lors, le chiffre de la blessure s'inverse : l'homme s'inquiète et s'attriste d'être privé de l'Infini qui a déposé partout son vestige et en l'homme son image. Or, étant le couronnement, voire la source des transcendantaux, la beauté enrichit l'être et peut être attribuée à Dieu lui-même. Loin de blesser l'homme, elle lui promet donc et l'introduit dans la Beauté au-delà de toute Beauté. Serons-nous de « ceux qui, comme l'affirme Nicolas Cabasilas, surent aimer par-dessus tout la Souveraine Beauté[510] » ?

– 6 –
« J'y étais avec Mozart »

Le film de Frank Darabont, inspiré d'un roman de Stephen King, *Les évadés,* met en scène Andy Dufresne (Tim Robbins), un homme libre bien qu'il soit incarcéré dans la terrible prison de Shawshank. Après avoir écrit patiemment chaque semaine pour demander des disques, il les reçoit enfin. N'en croyant pas ses yeux, il les contemple. Soudain, une folle idée lui traverse l'esprit. Après avoir enfermé le gardien dans les toilettes, il choisit un 33 tours, le place sur la platine et branche le micro du camp. Ce micro spécialisé dans les informations contraignantes et terrorisantes va devenir le médiateur d'un sublime passage des *Noces de Figaro*[511]. Entendant cet aria inattendu, les détenus s'arrêtent, saisis, et bientôt bouleversés. Transfigurés, les visages meurtris reflètent une spiritualité jusque là ignorée. Un bref moment, un homme affranchi offre à ces compagnons d'infortune la seule liberté : intérieure. En effet, cette autonomie est spirituelle. Or, la beauté d'un air d'opéra ne peut être saisie que par l'esprit. Ainsi, en faisant écouter le « divin Mozart », Andy a donné à ces hommes extérieurement aliénés d'entrer en eux et d'y redécouvrir un espace intime dont la déshumanisation carcérale les avait amputés. Certes, l'attitude d'Andy, interprétée par l'autorité comme une dangereuse révolte, sera punie par quinze jours du terrible mitard. Mais, à qui croit l'y enfermer seul – ce qui est le plus déshumanisant des châtiments –, Andy répondra en se touchant la tête : « J'y étais avec Mozart. » Nulle peine ne peut l'ôter de sa mémoire. Le titre américain du film et de la nouvelle n'est-il pas *The Shawshank Redemption* ?

La phrase de Dostoïevski, relue au présent par Vladimir Soloviov, « La beauté sauve le monde », est doublement vraie. Le salut est l'acte de Dieu qui rachète l'homme et ce rachat est la restauration de l'*admirabile commercium* (l'admirable échange). De nouveau, l'homme peut vivre en communion avec le Dieu trois fois saint.

Mais le salut comporte aussi une autre face : il est guérison, restauration de l'homme en son être. Certes, il tourne d'abord l'homme vers Dieu ; mais l'homme est créé à l'image de Dieu. Plus encore, la Révélation chrétienne nous apprend qu'au commencement, l'homme a été créé en état de « justice et de sainteté ». Loin d'être juxtaposé, ces deux dons étaient corrélés : nos premiers parents bénéficiaient de la justice (originelle) *parce qu'*ils vivaient de la grâce de sainteté. Or, la justice originelle est une sorte de santé intérieure, d'harmonie intime entre le corps, la sensibilité et l'esprit. L'homme et la femme étaient donc unifiés en eux-mêmes, car ils étaient unis à Dieu. Autrement dit, ils étaient sains parce que saints. L'homme est cet être unique qui a son point de gravité hors de lui : en Dieu.

Si donc la rédemption est autant guérison que sanctification, le salut, entendu dans son intégralité, présente toujours une dimension de guérison. S'il est véridique de dire : « La beauté sauve le monde », il est identiquement vrai d'affirmer : « La beauté guérit le monde. »

Notes et bibliographie

1 Fédor Dostoïevski, *Carnets des démons*, trad. Boris de Schloezer, coll. « Bibliothèque de la Pléiade », Paris, Gallimard, 1955, p. 974.

2 Saint Cyrille d'Alexandrie, *Sur Saint Jean*, livre II, PG 73, 244.

3 François Cheng, *Le Long d'un amour*, section 1, coll. « Les Cahiers d'Arfuyen » n° 140, Lac Noir, Arfuyen, 2003, p. 16.

4 *Acheiropoïète* qualifie une œuvre, le plus souvent une image, qui n'est pas fabriquée (*poiéin*) par la main (*khéiros*) de l'homme, autrement dit une œuvre miraculeuse, comme le suaire de Turin, la *tilma* de Juan Diego (l'image de Notre-Dame de Guadalupe) et le voile de Manoppello. Je l'utilise ici par exagération. En revanche, le néologisme « acosmopoïète » (littéralement : ce que la nature ne peut fabriquer) construit à partir de ce premier adjectif, est employé à juste titre, car la nature ignore les formes géométriques et les symétries parfaites (même les astres, vus de près, n'ont rien de cette régularité).

5 Cf. chapitres 2 et 4.

6 Cf., par exemple, site *pascalide.fr* : « Le Piton de la Fournaise ou la genèse du monde » ; Pascal Ide, *Les Quatre sens de la nature. De l'émerveillement à l'espérance. Pour une écologie enracinée dans la grande histoire de la création*, Paris, l'Emmanuel, 2020, p. 64-67.

7 Ce livre est composé de trois conférences entièrement refondues pour constituer un seul texte. La première, qui portait primitivement sur le beau comme catégorie théologique, fut prononcée dans un colloque qui s'est tenu à l'Institut Catholique d'Angers en 2012. Lors de la réécriture, il est apparu que les prolégomènes philosophiques étaient devenus si longs qu'on ne pouvait pas, sans manquer à la convenance, proposer aussi l'exposé proprement théologique. Cet exposé philosophique, jamais publié, est devenu la première partie du livre. Ajoutons que, rédigé en même temps qu'une thèse de théologie sur Balthasar, il tente un pont entre les deux approches, thomasienne et balthasarienne, de la beauté. La deuxième intervention, faite lors d'un colloque organisé par la Faculté de théologie Teresianum à Rome, du 13 au 17 mars 2011, est parue en italien (« *"Velut magnum carmen ineffabilis modulatoris". Bellezza, splendore dell'amore* », dans « *Attirami dietro a te* » (Ct 1,4). *La bellezza luce della verità*, Roma, Pontificio Istituto di Spiritualità del Teresianum, OCD, 2012, p. 71-127) et, traduite en français, forme la deuxième partie. La troisième conférence fut donnée lors d'un Colloque à Louvain-la-Neuve, du 1er au 3 mai

1998, et publiée (« La beauté source de guérison », Colloque, *Et si la beauté pouvait sauver le monde ? Pour une société de gratuité*, Louvain-la-Neuve, 1-3 mai 1998, 4 rue du Tournefou, 10190 Pâlis, p. 71-86). Considérablement remodelée, elle constitue le fond de la conclusion.

8 Gaston BACHELARD, *La Poétique de la rêverie*, Paris, P.U.F., 1970, p. 12.

9 Cf., par exemple, Simone WEIL, « Commentaires de textes pythagoriciens », *Intuitions pré-chrétiennes*, Paris, Fayard, 1985, p. 117-171, repris *in* Œuvres, Florence de Lussy éd., coll. « Quarto », Paris, Gallimard, 1999, p. 593-627, ici p. 626.

10 Fedor DOSTOÏEVSKI, *L'Idiot*, partie III, chapitre 5, trad. Albert Mousset, coll. « Folio », Paris, Gallimard, 1953, p. 464.

11 Sur l'identification du prince Muichkine au Christ, cf. Hans Urs von BALTHASAR, *La Gloire et la Croix. Les aspects esthétiques de la Révélation*, IV. *Le domaine de la métaphysique*. 2. *Les constructions*, trad. Robert Givord et Henri Englemann, coll. « Théologie » n° 85, Paris, Aubier, 1982, p. 236-245 : « Le Christ comme l'idiot ». Nous reviendrons sur le sens de cette phrase fameuse, p. 216.

12 Fédor DOSTOÏEVSKI, *Les Frères Karamazov*, partie I, livre III, 3, trad. Henri Mongault, coll. « Bibliothèque de la Pléiade », Paris, Gallimard, 1952, p. 117. C'est moi qui souligne. Cf. le commentaire de Nicolas BERDIAEFF, *L'Esprit de Dostoïevski*, trad. Alexis Nerville, Paris, Stock, 1974, p. 67.

13 PLOTIN, *Ennéades*, V, 5, 12, l. 33-35 : Traité 32. *Sur l'intellect et que les intelligibles ne sont pas hors de l'intellect, et sur le Bien*, trad. Richard Dufour, dans *Traités 30-37*, coll. « GF », Paris, Flammarion, 2006, p. 160. Cf. tout le chapitre 12, p. 158-160.

14 Marie-Michel LABOURDETTE, *Les Principes des actes humains, Ia-IIae, q. 49-70, Cours de théologie morale*, polycopié, Toulouse, Couvent de Rangueil, 1959-1960, p. 117 : *Habitus et vertus*. « Grand cours » de théologie morale / 3, Paris, Parole et silence, 2017, p. 157.

15 Cf. Jean-François AMADIEU, *Le Poids des apparences*, Paris, Odile Jacob, 2002.

16 Cf. PLATON, *Le Banquet*, 215 a.

17 Jean COCTEAU, « Raymond Radiguet », *Le Roseau d'or. Chroniques*, 1 (1925), p. 313.

18 Le poème qui émeut est le témoignage d'« une nature exilée dans l'imparfait et qui voudrait s'emparer immédiatement, sur cette terre même, d'un paradis révélé » (Charles BAUDELAIRE, « Théophile Gauthier », *L'Art romantique*,

Paris, Calmann-Lévy, 1885, p. 167 : « Théophile Gauthier [I] », III, *in* Œuvres complètes, Claude Pichois [éd.], coll. « Bibliothèque de la Pléiade », Paris, Gallimard, 2 volumes, tome 2, 1976, p. 114). Il s'agit d'une autocitation de la préface des *Nouvelles histoires extraordinaires* d'Edgar Poe (*Études sur Poe, sa vie et ses œuvres*, IV, p. 334).

19 Jacques MARITAIN, *Réponse à Jean Cocteau*, Jacques et Raïssa MARITAIN, *Œuvres complètes*, Fribourg (Suisse), Éd. Universitaires, Paris, Saint-Paul, 17 volumes, 1982-2008 [désormais abrégé *OC*], tome 3 (1924-1929), 1984, p. 711. À cette première raison, intrinsèque à l'art, Maritain joint une seconde, qui lui est extrinsèque. Il se fonde sur la distinction thomiste des vertus (intellectuelles) réglant les domaines du faire (l'art) et de l'agir (la prudence) : la première recherche le bien de l'œuvre, et la seconde le bien de l'homme. Mais il n'est pas indifférent à l'art que l'homme soit moralement rectifié, de sorte que l'artiste doit poursuivre cette humanisation en vue d'une destination qui est autre et dont il ne cueille pas *per se* les fruits. « S'il y a pour l'artiste tout un organisme de vertus spirituelles, ce sont vertus *secundum quid*, sous un certain rapport, réelles pourtant [...]. Condition tragique en vérité. Il connaît la dureté de la vie de l'esprit, il n'en goûte pas la paix cachée, que rien de créé ne peut donner. Son vouloir et toutes ses forces de désir, il doit les rectifier sans miséricorde, mais pour une fin qui n'est pas sa fin » (*Ibid.*).

20 Même si la beauté est attribuée éminemment à la tempérance Thomas affirme qu'elle « convient à toute vertu » (Saint THOMAS D'AQUIN, *Somme de théologie* [désormais cité *ST*], IIa-IIæ, q. 145, a. 2). Il rapproche au point de les identifier l'honnêteté (au sens global de bien honnête) et la *pulchritudo* : « la beauté spirituelle consiste pour l'homme à avoir une conduite et des actions bien proportionnées, selon l'éclat spirituel de la raison. » (*Ibid.*, q. 145, a. 2)

21 Le débat de la « kalokagathie » est ancien (pour un premier état des lieux, cf. Jean-Michel FONTANIER, *La Beauté selon saint Augustin*, coll. « Æsthetica », Rennes, Presses Universitaires de Rennes, ²2008, p. 120-131.

22 Vassili GROSSMAN, *Vie et destin. L'Âge d'Homme*, trad. Alexis Berelowitch et Anne Coldefy-Faucard, Paris, 1980 ; coll. « Bouquins », Paris, Robert Laffont, 2006.

23 Emmanuel LÉVINAS,, *À l'heure des nations*, coll. « Critique », Paris, Minuit, 1988, p. 101-105.

24 Vassili GROSSMAN, *Tout passe*, trad. Jacqueline Lafond, coll. « Le Livre de poche », Paris, Librairie générale française, 1993, p. 106.

25 *Ibid.*, p. 143-144. C'est moi qui souligne. Ces références sont tirées d'Anne-Marie PELLETIER, « Une douceur invincible. La féminité vue par Vassili

Grossman », *La Religion et les femmes,* Actes du 10ème Carrefour d'histoire religieuse à Bordeaux, Montpellier, Université Paul Valéry, 2002, p. 183-197. Accessibles sur le site *http://www.laici.va/content/laici/fr/sezioni/donna/articoli/filosofia.html*

26 Alfred de MUSSET, « Le pélican », *La Nuit de Mai,* extrait de la *Revue des Deux Mondes,* 15 juin 1835, p. 732-738.

27 Paul EVDOKIMOV, *L'Art de l'icône. Théologie de la beauté,* Paris, DDB, 1970, p. 40. Cf. le chapitre 5.

28 On aurait aussi pu prendre l'exemple de l'unité et de la pluralité. En effet, Duns Scot définit la *pulchritudo* : « La beauté n'est pas quelque qualité absolue [*qualitas absoluta*] dans un corps beau, mais est l'agrégation [*aggregatio*] de tout ce qui convient à ce corps, par exemple la grandeur, la figure et la couleur. » (*Opus oxoniense,* livre I, 17, 3, 13) Or, loin d'être l'autre nom de la *proportio* augustinienne ou thomasienne, l'agrégation dont il est ici question est véritablement la juxtaposition d'une pluralité. En continuité avec l'école franciscaine, le *Doctor subtilis* adhère à la théorie de la pluralité des formes : l'unité ne requiert pas la présence d'une seule *forma substantialis* mais la subordination des formes intermédiaires à la forme ultime. En retour, l'on comprend donc que la proportion renvoie, chez saint Thomas, à l'unité de la forme substantielle qu'elle révèle.

29 Cf. Jacques MARITAIN, *L'Intuition créatrice dans l'art et la poésie,* Paris, DDB, 1966, p. 156-165 : *OC,* tome 10 (1952-1959), 1990, p. 101-601.

30 Je ne reviens pas sur ce qui vient d'être affirmé à propos de la blessure du beau. Le débat invite à poser la question : s'expérimente-t-il dans la joie ou dans la déchirure, dans la paix ou dans l'inquiétude ?

31 Jacques MARITAIN, *Art et scolastique,* Paris, Rouart, 1935, p. 10 : *OC,* tome 1 (1906-1920), 1986, p. 619.

32 Francis KOVACH a minutieusement recueilli tous les textes de saint Thomas dont il présente une analyse génétique et systématique (*Die Ästhetik des Thomas von Aquin, Eine genetische und systematische Analyse,* coll. « Quellen und Studien zur Geschichte der Philosophie » n° 3, Berlin, Walter, De Gruyter, 1961). Cf., du même, *Philosophy of Beauty* (Norman [Oklahoma], University of Oklahoma Press, 1974).

33 Outre les ouvrages de Maritain et celui d'Eco qui ont été ou seront cités, et à côté des manuels de métaphysique thomiste qui comportent toujours un § sur la beauté (par exemple : Mgr. Martin GRABMANN, *Saint Thomas d'Aquin. Introduction à l'étude de sa personnalité et de sa pensée,* trad. Edmond

Vansteenberghe, Paris, Bloud et Gay, [6]1936, p. 193-196), cf. notamment les ouvrages puis les articles suivants : Jordanus AUMANN, *De Pulchritudine. Inquisitio philosophico-theologica*, Valencia, Avellanas, 1951 ; Étienne GILSON, *Les Arts du beau*, coll. « Essais d'art et de philosophie », Paris, Vrin, 1963 ; *Peinture et réalité*, Paris, Vrin, 1958 ; ID., *L'École des muses*, Paris, Vrin, 1951 ; Marie-Dominique PHILIPPE, « Détermination philosophique de la notion du Beau », *Studia Philosophica*, 15 (1955), p. 133-152 ; ID., *L'Activité artistique*. Philosophie du faire, coll. « ULSH », Paris, Beauchesne, 1970, 2 volumes, tome 2, p. 197-301 ; Germain G. GRISEZ, « References to Beauty in St Thomas », *Modern Schoolman*, 29 (1951-1952) n° 1, p. 43-44 ; Dom Henri POUILLON, « La beauté, propriété transcendantale chez les scolastiques », *Archives d'Histoire Doctrinale et Littéraire du Moyen-Age*, 15 (1946) n° 21, p. 263-329 ; ID., « On nature of beauty », *Angelicum*, 65 (1988) n° 1, p. 77-98 ; Heinz R. SCHMITT, « Le mystère de ce qui est est un mystère de beauté », *Nova et Vetera*, 53 (1978) n° 1, p. 46-48 ; Maurice de WULF, « Les théories esthétiques propres à Saint Thomas », *Revue Néoscolatique de Philosophie*, 2 (1895) n° 6, p. 188-205, n° 8, p. 341-357 et 3 (1896) n° 10, p. 17-142 ; Edith STEIN, *L'Être fini et l'être éternel. Essai d'une atteinte du sens de l'être*, trad. Guillaume Casella et François-Albert Viallet, Louvain-Paris, Éd. Nauwelaerts-Belles Lettres, 1972, chapitre 5, § 4, 8 et 19.

34 Je me permets de renvoyer à Pascal IDE, *Introduction à la métaphysique*, tome 1 : « Vers les sommets », coll. « Les cahiers de l'École Cathédrale » n° 8, Paris, Mame, 1994, p. 128-136.

35 Saint THOMAS D'AQUIN, *ST*, Ia, q. 5, a. 4, ad 1um.

36 Cf. PLATON, *Hippias Majeur*, 297 a ou *Philèbe*, 51 a-b ; ARISTOTE, *Métaphysique*, A, chapitre 1, 980 a 21-26.

37 On peut ajouter : « *id cuius ipsa apprenhensio placet* » (cf. Francis KOVACH, *Die Ästhetik des Thomas von Aquin*, p. 103).

38 Umberto ECO, « L'esthétique de saint Thomas d'Aquin », *San Tommaso d'Aquino*, Milano, Vita e Pensiero, 1923, p. 232.

39 Cf. ID., *Il problema estetico in Tommaso d'Aquino*, Milano, Bompiani, 1970 : *Le Problème esthétique chez Thomas d'Aquin*, trad. Maurice Javion, coll. « Formes sémiotiques », Paris, P.U.F., 1993

40 Saint THOMAS D'AQUIN, *ST*, Ia, q. 39, a. 8, c. Cf. Francis KOVACH, *Die Ästhetik des Thomas von Aquin*, p. 106-144.

41 En effet, les distinctions catégoriales et transcendantales ne peuvent communiquer ainsi.

42 Peut-on corréler ces notes à des sentiments, donc de nouer les deux pôles, objectif et subjectif, de la beauté ? L'intégrité suscite la paix, l'ouverture la joie et l'innovation la félicité, c'est-à-dire la « joie plus que pleine » (*Proslogion*, chapitre 26, *in L'Œuvre de Saint Anselme de Cantorbéry*, 1. « Monologion Proslogion », trad. Michel Corbin, Paris, Le Cerf, 1986, p. 282-283).

43 Jacques MARITAIN, *L'Intuition créatrice dans l'art et dans la poésie*, p. 354 : *OC*, tome 10, p. 555.

44 *Cf.* Pascal IDE, *Le Corps à cœur. Essai sur le corps*, coll. « Enjeux », Versailles, Saint-Paul, 1996, p. 322-334.

45 Par exemple, la connexion est très étroite entre sourire et évaluation de l'attrait, à savoir 66 % de variance commune (cf. Harry T. REIS *et al.*, « What is smiling is beautiful and good », *European Journal of Social Psychology*, 20 [1990] n° 3, p. 259-267). Le sourire attire le regard (cf. Nicolas GUÉGUEN, « The effect of a Women's smile on men's non-verbal behavior : A field experiment in a courtship context », *Social Behavior and Personality*, 36 [2008] n° 9, p. 1233-1236).

46 En effet, une telle définition est impossible *de iure*. D'abord, le défini est implicitement présent dans les termes de la définition : comment cerner « splendeur » sans faire appel à la beauté ? Surtout, en tranchant trop vite un débat qui divise encore l'école thomiste, le beau est un transcendantal ; or, celui-ci est coextensif à l'être dont l'universalité est maximale ; mais une définition convoque des termes plus universels que le défini. Ce qu'on ne peut définir, on doit se contenter de le décrire.

47 « Le beau concerne la puissance de connaissance [...]. Et parce que la connaissance opère par assimilation et que la similitude regarde la forme, la beauté appartient proprement à la raison de cause formelle » (*ST*, Ia, q. 5, a. 4, ad 1um).

48 Jacques MARITAIN, *L'Intuition créatrice dans l'art et dans la poésie*, p. 150 : *OC*, tome 10, p. 299.

49 Cette formule trouve son origine dans un opuscule *De pulchro et bono*, dont Maritain dit qu'il est attribué à saint Thomas d'Aquin ou à saint Albert (*Ibid.*, note 5).

50 Cf., par exemple, le dossier d'un magazine grand-public intitulé : « Pourquoi sommes-nous fascinés par la beauté ? » (*Ça m'intéresse*, n° 142, décembre 1992, p. 26-30) : « Le sentiment du beau n'est jamais objectif. Il dépend du goût et de l'humeur de chacun, de la mode, du snobisme environnant. [...] Aujourd'hui, à cause notamment de notre prise de conscience de la valeur des arts non

européens, on commence à reconnaître que la beauté n'est pas universelle, mais relative. »

51 « La beauté est un phénomène social. Le corps humain, son modèle postural est l'objet premier de la sculpture et de la peinture. L'objet beau excite les tendances sexuelles sans les satisfaire, mais en même temps chacun peut en jouir. » (Paul SCHILDER, *L'Image du corps. Étude des forces constructives de la psyché*, trad. François Gantheret et Paule Truffert, coll. « Tel », Paris, Gallimard, 1968, p. 314).

52 Cf. Pierre BOURDIEU, *La Distinction. Critique sociale du jugement*, coll. « Le sens commun » n° 78, Paris, Minuit, 1979. Cf., par exemple, le post-scriptum : « Éléments pour une critique "vulgaire" des critiques "pures" ».

53 Friedrich von SCHILLER, *Lettres sur l'éducation esthétique de l'homme*, 15, éd. et trad. Robert Leroux, Paris, Aubier, 1943, p. 201.

54 Charles PÉPIN, *Quand la beauté nous sauve*, coll. « Poche Marabout », Paris, Robert Laffont, 2013, p. 26.

55 Ces définitions se répartissent en fonction de la table des catégories mise en place dans la première *Critique* : qualité, quantité, relation et modalité (chacune occupe l'un des quatre moments de l'analytique du beau dans la *Critique du Jugement*).

56 Emmanuel KANT, *Critique du jugement*, I, § 6, trad. Jean-René Ladmiral *et al.*, *in* Œuvres philosophiques, coll. « Bibliothèque de la Pléiade », Paris, Gallimard, tome 2, 1985, p. 967.

57 *Ibid.*, I, § 9, *Ibid.*, p. 978.

58 *Ibid.*, I, § 17, *Ibid.*, p. 999. Gracq en donne une présentation littéraire dans l'expérience d'un de ses héros, Herminien, alors qu'il joue de l'orgue : « Comme portés par le réseau d'une musique exaltante, ses membres paraissaient prisonniers des lois fatales d'un *nombre* – quoiqu'il en fût à tous égards premiers – et sa démarche majestueuse au-delà de toute mesure, et à tout moment visiblement orientée, sembla à Albert la matérialisation, pour la première fois débarrassée de toute espèce de voiles grotesquement esthétiques, de ce que Kant a appelé non sans mystère *une finalité sans représentation de fin* » (Julien GRACQ, *Au château d'Argol*, Paris, José Corti, 1958, p. 103. Souligné dans le texte).

59 *Ibid.*, I, § 22, *Ibid.*, p. 1004.

60 *Ibid.*, I, § 2, *Ibid.*, p. 958.

61 *Ibid.*, I, § 1, *Ibid.*, p. 958.

62 Platon avait déjà refusé cette réduction du beau à l'utilisable (cf. *Hippias Majeur*, 295 c-297 e).

63 Emmanuel Kant, *Critique du jugement*, I, § 7, p. 967.

64 *Ibid.*, p. 968.

65 *Ibid.*, p. 968.

66 Isabelle Mourral et Louis Millet, *Traité de philosophie*, Paris, Gamma, 1988, p. 199.

67 Emmanuel Kant, *Critique du jugement*, I, § 9, p. 976.

68 Cela tient notamment à l'incapacité de Kant à envisager une ouverture au bien autrement qu'intéressée : « vouloir quelque chose et trouver une satisfaction à son existence, c'est-à-dire y prendre un intérêt, c'est la même chose » (*Ibid.*, I, § 4, *Ibid.*, p. 964). Pour lui, la volonté est une faculté fondamentalement tournée vers le soi.

69 Hegel réagira vigoureusement contre cette conception subjectiviste de la beauté. Néanmoins sa réaction demeure interne au cadre de l'idéalisme et donc partielle. Certes, dans la beauté, le contenu spirituel prend une forme sensible. Mais la Vérité dont l'essence est spirituelle s'aliène dans l'élément extérieur matériel. « La figure de la *beauté* » est la « représentation concrète de l'esprit. » Aussi le beau réside-t-il seulement dans « l'extériorité sensible » (*Encyclopédie des sciences philosophiques*, III : « La philosophie de l'esprit », section 3 : « L'esprit absolu », A : « L'art », § 556, trad. Bernard Bourgeois, coll. « Bibliothèque des textes philosophiques », Paris, Vrin, 1988, p. 345), quoiqu'à « la forme de l'*immédiateté* sensible » soit jointe la « détermination » du contenu spirituel (*Ibid.*, § 557, *ibid.*). L'esthétique hégélienne mérite donc doublement son nom : elle est détermination du beau (usage actuel du terme esthétique) et détermination de la sensibilité (signification étymologique de l'esthétique).

70 Pour Kant, c'est le *placet* et non le *visum* qui est le formel de la définition. C'est du jeu seul « que vaut ce que dit Kant du beau, qu'il plaît sans concept, alors que la beauté est d'autant mieux goûtée qu'elle est plus claire à l'intelligence. Elle ne peut être réduite au concept, puisqu'elle n'est pas seulement une connaissance, mais une jouissance ; mais elle n'exclut pas le concept, la réflexion et l'analyse, qui sont instruments de jouissance plus intense. Au contraire, la finalité du jeu, quelque intelligence qu'il demande, est hors de l'intelligence, dans le libre exercice de l'activité ». Le sujet esthétique a pour contenu non pas l'objet, mais seulement « un rapport de la représentation de l'objet au sujet » (Régis Jolivet, *Traité de philosophie. III. Métaphysique*, Paris-Lyon,

Emmanuel Vitte, 1941, p. 269).

71 Par exemple, avec l'humanisme historiciste de Vasari, l'idéalisme néo-kantien de Panofsky a dominé l'interprétation et l'histoire modernes de l'art, ainsi que Georges DIDI-HUBERMAN l'a montré en détail (*Devant l'image*, coll. « Critique », Paris, Minuit, 1990, chapitre 3). En effet, dans cette conception, le sujet domine le réel par la centralité de son regard et de son savoir. Dès lors, l'art et l'image sont réduits à la représentation que la subjectivité se donne du monde.

72 « La poésie [...] n'a pas la Vérité pour objet, elle n'a qu'Elle-même » (Charles BAUDELAIRE, « Études sur Poe », IV, *Œuvres complètes*, p. 333). Cette opposition farouche à « l'indissolubilité du Beau, du Vrai et du Bien » se fonde sur une anthropologie : « plus un objet réclame de facultés, moins il est noble et pur. Le *Vrai* [...] invoque surtout l'intellect pur [...]. Le *Bien* est la base et le but des recherches morales. Le *Beau* est [...] le but exclusif du Goût » (ID., « Théophile Gauthier [I] », III, *Ibid.*, p. 112. Cite le passage ci-dessus p. 113) ou de l'Imagination (*Ibid.*, p. 115).

73 « Le cœur contient la passion, le cœur contient le dévouement, le crime ; l'Imagination seule contient la poésie » (*Ibid.*, p. 115 ; cf. p. 114-116).

74 Cf., à ce sujet, les suggestives analyses de Balthasar au terme de son analyse historique dans *La Gloire et la Croix. Les aspects esthétiques de la Révélation*, IV. *Le domaine de la métaphysique*, 3. *Les héritages*, trad. Robert Givord et Henri Englemann, coll. « Théologie » n° 86, Paris, Aubier, 1983, p. 357-368.

75 Un exemple parmi beaucoup : « Le réel n'est jamais beau. La beauté est une valeur qui ne saurait jamais s'appliquer qu'à l'imaginaire et qui comporte la néantisation du monde dans sa structure essentielle. » (Jean-Paul SARTRE, *L'Imaginaire. Psychologie phénoménologique de l'imagination*, Paris, Gallimard, 1940, p. 245).

76 *De vera religione*, chapitre 32, 59. Augustin continue, sans surprise : « Je répondrais sans hésitation qu'elles réjouissent parce qu'elles sont belles. »

77 Ambroise VOLLARD, *Paul Cézanne*, Paris, Crès, 1924, p. 135.

78 Jean-Louis CHRÉTIEN, *La Joie spacieuse. Essai sur la dilatation*, coll. « Paradoxe », Paris, Minuit, 2007, p. 249. Souligné dans le texte.

79 L'auteur lui-même nous en avertit : « parler de la beauté ne peut être que la louer, et la louer requiert la beauté. Un éloge laid de la beauté ne se rapporte pas plus à elle qu'une orgueilleuse parole sur l'humilité ne parle de l'humilité. » (*Ibid.*, p. 89)

80 Pour des présentations différentes, cf. Benoît THIRION, « Par une blessure engendré... Introduction à la notion d'appel chez Jean-Louis Chrétien », *Revue philosophique de Louvain*, 100 (2002) n° 4, p. 742-761 ; ID., *L'Appel dans la pensée de Jean-Louis Chrétien*, coll. « L'ouverture philosophique », Paris, L'Harmattan, 2002 ; Jérôme de GRAMONT, *L'Entrée en philosophie. Les premiers mots*, coll. « L'ouverture philosophique », Paris, L'Harmattan, 1999 (que Jean-Louis CHRÉTIEN salue dans son importante « Rétrospection », *L'Inoubliable et l'inespéré*, coll. « Philosophie », Paris, DDB, 2 2000, p. 169-182, note 18, p. 180).

81 Sur cette vulnérabilité positive en général et sur son lien à la beauté en particulier, cf. Pascal IDE, « La vulnérabilité positive », Gilles DANROC et Marie-Christine MONNOYER (éds.), *Vulnérabilité et innovation sociale*, Toulouse, Institut Catholique de Toulouse, Les Presses Universitaires, 2018, p. 249-323, ici p. 315-316.

82 Jean-Louis CHRÉTIEN, *L'Effroi du beau*, coll. « La nuit surveillée », Paris, Le Cerf, 1987, p. 7.

83 ID., « Comment lutter avec l'irrésistible », *Corps à corps. À l'écoute de l'œuvre d'art*, coll. « Philosophie », Paris, Minuit, 1997, p. 11-24, ici p. 12.

84 La doctrine thomasienne des passions présente ici un non-dit qu'il serait précieux d'explorer. D'un côté, Thomas définit la délectation ou son correspondant spirituel, la joie (*gaudium*), comme l'affect suscité par le bien présent (cf. *ST*, Ia-IIæ, q. 23, a. 4 ; q. 31, a. 1). De l'autre, lorsqu'il étudie les différents effets internes de la charité, il distingue la joie de la paix. Or, celle-ci est relative à un bien présent, celui de l'unité ; pour autant, elle n'est pas identifiée à un sentiment (cf. *ST*, IIa-IIæ, q. 28 et 29). L'absence d'une conceptualisation positive de la démesure, de l'excès serait-elle la cause de ce non-dit?

85 Saint AUGUSTIN, *La Cité de Dieu*, livre XIX, chapitre 13, *PL* 41, 640.

86 Ainsi qu'on le sait, cette distinction pythagoricienne fut élaborée par PLATON dans le *Philèbe* (23 b - 27 c).

87 Simone WEIL, *Écrits de Londres et dernières lettres*, coll. « Espoir », Paris, Gallimard, 1957, p. 38.

88 Cf. PLATON, *Cratyle*, 416 b.

89 Jean-Louis CHRÉTIEN, « L'appel et la réponse », *L'Appel et la réponse*, coll. « Paradoxe », Paris, Minuit, 1982, p. 17.

90 Alexandrinus HERMIAS, *In Platonis Phædrum Scholia*, Paul Couvreur éd., coll. « Bibliothèque de l'École [Pratique] des Hautes Études. Sciences

Historiques et Philologiques » n° 133, Paris, Émile Bouillon, 1901, rééd., New York, Hildesheim, Olms, Carlo M. Lucarini et Claudio Moreschini (éds.), coll. « Bibliotheca Teubneriana », Berlin, De Gruyter, 1971, p. 13.

91 Proclus, *Théologie platonicienne*, I, 24, éd. et trad. Henri-Dominique Saffrey et Leendert Gerritt Westerink, coll. « Universités de France », Paris, Les Belles Lettres, 6 volumes, 1968-1997, tome 1, 1968, p. 108.

92 Martin Heidegger, *Acheminement vers la parole*, trad. François Fédier, Paris, Gallimard, 1976, p. 24.

93 Ici s'inscrivent toute une série d'études et d'ouvrages de Jean-Louis Chrétien sur la symbolique du corps humain, à partir *De la fatigue* (coll. « Philosophie », Paris, Minuit, 1996).

94 Le penseur doit « rendre avec une approximation croissante la simplicité de son intuition originelle » (Henri Bergson, *La Pensée et le mouvant*, dans *Œuvres*, Éd. du centenaire, Paris, P.U.F., 1959, p. 1347).

95 *L'Effroi du beau*, p. 71.

96 *Ibid.*, p. 88.

97 Ce thème est une des constantes de l'auteur. Cf., par exemple, Jean-Louis Chrétien, *Répondre. Figures de la réponse et de la responsabilité*, coll. « Chaire Étienne Gilson », Paris, P.U.F., 2007, chapitre 1 : « Phénoménologie de la réponse ».

98 Cf. notamment, l'admirable étude de Jean-Louis Chrétien, « L'offrande du monde », *L'Arche de la parole*, coll. « Épiméthée », Paris, P.U.F., 1998, p. 151-201.

99 Cf. Jean Laporte, *Théologie liturgique de Philon d'Alexandrie et d'Origène*, coll. « Liturgie » n° 6, Paris, Le Cerf, 1995, chapitres 1, 2, et 7.

100 Philon, *De plantatione*, § 126-131, trad. Jean Pouilloux, coll. « Les œuvres de Philon » n° 10, Paris, Le Cerf, 1963, p. 80-83.

101 Id., *De somniis*, I, 215, trad. Pierre Savinel, coll. « Les œuvres de Philon » n° 19, Paris, Le Cerf, 1962, p. 114-115.

102 Paul Claudel, *Cinq grandes odes*, IV : « La muse qui est la grâce », strophe 3, *in Œuvre poétique*, Jacques Petit éd., coll. « Bibliothèque de la Pléiade », Paris, Gallimard, 1967, p. 274.

103 Cf. Jean-Louis Chrétien, *Symbolique du corps. La tradition chrétienne du* Cantique des Cantiques, coll. « Épiméthée », Paris, P.U.F., 2005.

104 C'est tout le thème de l'admirable ouvrage déjà cité *La Joie spacieuse*.

105 Sur l'explicitation de cette dynamique, cf., notamment, Pascal IDE, *Eh bien dites : don ! Petit éloge du don*, Paris, Éd. de L'Emmanuel, 1997 ; « Une éthique de l'homme comme être-de-don », *Liberté politique*, n° 5. *Sortir de l'école unique*, été 1998, p. 29-48 ; *Une théo-logique du don. Le don dans la* Trilogie *de Hans Urs von Balthasar*, coll. « Bibliotheca Ephemeridum Theologicarum Lovaniensium » n° 256, Leuven, Peeters, 2013, p. 513-540 ; *Le burnout. Une maladie du don*, Paris, L'Emmanuel et Quasar, 2015, chapitre 4.

106 C'est ainsi que Jean Greisch résume la nouveauté de la pensée ricœurienne (Paul RICŒUR, *L'Itinérance du sens*, coll. « Krisis », Grenoble, Jérôme Million, 2001, p. 15-25). Dans la préface de *Soi-même comme un autre*, Paul RICŒUR parle du « *Cogito* brisé » (coll. « L'ordre philosophique », Paris, Seuil, 1990, p. 22-27).

107 Cf. l'ouvrage déjà cité de Jean-Louis CHRÉTIEN, *L'Inoubliable et l'inespéré*. Dans le développement, les chiffres entre parenthèses correspondent aux trois moments du don : la réception (1), l'appropriation (2) et la donation (3). Nous prenons de la distance à l'égard de l'*épochè* effectuée par Jean-Luc Marion dans *Étant donné*. Essai d'une phénoménologie de la donation, coll. « Épiméthée », Paris, p.u.f., 1997, § 8-11.

108 Cf. Paul RICŒUR, *Parcours de la reconnaissance. Trois études*, coll. « Les Essais », Paris, Stock, 2004, p. 319 s. ; Pascal IDE, *Puissance de la gratitude. Vers la vraie joie*, Paris, Éd. de l'Emmanuel, 2017.

109 Comment ne pas s'étonner que, dans cette somptueuse méditation qu'est *De la fatigue* (*op. cit.*), jamais ne soit évoqué l'univers lassé que, dans le siècle de la naissance de l'industrie, décrit le second principe de la thermodynamique (l'entropie) ?

110 Cf. Stanislas FUMET, *L'Impatience des limites. Petit traité du Firmament*, Lyon, Livre Français, 1942.

111 « On ne pense du pensé qu'après avoir pensé du pensable "bon pour exister". Le premier pensé c'est l'être indépendant de la pensée. Le *cogitatum* du premier *cogito* n'est pas *cogitatum*, mais *ens*. On ne mange pas du mangé, on mange du pain » (Jacques MARITAIN, *Les Degrés du savoir*, coll. « L'ordinaire », Paris, DDB, [8]1932, p. 209 : *OC*, tome 4 [1929-1932], p. 458).

112 Il faudrait ajouter deux figures importantes presque jamais citées par les phénoménologues français, Dietrich von Hildebrand et Karol Wojtyla.

113 Paul RICŒUR, « Sur la phénoménologie », *Esprit*, 21 (décembre 1953) n° 12, p. 821-839, repris dans *À l'école de la phénoménologie*, Paris, Vrin, 1986, p. 141.

114 « La vraie métaphysique de l'être n'a jamais eu la phénoménologie à laquelle elle avait droit, la phénoménologie moderne n'a pas la métaphysique qui peut seule la fonder et, en la fondant, la guider » (Étienne GILSON, *L'Être et l'essence*, coll. « Bibliothèque des textes philosophiques », Paris, Vrin, [3]2008, p. 22).

115 Cf., par exemple, Emmanuel GABELLIERI, par exemple : « De la métaphysique à la phénoménologie : une "relève" ? », *Revue philosophique de Louvain*, 94 (1996) n° 4, p. 625-645. Il est pour moi hautement signifiant que les deux grands saints philosophes du XXe siècle qu'étaient sainte Thérèse-Bénédicte de la Croix et saint Jean-Paul II aient, la première, éprouvé le besoin toujours plus grand d'emmembrer l'approche phénoménologique jamais reniée d'une approche métaphysique et, le second, accomplissant le cheminement inverse, ressenti la nécessité toujours pressante d'enrichir l'objectivité métaphysique de son « écho » intérieur phénoménologique.

116 Maurice BLONDEL, *L'Être et les êtres. Essai d'ontologie concrète et intégrale*, Paris, Alcan, 1935 ; Paris, P.U.F., [2]1963, p. 106.

117 Partant des *Recherches logiques*, en 1901, où la perspective est encore réaliste (le vécu subjectif intentionnel présente un mode d'être empirique), Jean-Fançois LAVIGNE observe : « La phénoménologie de Husserl a donc d'abord existé sous une forme non-transcendantale. Ce seul fait démontre qu'une phénoménologie non-transcendantale – et par conséquent, non idéaliste, ainsi qu'en général non subjectiviste – est possible. [...] Il reste évidemment toujours loisible de considérer la phénoménologie transcendantalisée des *Ideen* comme la seule "véritable" phénoménologie, ou la seule pensée de Husserl vraiment *aboutie*. On n'a pas à entrer ici dans un débat qui relève de la préférence personnelle. Aucun jugement de valeur sur tel ou tel état transitoire de la philosophie de Husserl ne peut rien changer à ce *fait*, que la version transcendantale de la phénoménologie n'est qu'un *produit de transformation tardif* de la psychologie descriptive ; et qu'à ce titre elle reste, en dépit de tout, et en dépit *surtout* de la réduction – qui n'y change rien – dans la dépendance ontologique *radicale* du subjectivisme psychologiste d'où elle est partie ; et donc elle n'est ainsi *jamais* parvenue à s'affranchir réellement » (Jean-Fançois LAVIGNE, *Husserl et la naissance de la phénoménologie (1900-1913). Des* Recherches logiques *aux* Ideen *: la genèse de l'idéalisme transcendantal phénoménologique*, coll. « Épimethée », Paris, P.U.F., 2005, p. 724, note 1. Souligné dans le texte).

118 Tout en demeurant phénoménologues, les philosophes du Cercle de Göttingen se sont inscrits dans le sillage des *Recherches logiques* et font donc partie de ce que l'on appelle parfois la « phénoménologie réaliste » (Bénédicte BOUILLOT, *Le Noyau de l'âme selon Edith Stein. De l'épochè phénoménologique à la nuit obscure*, coll. « De Visu », Paris, Hermann, 2015, p. 10). Cf., par exemple, Patricia

LIMIDO-HEULOT, *Roman Ingarden. La contoverse idéalisme-réalisme*, coll. « Textes & Commentaires », Paris, Vrin, 2001 ; Adolf REINACH, *Phénoménologie réaliste*, trad. sous la dir. de Dominique Pradelle, coll. « Bibliothèque des textes philosophiques », Paris, Vrin, 2012.

119 Martin HEIDEGGER, *Vom Wesen der Wahrheit. Zu Platons Höhlengleichnis* und *Theätet*, *Gesamstausgabe* 34, Frankfurt am Main, Viktor Klostmann, 1988, p. 64. Cité, ainsi que la référence suivante, par Jean-Yves LACOSTE (« Le monde et l'absence d'œuvre », *Le Monde et l'absence d'œuvre et autres études*, coll. « Épiméthée », Paris, P.U.F., 2000, p. 55-106, ici p. 106). Cet article propose un passionnant prolongement de la réflexion heideggérienne sur l'œuvre d'art comme cas suprême de la phénoménalité.

120 « La vérité est laide : nous avons l'art afin que la vérité ne nous tue pas » (Frédéric NIETZSCHE, *Fragments posthumes*, automne 1884-automne 1885, dans Œuvres philosophiques complètes, trad. Michel Haar et Marc de Launay, Paris, Gallimard, 1982, volume XIV, 16 [40]).

121 La beauté est au fond la vérité même de l'être, elle partage avec lui de se découvrir : « La vérité, c'est l'être à découvert de l'étant comme tel. La vérité est la vérité de l'être ». Or, récusant une réduction subjectiviste du beau, Heidegger estime que celui-ci « n'est pas seulement relatif au plaisir », mais « réside dans la forme ». Et il faut entendre la forme au sens plénier des Grecs : non pas l'extériorité accidentelle, mais le mode d'apparition, d'éclaircie de l'étant à partir de l'être. Voilà pourquoi « la beauté ne se rencontre pas à côté de cette vérité : car lorsque la vérité se met en l'œuvre, elle apparaît. C'est l'apparaître qui, en tant que cet être de la vérité à l'œuvre dans l'œuvre, est la beauté » (Martin HEIDEGGER, *Chemins qui ne mènent nulle part*, « L'origine de l'œuvre d'art », trad. Wolfgang Brokmeier, coll. « TEL », Paris, Gallimard, [2]1980, p. 13-98, ici p. 92). La beauté est donc constitutive de l'avènement (*Ereignis*) de la vérité, donc de l'Être. En ce sens, Heidegger dépasse les apories hégéliennes et restitue au beau, ainsi qu'à l'œuvre d'art sa pleine valeur de monstration, de donation.

122 Cf. Jean-Louis CHRÉTIEN, « La réserve de l'être », Michel HAAR (éd.), *Martin Heidegger*, coll. « Cahier de l'Herne », Paris, L'Herne, 1983, p. 233-260.

123 Martin HEIDEGGER, « L'origine de l'œuvre d'art », p. 70.

124 Cf. Hans Urs VON BALTHASAR, *La Gloire et la Croix. Les aspects esthétiques de la Révélation*. IV. *Le domaine de la métaphysique*. 3. *Les héritages*, p. 180-194 ; André LÉONARD, *Métaphysique de l'être. Essai de philosophie fondamentale*, coll. « La nuit surveillée », Paris, Le Cerf, 2006, p. 263-267.

125 Cf. aussi toute l'œuvre d'Emmanuel GABELLIERI, qui trouve son sommet (et un nouveau départ) dans *Le Phénomène et l'entre-deux. Pour une métaxologie*, coll. « De Visu », Paris, Hermann, 2020.

126 Assurément, toute l'œuvre de Maurice Blondel peut être considérée comme l'élaboration d'une « métaphysique à la seconde puissance » qui justifie « cette subsistance extérieure de la vérité intérieure à l'homme » (*L'Action*, 1893, réédité dans Maurice BLONDEL, *1893. Les deux thèses, in* Œuvres complètes, volume 1, Claude Troisfontaines [éd.], Paris, P.U.F., 1995, p. 464), autrement dit, comme le passage de la phénoménologie de l'action à l'ontologie (cf. la relecture convaincante qu'en donne Paul FAVRAUX, *Une philosophie du Médiateur : Maurice Blondel*, coll. « Le Sycomore », Paris, Lethielleux, Namur, Presses Universitaires de Namur, 1987, chapitre 3). Il demeure que Blondel n'a pas thématisé ce passage. Ensuite, le philosophe d'Aix n'a qu'ébauché une esthétique (cf. Sante BABOLIN, *L'Estetica di Maurice Blondel. Una scienza normativa della sensibilità con estratti dei manoscritti sull'estetica di M. Blondel*, coll. « Analecta Gregoriana. 195. Series Facultatis Philosophicæ : sectio B » n° 17, Roma, Università Gregoriana Editrice, 1974).

127 Pour le détail, cf. Pascal IDE, « La forme (animale) comme gratuite automanifestation. Adolf Portmann, Jacques Dewitte et quelques autres », *Revue des questions scientifiques*, 190 (2019) n° 3-4, p. 349-383.

128 Sur l'œuvre et la personnalité de Portmann, cf. Jacques DEWITTE, « Animalité et humanité : une comparaison fondamentale. Sur la démarche d'Adolf Portmann », *Revue européenne des sciences sociales*, 37 (1999) n° 115, p. 9-31.

129 Adolf PORTMANN, *Einführung in die vergleichende Morphologie der Wirbeltiere*, Basel, Benno Schwabe, 1948.

130 Cf. ID., *Die Tiergestalt*, Basel, Reinhardt, 1960.

131 Cf. ID., *La Forme animale*, trad. Georges Remy, Paris, Payot, 1961. Gravement fautive (par méconnaissance du vocabulaire précis, voire technique, employé par l'auteur), cette traduction est aujourd'hui heureusement remplacée par celle de Georges Remy révisée par Jacques Dewitte (Paris, Éd. La Bibliothèque, 2013).

132 *Ibid.*, p. 35-36.

133 *Ibid.*, p. 261.

134 Cf. ID., *Das Tier als soziales Wesen*, Frankfurt am Main, Suhrkamp, 1978, p. 356.

135 Cf. Dieter MAGNUS, « Experimentelle Untersuchung zur Bionomie und Ethologie des Kaisermantels *Argynnis paphia* L. (Lep. Nymph.). I. Über optische Auslöser von Antiegereaktionen und ihre Bedeutung für das Sichfinden der Geschlechter », *Zeitschrift für Tierpsychologie*, 15 (1958) n° 4, p. 397-426.

136 La première édition de *La forme animale* parlait de *Datstellungswert*, « valeur représentative ». La seconde édition précise le vocabulaire, ajoutant que le mouvement interne conduisait à la représentation, et parlera de *Selbstdarstellung*, ce que traduit rigoureusement le néologisme « autoreprésentation ».

137 Adolf PORTMANN, *La Forme animale*, p. 271-277.

138 *Ibid.*, p. 278.

139 Cf. Bertrand PRÉVOST, « L'élégance animale. Esthétique et zoologie selon Adolf Portmann », *Images Re-vues*, 6 | 2009, consulté le 30 septembre 2016 : *http://imagesrevues.revues.org/37* ; ID., « Les apparences inadressées. Usages de Portmann (doutes sur le spectateur) », *L'Adresse. XVIe colloque du Cicada*, éd. Bertrand Prévost et Bertrand Rougé, Pau, Presses Universitaire de Pau, 2011.

140 Bertrand PRÉVOST, « L'élégance animale », § 2.

141 Maurice MERLEAU-PONTY, « L'étude de l'apparence animale de Portmann », p. 246.

142 Un médiateur pourrait être le botaniste philosophe, disciple de Siewerth, Hans André qui propose une actualisation de la *Naturphilosophie* emmembrée d'une métaphysique de l'être (cf. la présentation suggestive de Gustav SIEWERTH, *La Philosophie de la vie de Hans André*, trad. Emmanuel Tourpe, introduction et commentaire de Pascal Ide, Paris, DDB, 2015, chapitre 12).

143 Pour l'analyse des trois transcendantaux, je me permets de renvoyer à Pascal IDE, *Être et mystère. La philosophie de Hans Urs von Balthasar*, coll. « Présences » n° 13, Namur, Culture et vérité, 1995, p. 61-68.

144 Cf. Hans Urs von BALTHASAR, *La Théologique*, I. *La vérité du monde*, trad. Camille Dumont, série « Ouvertures » n° 11, Namur, Culture et Vérité, 1994, « Note sur l'ensemble de l'œuvre », p. 6-7 ; cf. aussi, par la suite, p. 162, 175 s, 189, 260.

145 Je résume ici les développements des p. 226-234, en reprenant les divisions du texte.

146 *Ibid.*, p. 228.

147 Des trois propriétés traditionnelles de la beauté, intégrité, proportion et clarté, Balthasar fait donc converger les deux premières dans la *species* (la forme qui mesure) et garde la troisième qu'est le *lumen*.

148 Cf. par exemple Hans Urs von BALTHASAR, *La Gloire et la Croix. Les aspects esthétiques de la Révélation*, I. *Apparition*, trad. Robert Givord, coll. « Théologie » n° 61, Paris, Aubier, 1965, p. 395 s ; *Gloire. Une esthétique théologique*, I. *Voir la figure*, trad. Robert Givord revue par Éric Iborra, Paris, Association Saint-Jean, 2019, p. 474 s.

149 Cf. Pascal IDE, « *Bonum diffusivum sui* et *exitus-reditus* selon Balthasar. Une relecture à partir de l'amour de don », *Rivista di teologia di Lugano*, 18 (2013) n° 2, p. 167-186.

150 « L'amour se suffit à lui-même, il plaît par lui-même et pour lui-même. Il est à lui-même son mérite, il est à lui-même sa récompense. L'amour ne cherche hors de lui-même ni sa raison d'être ni son fruit : son fruit, c'est l'amour même. J'aime parce que j'aime. J'aime pour aimer » (s. Bernard DE CLAIRVAUX, *Sermon sur le* Cantique des Cantiques, 83, 4 : *Invités aux noces. Extraits des Sermons sur le* Cantique des Cantiques, trad. Pierre-Yves Émery, Paris, Desclée, 1979, p. 159).

151 *Ibid.*, p. 234.

152 Cf. Hans Urs von BALTHASAR, « Note sur l'ensemble de l'œuvre », *La Vérité du monde*, p. 17-20.

153 Cette tripartition n'est pas sans rappeler les trois moments de l'Esprit – subjectif, objectif et absolu – que distingue la dernière partie de *La Philosophie de l'Esprit* de Hegel. Toutefois, elle s'en démarque aussi radicalement, ainsi que l'a établi en détail Jean-Noël DOL, *L'Esprit de vérité et d'amour. La pneumatologie de Hans Urs von Balthasar*, coll. « Sed Contra », Paris, Lethielleux, 2016.

154 Hans Urs von BALTHASAR, *Épilogue* (1987), trad. Camille Dumont, série « Ouvertures » n° 20, Bruxelles, Culture et Vérité, 1997, p. 40-42.

155 Le beau se présente ensuite comme subjectif, c'est-à-dire chez le sujet humain qui accueille. Percevoir une chose belle, c'est en expérimenter l'unité et, dans un jugement, unifier son apparition avec la profondeur dont elle surgit. Or, cette unité s'opère chez le sujet connaissant non par l'imagination car l'image est sans profondeur, mais par l'intelligence qui seule prend en compte et la figure et la communication de la profondeur dans l'image (*Ibid.*, p. 42-46).

156 Nous avons développé ce point dans Pascal IDE, « Métaphysique de l'être comme amour. Quelques propositions synthétiques », *La Métaphysique*, numéro coordonné par Emmanuel Tourpe, *Recherches philosophiques*, 6

(2018) n° 1, p. 29-56, ici p. 40-46.

157 Hans Urs von BALTHASAR, *La Gloire et la Croix. Les aspects esthétiques de la Révélation*, IV. *Le domaine de la métaphysique*, 1. *Les fondations*, trad. Robert Givord et Henri Englemann, coll. « Théologie » n° 84, Paris, Aubier, 1981, p. 28.

158 C'est ce que Balthasar affirme à propos de l'image dans sa relation avec la profondeur qu'est l'essence : le « plan extérieur [l'image] est en quelque sorte chargé de tout le contenu significatif de la profondeur invisible, sans pour autant se briser ; tandis que le contenu du plan intérieur caché [l'essence] fait pression en quelque sorte vers l'extérieur, comme le mot "ex-pression" le dit si justement » (*La Vérité du monde*, p. 148).

159 Si Balthasar ne traite pas de la louange dans ces deux écrits philosophiques, en revanche, dans le dernier volume de *Herrlichkeit* consacré à la gloire divine, donc à la beauté divine dans le Nouveau Testament, toute la troisième partie est dédiée à la réponse humaine qu'est le *doxazein*, la glorification.

160 Cf. la remarquable thèse de Christine HOF, enfin publiée sous le titre : *Philosophie et kénose chez Simone Weil. De l'amour du monde à l'*Imitatio Christi, coll. « Ouverture philosophique », Paris, l'Harmattan, 2016.

161 Cf. les importants développements d'Emmanuel GABELLIERI, *Être et Don. Simone Weil et la philosophie*, coll. « Bibliothèque philosophique de Louvain » n° 57, Louvain-La-Neuve, Éd. de l'Institut supérieur de philosophie, Louvain-Paris, Peeters, 2003, p. 232-272 et p. 365-369.

162 Simone WEIL, *Leçons de philosophie de Simone Weil (Roanne 1933-1934)*, 3ème éd. par Anne Reynaud, Paris, Plon, 1989, p. 215.

163 Platon affirmait que « la beauté a eu cette prérogative de pouvoir être ce qui se manifeste avec le plus d'éclat et ce qui est le plus attire l'amour » (*Phèdre*, 250 d, *Œuvres complètes*, trad. Léon Robin, coll. « Bibliothèque de la Pléiade », Paris, Gallimard, 1950, 2 volumes, tome 2, p. 41).

164 Avant le grand œuvre de 1966, Maritain avait déjà traité de l'art à au moins quatre reprises : *Art et scolastique* ; *Frontières de la poésie et autres essais*, Paris, Rouart, 1935 ; *Quelques pages sur Léon Bloy*, Paris, L'Action du Livre, 1927 ; *Réponse à Jean Cocteau*.

165 Au nom de cet idéalisme que Maritain n'a cessé de combattre toute sa vie.

166 Sur ce point que Maritain n'a pas thématisé jusqu'au bout, cf. l'excellente thèse de philosophie de Pierre-Antoine BELLEY, *Connaître par le cœur. La connaissance par connaturalité dans les œuvres de Jacques Maritain*, coll. « Croire et savoir », Paris, Téqui, 2005. Cf. le résumé ID., « L'analogie de la connaissance

par connaturalité chez Jacques Maritain », *Acta Philosophica*, 11 (2002) n° 1, p. 93-120. L'auteur montre notamment que le trait commun à toutes les formes de connaissance par connaturalité décrites par Maritain est qu'elles procèdent de manière intentionnelle (il y va de l'essence du connaître), mais non conceptuelle.

167 *L'Intuition créatrice dans l'art et la poésie*, chapitre 1.

168 *Ibid.*, p. 30 : *OC*, tome 10, p. 146.

169 « Le lecteur me pardonnera la brève et plutôt refroidissante irruption de cette leçon de philosophie scolastique » (*Ibid.*, p. 90 : p. 225).

170 *Ibid.*, p. 100 : p. 235.

171 *Ibid.*, p. 86 et 87 : p. 220-221.

172 Maritain s'est toujours passionné pour la question de l'unité de la connaissance humaine et même de l'être humain, en-deçà de la diversité des facultés : « Les philosophies rationalistes posent toutes inévitablement un divorce mortel entre la connaissance et l'amour. L'existentialiste thomiste les accorde et les unit, et fonde l'amour sur l'intelligence et fortifie l'intelligence par l'amour [...] et par ce trait encore la pensée thomiste apparaît comme une pensée profondément humaine et véritablement humaniste, qui ne délivre pas seulement l'intelligence, mais la réconcilie avec le cœur, et nous réconcilie avec nous-mêmes » (*De Bergson à Saint Thomas*, Jacques et Raïssa MARITAIN, *OC*, tome 8 [1944-1946], 1989, p. 160). Lorenzo CANTÙ voit dans ce passage « un des sens (peut-être le plus authentique) de tout son travail philosophique » (« La conoscenza per connaturalità e il preconscio musicale di Maritain », *Otto/novocento*, 6 [1982], p. 65-76, ici p. 72). Proche : « Le fil conducteur pour rendre évident la récupération [*recupero*] de l'intégralité de la personne qui connaît, Maritain la trouve dans la thématique, à lui très chère, de la "connaissance par connaturalité". » (Piero CODA, « Percezione intellettuale dell'essere e percezione confusa di Dio nelle metafisica di Jacques Maritain », *Rivista di filosofia neoscolastica*, 73 [1981], p. 530-553, ici p. 536-537).

173 Cf. *ST*, Ia, q. 77, a. 4 et 6, cité par Jacques MARITAIN, *L'Intuition créatrice dans l'art et la poésie*, p. 98-99 : *OC*, tome 10, p. 233-234.

174 *Ibid.*, p. 103 : p. 239.

175 Elle n'est d'ailleurs nullement ignorée par Balthasar qui la détaille dans *Vérité du monde*, notamment en III.A : « Le monde des images ».

176 L'un des très rares ouvrages qui tente de conjuguer la double approche, métaphysique et phénoménologique, de la personne est celui, remarquable,

de Gustav SIEWERTH, *L'Homme et son corps*, trad. Robert Givord, Paris, Plon, 1957. Il comporte notamment un développement capital sur le *cœur*, « mystère suprême de l'être humain » (p. 123). Or, l'analyse se refuse à toute interprétation à partir des seules catégories scolastiques (cf. notamment le développement poétique subjuguant des p. 123-124). Ce livre pourrait servir de contrepoint à celui de Maritain.

177 Tel est le titre d'une sous-partie de *L'Intuition créatrice dans l'art et la poésie*, p. 288-292 : *OC*, tome 10, p. 474-478. Cf. tout le chapitre 8 : « L'intériorisation de la musique ».

178 *Ibid.*, p. 286 : *OC*, p. 472. On notera l'emploi du terme « cœur » qui ne recouvre pas celui d'âme, plus global.

179 Cf. *Ibid.*, chapitre 3, n. 8-9 (« La vie préconsciente de l'intellect ») : p. 222-227 et chapitre 4, n. 1-4 (« L'intuition créatrice et la connaissance poétique ») : p. 233-242, p. 88-103 : p. 222-239.

180 *Ibid.*, p. 287.

181 *Ibid.*, p. 290.

182 Jean RACINE, *Andromaque*, Acte I, scène 4, v. 264.

183 « Un grand défi qui se présente à nous au terme de ce millénaire est celui de savoir accomplir le passage [*transitum*], aussi nécessaire qu'urgent, *du phénomène au fondement* [*a phaenomeno ad fundamentum*] » (JEAN-PAUL II, Lettre encyclique *Fides et ratio* aux évêques de l'Église catholique sur les rapports entre la foi et la raison, 14 septembre 1998, n. 84, § 2).

184 Jacques MARITAIN, *L'Intuition créatrice dans l'art et la poésie*, p. 91 : *OC*, tome 10, p. 227.

185 *Ibid.*, p. 1 : p. 107.

186 *Ibid.*, p. 286 : p. 471.

187 ARISTOTE, *Physique*, livre II, 2, 194 a 21, trad. Henri Carteron, coll. des Universités de France, Paris, Les Belles Lettres, 1990, 2 volumes, tome 1, p. 63.

188 Jacques MARITAIN, *L'Intuition créatrice dans l'art et la poésie*, p. 116 : *OC*, tome 10, p. 257. Les deux aspects sont successivement développés p. 116-124 et p. 124-131 : p. 257-268 et 268-278.

189 Jean-Louis CHRÉTIEN, « Blessure », *Pour reprendre et perdre haleine. Dix brèves méditations*, Paris, Bayard, 2009, p. 191-211, ici p. 199.

190 Cf. Jacques MARITAIN, *L'Intuition créatrice dans l'art et la poésie*, p. 355-372 : *OC*, tome 10, p. 555-577.

191 *Ibid.*, p. 356. C'est moi qui souligne. « La subjectivité du poète [fut] blessée par cette femme, et éveillée par cette blessure à ses propres profondeurs et à toutes choses, dans la nuit transparente de la connaissance poétique. » (*Ibid.*, p. 369)

192 Cf., plus généralement, Pascal IDE, « La blessure intérieure dans l'œuvre de Jacques Maritain », Michel BRESSOLETTE et René MOUGEL (éds.), *Jacques Maritain face à la modernité. Enjeux d'une approche philosophique*, Colloque de Cerisy, Toulouse, Presses Universitaires du Mirail, 1995, p. 271-306.

193 Sur la blessure comme privation, cf. ID., *Connaître ses blessures*, Paris, l'Emmanuel, 2013, p. 37-42.

194 Ce fait, raconté par Maritain dans son ouvrage le *Docteur angélique*, n'est mentionné ni par James Athanasius WEISHEIPL (*Frère Thomas d'Aquin. Sa vie, sa pensée, ses œuvres*, trad. Christian Lotte et Joseph Hoffmann, coll. « Histoire », Paris, Le Cerf, 1993), ni par Jean-Pierre TORRELL (*Initiation à Saint Thomas d'Aquin*, coll. « Vestigia », Fribourg (Suisse), Éd. Universitaires et coll. « Philosophie médiévale », Paris, Le Cerf, 1993).

195 Jacques MARITAIN, *L'Intuition créatrice dans l'art et la poésie*, p. 357 et 358 : *OC*, tome 10, p. 559. Étienne Gilson confirme une partie de l'analyse de Maritain. Notamment contre le Père Mandonnet, le médiéviste défend l'existence historique de Béatrice. Surtout, il montre que c'est la frustration de l'amour encore plus que l'amour même, autrement dit la blessure, qui est la condition d'apparition de l'œuvre : « Une certaine émotion ou passion » est nécessaire à l'artiste, en particulier à Dante, « pour libérer sa puissance créatrice, et cet amour là n'est certes pas plus détaché de la chair que ne sont les autres, mais il n'est pas toujours nécessaire que des satisfactions charnelles l'accompagnent et il est souvent utile, pour que cet amour dure, qu'elles lui soient refusées ». (Étienne GILSON, *Dante et la philosophie*, coll. « Études de philosophie médiévale » n° 28, Paris, Vrin, ^{2}1953, p. 285 ; cf. aussi p. 70, n. 1) Bref, « moins charnelles, ces passions eussent été sans efficace ; satisfaites, elles se fussent éteintes » (*Ibid.*, p. 288).

196 L'on songe aussi à l'allégorie fameuse de L'Albatros que BAUDELAIRE compare au « Poète » : « Exilé sur le sol au milieu des huées, / Ses ailes de géant l'empêchent de marcher » (*Les Fleurs du mal*, dans *Œuvres complètes*, tome 1, p. 20).

197 Jacques MARITAIN, *L'Intuition créatrice dans l'art et la poésie*, p. 156 : *OC*, tome 10, p. 306. C'est moi qui souligne.

198 Cf. le subtil développement des p. 156-161 : p. 307-313.

199 Sur le sens de cette « imitation » dont « le mot » est « désespérément mauvais », cf. les heureuses mises au point, à propos de la peinture et des autres arts, « Les apparences naturelles et l'intuition créatrice » (*Ibid.*, p. 210-215 : p. 375-378).

200 Même ce que Vladimir JANKÉLÉVITCH appelle « apparence », où il lit l'essence de la virtuosité après en avoir recensé toutes les critiques (chapitre 4), semble recueillir en elle quelque chose d'une profondeur, sous la triple figure de la technicité, de la mobilité et de la temporalité, c'est-à-dire un « mystère » (chapitre 5) : « La virtuosité – écrit le philosophe au terme de son essai sur Franz Liszt – [...] rend sensible à tous dans sa fulguration le mystère de la merveille éteinte, de la merveille apparue et à jamais disparue » (*Liszt et la rhapsodie. Essai sur la virtuosité*, coll. « Agora », Paris, Plon, 1989, [2]2019, p. 159).

201 Et encore : « Confondre forme avec surface est absurde. La forme est essentielle et absolue ; elle vient des entrailles mêmes de l'idée » (Victor HUGO, « Utilité du Beau », dans *Proses philosophiques*, sur le site consulté le 6 février 2021 : *https://fr.wikisource.org/wiki/Proses_philosophiques*).

202 Cf. Pascal IDE, *Puissance de la gratitude. Vers la vraie joie*, Paris, Éd. de l'Emmanuel, 2017, chapitre 5.

203 François CHENG, *L'éternité n'est pas de trop*, Paris, Albin Michel, 2002, p. 100. C'est moi qui souligne. « Sauras-tu alors capter non seulement la beauté qui se montre en surface, mais ce qui jaillit de la racine, le désir même de beauté qui ne tarit jamais ? » (*Ibid.*, p. 145)

204 Cf. Pascal IDE, « Le démon. Doctrine commune de l'Église », *Combattre le démon. Histoire, théologie, pratique*, coll. « IUPG », Paris, Éd. de l'Emmanuel, 2011, p. 33-132, ici p. 93-98.

205 Je n'entre pas dans la question débattue de la causalité, psychologique, voire psychiatrique, éthique ou théologale, du narcissisme (cf. ID., *Manipulateurs. Les personnalités narcissiques : décrire, comprendre, agir*, Paris, Éd. de l'Emmanuel, 2016, p. 71-89, 121-128).

206 « Là, l'empereur du douloureux royaume / saillait hors de la glace à mi-poitrine » (DANTE, *Enfer*, chant XXXIV, v. 28-29, *Œuvres complètes*, trad. André Pézard, coll. « Bibliothèque de la Pléiade », Paris, Gallimard, 1965, p. 1107).

207 Georges BERNANOS, *Monsieur Ouine*, dans *Œuvres romanesques*, suivies de *Dialogue des carmélites*, Michel Estève éd., coll. « Bibliothèque de la Pléiade », Paris, Gallimard, 1961, p. 1555. On se souvient que, pour le romancier, la haine de soi est la signature du démon. C'est ainsi que Mouchette a ce mot terrible au Dr. Gallet : « Je sais que tu me hais... Moins que moi » (*Sous le soleil de Satan*,

p. 97). « Il est plus facile que l'on croit de se haïr » (*Le Journal d'un curé de campagne*, p. 1258).

208 « Vivre heureux consiste en une joie qui a sa source dans la vérité. » (SAINT AUGUSTIN, *Confessions*, livre X, XXIII, 33).

209 *ST*, IIa-IIæ, q. 28, a. 1.

210 Même si saint Thomas corrèle davantage le beau aux puissances cognitives, la raison d'abord, puis le sens « intelligencié », comme dit Maritain (cf. Francis KOVACH, *Die Ästhetik des Thomas von Aquin*, p. 232-256), il ne nie pas la thèse augustinienne (cf. par exemple *Confessions*, livre IV, XIII, 20), notamment dans son commentaire de Denys (*Espositio in librum Beati Dionysii de divinis nominibus*, Ceslas Pera éd., Torino-Roma, *Marietti*, 1950, chapitre 4, l. 5-8) ou ses citations ponctuelles, selon laquelle la beauté est objet d'amour (cf. « *Amor pulchritudinis* », Francis KOVACH, *Die Ästhetik des Thomas von Aquin*, p. 257-266).

211 Jacques MARITAIN, *L'Intuition créatrice dans l'art et la poésie*, p. 161 : *OC*, tome 10, p. 313.

212 Cf. le texte *princeps* de la *Q. D. De Veritate*, q. 1, a. 1.

213 Cf. Pascal IDE, *Introduction à la métaphysique*. I. *Vers les sommets*, coll. « Les cahiers de l'École cathédrale » n° 8, Paris, Mame, 1994, p. 128-136.

214 « L'amour [...] est le "transcendantal pur et simple" [*"Transzendentale schlechthin"*] qui embrasse la réalité de l'être, de la vérité et de la bonté » (Gustav SIEWERTH, *Metaphysik der Kindheit*, Einsiedeln, Johannes, 1957, p. 63).

215 Jacques MARITAIN, *L'Intuition créatrice dans l'art et la poésie*, p. 1 : *OC*, tome 10, p. 107.

216 Ces quatre définitions n'ont nullement la présomption d'entrer en rivalité avec les quatre approches proposées par Kant dans son analytique du beau rappelées ci-dessus. La convergence quantitative relève du *per accidens*.

217 Pas plus qu'il ne voulut se faire confectionner son propre blason, John Henry Newman, élevé en 1879 à la dignité cardinalice, ne formula pas une devise personnelle et choisit comme maxime *Cor ad cor loquitur*, persuadé qu'elle était tirée des Saintes Écritures ou de *L'Imitation de Jésus-Christ*, alors qu'elle se trouve dans une lettre de Saint François de Sales (il l'a d'ailleurs citée en 1855, lors d'une conférence sur la pastorale universitaire). Le bienheureux converti n'a jamais fourni une explication exacte de cette devise, bien qu'elle exprime un principe fondamental de la vocation chrétienne (informations sur le site

officiel : *http://www.newmanfriendsinternational.org/french/?p=29#_ftn1*). Benoît XVI ne s'y est pas trompé : « La devise du Cardinal Newman, *Cor ad cor loquitur*, ou "le cœur parle au cœur" nous donne une indication sur la manière dont il comprenait la vie chrétienne : un appel à la sainteté, expérimenté comme le désir profond du cœur humain d'entrer dans une intime communion avec le Cœur de Dieu » (*Homélie de la messe de la béatification*, Cofton Park de Rednal–Birmingham, dimanche 19 septembre 2010).

218 Cf., par exemple, Agnès Kim Mi-Jeung, *Péché et harmonie. Pour une théologie du péché dans le contexte confucéen*, coll. « Cogitatio fidei » n° 234, Paris, Le Cerf, 2003.

219 Cf. Hartmut Rosa, *Résonance. Une sociologie de la relation au monde*, trad. Sacha Zilberfarb et Sarah Raquillet, coll. « Théorie critique », Paris, La Découverte, 2018. Pour une première approche, cf. site pascalide.fr : « De l'aliénation actuelle à l'amour. Une autre lecture de la Théorie critique (l'École de Francfort) ». Cette résonance est implicitement évoquée par Sertillanges, à côté de l'habituelle référence à la jouissance, comme en étant sa source, lorsqu'il montre la transcendantalité de la beauté : celle-ci « exprime l'être en tant qu'il a rapport aux puissances connaissantes, mais non pas selon qu'elles connaissent simplement, ce qui appartient au vrai, mais selon qu'il éveille en elles, sous le contact idéal de la contemplation, une complaisance qui tient à ce que, d'une certaine manière, elles s'y retrouvent ». Et plus loin : « toute connaissance ayant lieu par assimilation à l'objet », lorsque l'âme « prend conscience de cette similitude, cette « rectitude [...] fait naître en la puissance qui contemple un sentiment spécial qu'on appelle le sentiment de la beauté » (Antonin-Dalmace Sertillanges, *La Philosophie de saint Thomas d'Aquin*, Paris, Aubier-Montaigne, 1940, 2 volumes, tome 1, p. 26-27). Notre analyse a notamment montré que cette expérience du beau n'a pas pour sujet la seule faculté cognitive.

220 Par exemple : Gaston Bachelard dans les concepts de « rythmanalyse » et de « temps vibré » (cf. *L'intuition de l'instant*, Paris, Stock, 1932, et *La dialectique de la durée*, Paris, P.U.F., 1936 ; cf. les développements chez Pierre Sauvanet et Jean-Jacques Wunenburger [éds.], *Rythmes et philosophie*, Journée d'étude, 7 avril 1994, Dijon, Paris, Kimé, 1996 ; André Robinet, « Rythme et durée », Coll., *Bachelard*. Colloque de Cerisy-la-Salle, juillet 1970. coll. « 10/18 » n° 858, Paris, U.G.E., 1974, p. 317-329) et le néopythagoricien Hans Kayser (cf., notamment, *Vom Klang der Welt. Ein Vortragszyklus zur Einführung in die Harmonik*, Zurich, Max Niehans, 1937 ; *Grundriss eines Systems der harmonikalen Wertformen*, Zurich, Max Niehans, 1938 ; *Akróasis. Die Lehre von der Harmonik der Welt*, Basel, Benno Schwabe, 1946 ; *Lehrbuch Der Harmonik*,

Basel, Benno Schwabe, 1950).

221 Même les spécialistes de Marcel Mauss ignorent souvent l'importance essentielle accordée par l'anthropologue français au concept, pour lui englobant, de rythme. Cf. les références dans Pascal MICHON, « Marcel Mauss et le rythme », Jacinto Lageira et Agnès Lontrade (éds.), *Esthétique du don. De Marcel Mauss aux arts contemporains*, coll. « Figures de l'art », *Revue d'études esthétiques*, 28 (2015), Pau, p. 269-282.

222 L'on pourrait encore une fois mobiliser la réflexion de Simone WEIL dont on sait parfois plus les affinités avec Platon qu'avec Pythagore (notamment dans le grand texte déjà cité de 1942, « Commentaires de textes pythagoriciens », *Intuitions pré-chrétiennes*, Paris, Fayard, 1985, p. 117-171, repris dans *Œuvres*, Florence de Lussy [éd.], coll. « Quarto », Paris, Gallimard, 1999, p. 593-627), qu'elle intègre toutefois dans une vision chrétienne puisqu'elle va jusqu'à affirmer que « la Croix est la vibration absolue » (cf. Emmanuel GABELLIERI, *Être et Don*, p. 271, 313-322, 331-332, 335-336). Ce dernier, que je remercie de ces suggestives réflexions sur la constante valeur de cette thématique pythagoricienne et de ses références, renvoie aussi à un article peu connu de Maurice Blondel : « La pérennité de la philosophie et le discernement progressif d'une constante et indispensable médiation », *Revue de métaphysique et de morale*, 47 (dernier n° de 1940, paru en 1942), p. 349-363.

223 Cf. Erich PRZYWARA, *Analogia entis. Metaphysik. Ur-Struktur und All-Rythmus, Schriften*, volume 3, Einsiedeln, Johannes Verlag, 1962 : *Analogia entis*, trad. Philibert Secrétan, coll. « Théologiques », Paris, P.U.F., 1990.

224 Ces propos, écrits en 2012, appellent deux types d'approfondissements. Les premiers sont proprement métaphysiques : que dit de la beauté l'amour qui est au cœur de l'être ? Sur cette dernière affirmation, cf. Pascal IDE, « L'être comme amour. Une triple figure de l'amour dans la *Trilogie* de Hans-Urs von Balthasar ? Propositions et prolongements », Didier GONNEAUD et Philippe CHARPENTIER DE BEAUVILLÉ (éds.), *Chrétiens dans la société actuelle.* L'apport de H.-U. von Balthasar pour le troisième millénaire, coll. « Méditer », Magny-les-Hameaux, Socéval Éd., 2006, p. 259-304 ; « Une métaphysique de l'être comme amour : relation ou substance ? », II, *Journées internationales Philosophie et culture. Fenomenologia i ontologia, avui : Esser, amor, do*, Barcelone, Université Ramon Llull, Faculté de philosophie, 9 mars 2011, *Comprendre. Revista catalana de filosofia*, 13 (2011) n° 2, p. 19-54 ; « L'être comme amour. Premières propositions autour de l'acte et de la puissance », Blandine LAGRUT et Étienne VETÖ (éds.), *La Vérité dans ses éclats. Foi et raison*, Paris, Ad Solem, 2014, p. 297-323 ; « "L'amour est l'acte suprême de l'être". La philosophie de Hans-Urs von Balthasar : réception et chantiers »,

Nouvelles lectures de l'œuvre de Hans Urs von Balthasar, Transversalités, 144 (janvier-mars 2017), p. 95-128 ; « Métaphysique de l'être comme amour. Quelques propositions synthétiques », *La Métaphysique,* numéro coordonné par Emmanuel Tourpe, *Recherches philosophiques,* 6 (2018) n° 1, p. 29-56 ; « Lumière, être et amour », *Nouvelle revue théologique,* 140 (2018) n° 3, p. 436-452 ; « Prolégomènes à une métaphysique de l'amour. Sources et ressources », Séminaire aux Doctorands dans le cadre de l'axe de recherches Métaphysique et Anthropologie à l'Institut Catholique de Toulouse, Faculté de philosophie, Institut catholique de Toulouse, 12 octobre 2017, *Recherches philosophiques,* à paraître ; « Immanence et transcendance. Une relecture de l'articulation Cause première-causes secondes à la lumière de l'être comme amour-don », *Connaître. Cahiers de l'Association Foi et Culture Scientifique,* 52 (novembre 2019), p. 15-28 ; « L'être comme amour selon Ferdinand Ulrich », *Nova et Vetera,* 95 (2020) n° 3, p. 301-315. Les seconds développements concernent la dynamique même de l'amour. Nous avons convoqué ci-dessus la dynamique ternaire du don personnel. Elle doit désormais être complétée par la dynamique quaternaire du don interpersonnel (cf. Pascal IDE, Bénédite de PEYRELONGUE, Anouk GRÉVIN et Jean-Dider MONNEYRON, *Recevoir pour donner,* Paris, Nouvelle Cité, 2021) et la dynamique trinitaire du don communionnel (cf. la pneumatologie à venir).

225 Cf. Maurice BLONDEL, *L'Action. Essai d'une critique de la vie et d'une science de la pratique,* dans *Œuvres complètes,* volume 1, *1893. Les deux thèses,* Claude Troisfontaines éd., Paris, P.U.F., 1995, p. 464 ; *Une énigme historique. Le « Vinculum Substantiale » d'après Leibniz et l'ébauche d'un réalisme supérieur,* Paris, Beauchesne, [2]1930, p. 69 et 75.

226 Cf. ID., « Principe élémentaire d'une logique de la vie morale », *in* Œuvres complètes, tome 2, *1888-1913. La philosophe de l'action et la crise moderniste,* Claude Troisfontaines éd., Paris, P.U.F., 1997, p. 367-386. Cf. la première ébauche de 1894 : « Ébauche de logique générale. Essai de Canonique générale », inédit publié avec une brève introduction par Jean TROUILLARD, *Revue de métaphysique et de morale,* 65 (1960) n° 1, p. 7-18.

227 Deux expressions qui, quoiqu'empruntées au Magistère récent, relèvent de la seule rationalité philosophique, pourraient prolonger le débat. La première est une phrase de Jean-Paul II appelée à une fortune méritée : « Un grand défi qui se présente à nous au terme de ce millénaire est celui de savoir accomplir le passage, aussi nécessaire qu'urgent, *du phénomène au fondement* [*transitum* [...] a phaenomeno ad fundamentum] » (Lettre encyclique *Fides et ratio* aux évêques de l'Église catholique sur les rapports entre la foi et la raison, 14 septembre 1998, n° 83. Souligné dans le texte). Le terme le plus important

est peut-être « passage ». En effet, ce transit refuse l'opposition létale de l'apparition et du fondement, ni ne sacrifie l'un des deux termes en présence, mais les unit en une dynamique autant métaphysique qu'épiphanique. Or, c'est le propre de la vibration que de tenir ensemble et dynamiquement les termes qu'il unit, d'être une sorte de médiation intime entre les principes ontologiques tout en ouvrant l'être, en amont à son origine et en aval au geste ou à l'opération qu'elle ébauche. En ce sens, la vibration épouse la dynamique du don. L'autre formule, tout aussi suggestive et encore plus récente, se trouve sous la plume de Benoît XVI : « La vérité est *logos qui crée [efficit] un dia-logos* » (Lettre encyclique *Caritas in veritate* sur le développement humain intégral dans la charité et la vérité, 29 juin 2009, n° 4. Souligné dans le texte). Si l'on file l'étymologie, le *logos* de la chose belle suscitant le *dia-logos* de l'esprit lui répondant eu-charistiquement requiert l'unité d'une concorde, d'un syl-logisme. Or, celui-ci ne peut se comprendre seulement à partir de la logique abstraite d'Aristote ou de la dialectique de Hegel, mais de la dia-logique l'amour : *caritas in veritate*.

228 Pierre GARDEIL, « La visitation de l'abîme », *Nouvelle revue théologique*, 115 (1993) n° 4, p. 716-729, ici p. 720.

229 « *Vera pulchritudo est amor Dei* » (BENOÎT XVI, Exhortation apostolique post-synodale *Sacramentum caritatis*, sur l'Eucharistie comme source et sommet de la vie et de la mission de l'Église, 22 février 2007, n. 35, § 1).

230 PSEUDO-DENYS L'ARÉOPAGITE, *La Théologie mystique*, chapitre 1, § 1, dans *Les Noms divins* (chapitres 5-8). *La Théologie mystique*, éd. Ysabel de Andia, coll. « Sources chrétiennes » n° 579, Paris, Le Cerf, 2016, p. 291-293.

231 Cf. Hans Urs VON BALTHASAR, *La Gloire et la Croix. Les aspects esthétiques de la Révélation*, II. *Styles*, 1. *D'Irénée à Dante*, et 2. *De Jean de la Croix à Péguy*, trad. Robert Givord et Hélène Bourboulon, coll. « Théologie » n° 74 et 81, Paris, Aubier, 1968 et 1972.

232 Les deux volumes allemands s'intitulent respectivement *Klerikale Stile* et *Laikale Stile* – titulature qui disparaît dans la traduction française.

233 Cf. le remarquable ouvrage déjà cité de Jean-Michel FONTANIER, *La Beauté selon saint Augustin. Pour une première présentation*, cf. Italo SCIUTO, art. « Beauté », Allan D. FITZGERALD et Marie-Anne VANNIER (éds.), *Saint Augustin. La Méditerranée et l'Europe IVe-XXIe siècle*, Paris, Le Cerf, 2005, p. 146-150. Bibliographie *in situ*.

234 Saint AUGUSTIN, *Confessions*, livre III, VI, 10.

235 Nous étudierons plus loin l'épisode de la Transfiguration.

236 La consultation des dictionnaires montre que la beauté n'est pas attribuée à Dieu même : Paul RENARD, « Beauté », *Dictionnaire de la Bible*, Paris, Letouzey & Ané, tome 1, 1895, c. 1532-1534 ; l'entrée a disparu dans le *Supplément au Dictionnaire de la Bible* ; Gwynne HENTON-DAVIES, « Beauty », *The Interpreters Dictionary of the Bible. An Illustrated Encyclopedia*, Nashville-New York, Abingdon Press, volume 1, 1962, p. 371-372 ; W. GRUNDMANN, « *Kalos* », Gerhard KITTEL (éd.), *Theologisches Wörterbruch zum Neuen Testament*, Stuttgart, Kohlhammer, 1938, tome 3, p. 539-548, ici p. 545-552 ; Hermer J. RINGGREN, « *yafah* », Gerhard Johannes BOTTERWECK & Helmer J. RINGGREN (éd.), *Theologisches Wörterbruch zum Alten Testament*, Stuttgart, Kohlhammer, tome 3, 1982, col. 787-790 ; K.-M. BEYSE, « *na'aweh* », *Ibid.*, tome 5, 1986, col. 117-119. Il en est de même de quelques théologiens de l'Ancien Testament (cf. par exemple Gehrard VON RAD, *Theologie des Alten Testament*, Munich, Kaiser, 2 volumes, tome 1, 1957, p. 361-363).

237 L'Écriture affirme aussi que *tov* est le Nom de Dieu (cf. Ps 52, 11 ; 54,8) ou *tov* est son amour (*Hessed*) (cf. Ps 63,4 ; 69, 17 ; 109, 21).

238 Cf. CONCILE ŒCUMÉNIQUE VATICAN II, Décret *Optatam totius* sur la formation des prêtres, 28 octobre 1965, n. 16, § 2 ; BENOÎT XVI, Exhortation apostolique post-synodale *Verbum Domini*, sur la Parole de Dieu dans la vie et dans la mission de l'Église, 30 septembre 2010, n. 31.

239 Karl BARTH, *Dogmatique*. II. « La doctrine de Dieu ». 1/2, § 31.3, trad. Fernand Ryser, sous la dir. de Jacques de Senarclens, Genève, Labor et Fides, 26 volumes, tome 7, 1957, p. 409.

240 Cf. PLATON, *Phèdre*, 246 d ; Plotin, *Ennéades*, V, 8, 3 ; PORPHYRE, *Ad Marcellam*, 9 ; JAMBLIQUE, *De mysteriis*, 2, 4 ; APULÉE, *De mundo*, 31, 359.

241 Sur le discours de Diotime (PLATON, *Banquet*, 210 a – 212 c), cf. Hilary ARMSTRONG, « The Divine Enhancement of Harthly Beauties : the Hellenic and Platonic Tradition », *Eranos Jahrbuch*, 53 (1984), p. 69-70.

242 Cf. Léon ROBIN, *La Théorie platonicienne de l'amour*, Paris, Félix Alcan, 1933, p. 183 s.

243 PLOTIN, *Ennéades*, VI, 7, 32, l. 29 : Traité 38. *Comment la multiplicité des idées s'est établie et sur le Bien*, trad. Francesco Fronterotta, dans *Traités 38-41*, coll. « GF », Paris, Flammarion, 2007, p. 93. Cf. Suzanne STERN-GILLET, « Le principe du Beau chez Plotin : réflexions sur *Enneas* VI, 7, 32 et 33 », *Phronesis*, 45 (2000) n° 1, p. 38-63 ; Leo SWEENEY, « Another interpretation of *Enneads* VI, 7, 32 », *Modern Schoolman*, 38 (1960-1961), p. 289-303.

244 *Ibid.*, V, 5, 12, l. 18, p. 159.

245 *Ibid.*, I, 6, 9, l. 39-42 : Traité 1. *Sur le beau*, trad. Jérôme Laurent, *Traités 1-6*, coll. « GF », Paris, Flammarion, 2002, p. 80.

246 Cf. Jean-Louis CHRÉTIEN, « Le Bien donne ce qu'il n'a pas », *La Voix nue. Phénoménologie de la promesse*, coll. « Philosophie », Paris, Minuit, 1990, p. 259-274.

247 PLOTIN, *Ennéades*, VI, 7, 17, l. 3, p. 69.

248 Cf. Étienne GILSON, *L'Être et l'essence*, coll. « Bibliothèque des textes philosophiques », Paris, Vrin, [2]1962, p. 45.

249 PLOTIN, *Ennéades*, VI, 7, 17, l. 18, p. 70.

250 Cf. *Ibid.*, I, 6, 9 ; V, 5, 12 ; V, 8, 8 ; VI, 8, 18 ; VI, 9, 4.

251 « *Deus bonum et pulchrum, in quo et a quo et per quem bona et pulchra sunt, quae bona et pulchra sunt omnia* » (*Soliloquiorum libri duo*, livre I, 1, 3 : PL 32, 870). « *Quia omne pulchrum a summa pulchritudine est, quod est Deus, temporalis autem pulchritudo rebus decedentibus succedentibusque peragitur* » (*De div. Quæst.* 83, 44 : PL 40, 28).

252 Cf. HILAIRE DE POITIERS, *De Trinitate*, livre II, 1.

253 Saint AUGUSTIN, *De Trinitate*, livre VI, 10, 11.

254 Cf. Saint AUGUSTIN, *In Iohann. Ev.*, 39, 7.

255 Cf. Saint BASILE DE CÉSARÉE, *Epistolae* 38, 8 : *PG* 32, 340 ; Saint GRÉGOIRE DE NYSSE, *Contra Eunomium* I, 1 : *PG* 29, 497-501 (*Contre Eunome I*, trad. Bernard Sesboüé, coll. « Sources chrétiennes » n° 299, Paris, Le Cerf, 1982, p. 141-147).

256 Saint CYRILLE D'ALEXANDRIE, *De Trinitate*, livre III, 491 c-d, *Dialogues sur la Trinité*, tome 2 : « Dialogues III, IV et V », trad. et éd. Georges Matthieu de Durand, coll. « Sources chrétiennes » n° 237, Paris, Le Cerf, 1977, p. 99. L'on trouve la double orthographe *kalos* et *kallos*.

257 Cf. la synthèse de Thierry-Dominique HUMBRECHT, *Théologie négative et noms divins chez saint Thomas d'Aquin*, coll. « Bibliothèque thomiste » n° LVII, Paris, Vrin, 2005, p. 442-444. Je ne la suis que partiellement.

258 Saint THOMAS D'AQUIN, *In librum Beati Dionysii de Divinis nominibus expositio*, chapitre 4, l. 5, n. 347, p. 114.

259 *Ibid.*

260 *Ibid.*, n. 349, p. 114 et 115.

261 *Ibid.*

262 *Ibid.*, l. 6, n. 360.

263 Pour en rester à la *Summa theologiæ, Ia pars* : l'unité (q. 3), la bonté (q. 5-6), la vérité (q. 16).

264 Cf. Saint HILAIRE DE POITIERS, *De Trinitate*, livre II, *PL* 10, 51.

265 *ST*, Ia, q. 39, a. 8, c.

266 Cf. Emilio BRITO, *Dieu et l'être d'après Thomas d'Aquin et Hegel*, coll. « Théologiques », Paris, P.U.F., 1991, postlude, p. 361-379.

267 Cf. Maurice CORVEZ, « La quatrième voie vers l'existence de Dieu selon saint Thomas », *Nouvelle revue théologique*, 103 (1981) n° 3, p. 375-384, ici p. 379-380.

268 Cf. Umberto ECO, *Il problema estetico in Tommaso d'Aquino*, Milan, Bompiani, [2]1970 : *Le problème esthétique chez Thomas d'Aquin*, trad. M. Javion, coll. « Formes sémiotiques », Paris, P.U.F., 1993.

269 Cf. Étienne GILSON, *Les Arts du beau*, coll. « Essais d'art et de philosophie », Paris, Vrin, 1963, chapitre 2, p. 34-53.

270 Cf. Thomas de KONINCK, « Pour l'amour de la beauté », *Communio*, 7 (1982) n° 6, p. 31-40.

271 Cf. Louis LACHANCE, *L'Être et ses propriétés*, Montréal, Lévrier, 1950, p. 234.

272 Propos non publié, rapporté en cours.

273 Cf. Jean-Baptiste LOTZ, *Ontologia*, Barcelona, Herder, 1962/1963, p. 157.

274 Cf. André MARC, *Dialectique de l'affirmation. Essai de métaphysique réflexive*, coll. « Museum Lessianum » n° 36, Paris, DDB, 1952, p. 238.

275 Cf. Jacques MARITAIN, *Art et scolastique*, Paris, Rouart, 1935, note 66, p. 224-226 : *OC*, tome 1, p. 746-747 ; *Sept leçons sur l'être et les premiers principes de la raison spéculative*, Paris, Téqui, 1994, p. 77-78 : *OC*, tome 5 (1932-1935), 1982, p. 595-597 ; *L'Intuition créatrice dans l'art et la poésie*, Paris, DDB, 1966, p. 149-156 : *OC*, tome 10, p. 297-307. Cf. Yves FLOUCAT, « Sagesse du Beau. En relisant Jacques Maritain », *Revue thomiste*, 88 (1988) n° 3, p. 377-392.

276 Cf. Dom Henri POUILLON, « La beauté, propriété transcendantale chez les scolastiques », *Archives d'Histoire Doctrinale et Littéraire du Moyen-Age*, 15 (1946), p. 263-329.

277 Cf. Heinz-R. SCHMITT, « Le mystère de ce qui est est un mystère de beauté », *Nova et Vetera*, 53 (1978) n° 1, p. 37-55, surtout p. 46-48.

278 Cf. Antonin-Dalmace SERTILLANGES, *La Philosophie de saint Thomas d'Aquin*, Paris, Aubier-Montaigne, 1940, 2 volumes, tome 1, p. 26-27. Développement identique dans ID., *Saint Thomas d'Aquin*, coll. « Les grands philosophes », Paris, Alcan, 1912, tome 1, p. 30.

279 Cf. Pedro DESCOQS, *Institutiones metaphysicæ generalis, Eléments d'Ontologie*. Tomus primus. *Introductio et metaphysica de ente in commun*, Paris, Beauchesne, 1925, p. 319.

280 Cf. Iosephus GREDT, *Elementa philosophiæ aristotelico-thomisticæ*, Barcelone, Herder, 1971.

281 Cf. Jean-Daniel LALLEMANT, *Cours de Métaphysique*, 2ème année, Paris, Institut Catholique de Paris, 1945-1946, polycopié non publié, p. 64 s, 71-72.

282 Cf. Paul-Bernard GRENET, *Ontologie. Analyse spectrale de la réalité*, coll. « Cours de philosophie thomiste », Paris, Beauchesne, 1949, p. 168-180.

283 Cf. Marc DE MUNNYNCK, « L'esthétique de saint Thomas d'Aquin », *San Tommaso d'Aquino*, coll. « Publicazione della Facoltà di Filosofia dell'Università del Sacro Cuore », Milan, Vita e Pensiero, 1923, p. 234-239.

284 Cf. Marie-Dominique PHILIPPE, « Détermination philosophique de la notion du Beau », *Studia Philosophica*, 15 (1955), p. 133-152 ; *L'Activité artistique*. Philosophie du faire, coll. « ULSH », Paris, Beauchesne, 1970, 2 volumes, tome 2, p. 197-301.

285 Cf. Alejandro ROLDAN, *Metafisica del sentimiento. Ensayo de psicologia afectiva. Aplicaciones a la ontologia y axiologia*, Madrid, Instituto « Luis Vives », 1956, p. 274-281.

286 PLATON, *Théétète*, 185-186. Cf. John WILD, *Plato's Theory of Man*, Cambridge, Harvard University Press, 1946, p. 260.

287 Cf. Umberto ECO, *Le Problème esthétique chez Thomas d'Aquin*, p. 60-61.

288 Alfred de Vigny, *La Maison du berger*, III, dans *Œuvres complètes*, I. *Poésie, Théâtre*, éd. François Germain et André Jarry, coll. « Bibliothèque de la Pléiade », Paris, Gallimard, 1986, p. 128.

289 Emilio BRITO, *Dieu et l'être d'après Thomas d'Aquin et Hegel*, n. 110, p. 379. La première raison qui semble osciller entre le Père et le Fils m'a paru confuse.

290 Hans-Urs von BALTHASAR, *La Gloire et la Croix. Les aspects esthétiques de la Révélation*, I. *Apparition*, p. 518 ; *Gloire. Une esthétique théologique*. I. *Voir la figure*, p. 619.

291 Cf. André-Marie JERUMANIS, « La beauté du Père dans la théologie de Hans-Urs von Balthasar », *Rivista di Teologia di Lugano*, 3 (1999), p. 357-380 ; ID., *L'Homme, splendeur de la gloire de Dieu*. Les fondements esthétiques de la morale chrétienne selon saint Paul, saint Augustin et H.-U. von Balthasar, Diss., Roma, Academia Alfonsiana, 1998.

292 Cf., notamment, Hans Urs VON BALTHASAR, *La Dramatique divine*, III. *L'action*, trad. Robert Givord et Camille Dumont, série « Ouvertures » n° 6, Namur, Culture et Vérité, 1990, p. 295-304.

293 Cf. Hans-Urs von BALTHASAR, *Épilogue*, p. 44-46.

294 *Ibid.*, p. 70.

295 Telle est l'intention de son fondateur, Luther. Déjà, il s'opposait à ce qui, dans le catholicisme était édulcoration esthétique. Surtout, au nom de la libre souveraineté de Dieu créateur et sauveur, le Réformateur se refuse à toute analogie entre Dieu et l'homme ; plus encore, Dieu n'apparaît que *sub contrariis*, donc dialectiquement ; enfin, il se donne dans l'intériorité de la foi. Or, l'esthétique théologique demande que Dieu s'extériorise dans une figure finie qui l'exprime. Luther désesthétise donc radicalement la théologie (cf. Hans-Urs von BALTHASAR, *La Gloire et la Croix. Les aspects esthétiques de la Révélation*, I. *Apparition*, p. 38-41 ; *Gloire. Une esthétique théologique*, I. *Voir la figure*, p.43-46.

296 Hans-Urs von BALTHASAR, *Gloire. Une esthétique théologique*. I. *Voir la figure*, p. 58-63 ; *Gloire. Une esthétique théologique*. I. *Voir la figure*, p. 67-74. En regard, comme l'attestent les théologiens qui ont exercé une influence, la science sacrée trouve son centre non pas dans les méthodes scientifiques (qu'elle peut et doit intégrer), mais dans la puissance de l'Esprit (*Ibid.*, p. 64-65 ; p. 74-76).

297 Cf. Karl BARTH, *Dogmatique*, II. *La doctrine de Dieu*, 1/2, § 31.3, p. 406-422.

298 Cette distinction entre les deux pôles, objectif et subjectif, n'est pas explicitée par Barth, mais il l'emploie dans son développement à propos de la gloire de Dieu, distinguant la joie (mais aussi la crainte) qui sont « un phénomène subjectif » et ce qu'elle est « objectivement », c'est-à-dire « sa grâce, sa miséricorde, sa patience » (*Ibid.*, p. 409).

299 *Ibid.*, p. 406 et 408.

300 Cf., respectivement, *Ibid.*, p. 413-415, 415-419 et 419-420.

301 *Ibid.*, p. 414.

302 *Ibid.*, p. 408.

303 *Ibid.*

304 Friedrich NIETZSCHE, *La Naissance de la tragédie. Essai d'autocritique*, 5, *in* Œuvres philosophiques complètes, 1 : « La naissance de la tragédie et Fragments posthumes (Automne 1869 – Printemps 1872) », trad. Michel Haar *et al.*, Paris, Gallimard, 1977, p. 31. Souligné dans le texte.

305 Ernest RENAN, *Histoire des origines du christianisme. Marc-Aurèle et la fin du monde antique*, Paris, Librairie Calman-Lévy, 1882, p. 554, coll. « Le livre de poche » n°4015, Paris, Librairie Générale Française, 1984, p. 303. Cf. p. 303-306.

306 Ivan GOBRY, *Le sens de la beauté*, coll. « Contretemps », Paris, La Table Ronde, 2003, p. 73.

307 Jean-Pierre CHANGEUX et Paul RICŒUR, *Ce qui nous fait penser. La nature et la règle*, Paris, Odile Jacob, 1998, p. 344.

308 Cf. Pascal BRUCKNER, *L'Euphorie perpétuelle. Essai sur le devoir de bonheur*, Paris, Grasset, 2000 ; Gilles LIPOVETSKI, *Le Bonheur paradoxal. Essai sur la société d'hyperconsommation*, Paris, Gallimard, 2006 ; Christophe ANDRÉ, *Les États d'âme. Un apprentissage de la sérénité*, Paris, Odile Jacob, 2009, chapitre 13 : « Guérir de la maladie matérialiste ».

309 En réalité, on pourrait se demander si la carence ne touche pas aussi l'amour. En effet, la nouveauté de l'amour chrétien consiste en ce qu'il est don de soi (cf. notamment le lien opéré en Jn 15,13) ; or, traditionnellement, l'amour est défini comme inclination vers le bien (cf., par exemple, *ST*, Ia-IIæ, q. 26). Mais les deux conceptions ne se superposent pas. Cf., à ce sujet, Pascal IDE, « L'être comme amour. Premières propositions autour de l'acte et de la puissance », Blandine Lagrut et Étienne Vetö (éds.), *La Vérité dans ses éclats. Foi et raison*, Colloque de la Communauté du Chemin Neuf, Paris, Parole et Silence, 2014, p. 297-323.

310 La note 4 de la lettre du pape ajoute : « La traduction grecque des Septante a bien exprimé cet aspect, en rendant le terme *t(o-)b* (bon) du texte hébraïque par *kalon* (beau) ».

311 JEAN-PAUL II, *Lettre aux artistes*, 4 avril 1999, n. 3.

312 *DS*, n. 806.

313 CONCILE ŒCUMÉNIQUE VATICAN II, Constitution dogmatique *Dei verbum* sur la Révélation divine, 18 novembre 1965, n. 8, § 2.

314 TERTULLIEN, *Contre Marcion*, livre II, 4.

315 Saint Augustin, *De divinis Quæst.* 83, q. 23. Si saint Thomas reprend la formule de saint Augustin (*Q. D. De Potentia*, q. 6, a. 6, ad 4um), il précise le platonisme de cette doctrine en enrichissant la cause exemplaire des causes efficiente (Dieu est source efficiente créatrice) et finale (Dieu est finalité de toute la création).

316 Saint Isaac le Syrien, *Œuvres spirituelles*, trad. Maurice Solovine, Paris, DDB, 1981, p. 179.

317 Saint Hilaire de Poitiers, *De Trinitate*, livre I, 7, *PL* 10, 30.

318 Sainte Thérèse de l'Enfant-Jésus et de la Sainte-Face, *Prières*, 16, 3, *Œuvres complètes*, Paris, Le Cerf, 1992, p. 972. Cf. « Le Divin Petit Mendiant de Noël demandant l'aumône aux Carmélites », Récréation pieuse de 1895, *Ibid.*, p. 881 : « Un miroir ».

319 Cf. Éloi Leclerc, *Le Cantique des créatures. Une lecture de Saint François d'Assise*, Paris, DDB, [2]1988.

320 Saint Bonaventure, *Legenda major*, 9, 1, dans Saint François d'Assise, *Documents. Écrits et premières biographies*, Théophile Desbonnets et Damien Vorreux éds., Paris, Éd. Franciscaines, [2]1968, p. 663-664.

321 Cf. première partie : « La triple apparition de la beauté ». Nous y montrons notamment, à la suite de Jean-Louis Chrétien, que le beau s'éprouve dans l'expérience de la louange – « *Le seul accès phénoménologique au don est dans le merci, comme le seul accès à la beauté est dans la louange* » (Jean-Louis Chrétien, *La Joie spacieuse*, p. 249. Souligné dans le texte) – et de la louange chorale (cf. notamment l'ouvrage déjà cité *L'Effroi du beau*). Dans cet article, nous avons montré que Chrétien ajoute deux autres notes révélatrices du beau : la blessure et la figure (l'apparition). Mais il est exclu de les attribuer à Dieu : la première, parce qu'elle évoque un manque, la seconde parce qu'elle évoque une extériorité, voire une visibilité.

322 Saint Bonaventure, *Breviloquium*, II, 11, 2, p. 119.

323 Le Magistère confirme cette *via pulchritudinis* : nous avons déjà cité la lettre de Jean-Paul II aux artistes. Cf. aussi Conseil Pontifical de la Culture, *La Beauté, un itinéraire vers Dieu*, Paris, Salvator, 2006 ; Pontificio Consiglio per i Laici, *La Bellezza di essere cristiani. I movimenti della Chiesa*, Città del Vaticano, Libreria Editrice Vaticana, 2007.

324 Sur ces trois connexions, cf. Frère Éric Bidot, *La Création retrouvée. L'écologie selon saint François*, Paris, Éd. de l'Emmanuel, 2021.

325 Au début de la *Somme de théologie*, saint Thomas distingue cinq voies pour accéder à « celui que tout le monde appelle Dieu » (*ST*, Ia, q. 2, a. 3, c.). La quatrième (*quarta via*), la plus platonicienne de toutes, se fonde sur les degrés d'être.

326 René DESCARTES, *Œuvres et lettres*, André Bridoux éd., coll. « Bibliothèque de la Pléiade », Paris, Gallimard, 1953, p. 300.

327 Simone WEIL, *Intuitions pré-chrétiennes*, Paris, La Colombe, 1951, p. 37-39.

328 Pour le romancier russe, Dieu se donne et se rencontre dans la nature, à celui dont le regard est limpide : « Le ciel est clair, dit le starets Zosime, l'air pur, l'herbe tendre, les oiseaux chantent dans la nature magnifique et innocente : seuls, nous autres, impies et stupides, nous n'aurions qu'à vouloir le comprendre pour le voir apparaître dans toute sa beauté, et nous éteindrions en pleurant » (Fedor DOSTOÏEVSKI, *Les Frères Karamazov*, IIème partie, livre VI, II, c, p. 322. Une note de Pierre Pascal remarque que cette célébration tout à la fois cosmique et théologique s'inscrit dans la continuité de la tradition des *Récits d'un pèlerin russe* (*Ibid.*, p. 1112).

329 Fedor DOSTOÏEVSKI, *L'Adolescent - Les nuits blanches - Le sous-sol - Le joueur - L'éternel mari*, trad. Pierre Pascal *et al.*, coll. « Bibliothèque de la Pléiade », Paris, Gallimard, 1956, p. 389.

330 Olivier CLÉMENT, *L'Autre soleil. Quelques notes d'autobiographie spirituelle*, Paris, Stock, 1975, p. 10.

331 Cf. PSEUDO-DENYS, *Les Noms divins*, chapitre 4, § 7, dans *Les Noms divins* (chapitres 1-4), éd. Ysabel de Andia, coll. « Sources chrétiennes » n° 578, Paris, Le Cerf, 2016, p. 451-457.

332 Cette thématique a été beaucoup développée, notamment dans l'ère culturelle italienne. Pour une bibliographie à jour, cf. Vincenzo BATTAGLIA, *Cristologia e contemplazione*, volume 3 : « Sentimenti e Bellezza del Signore Gesù », coll. « Corso di teologia sistematica. Complementi » n° 10, Bologna, EDB, 2011. Voici un échantillon significatif : Bruno FORTE, *La bellezza di Dio. Scritti e discorsi 2004-2005*, Cinisello Balsamo (Milano), San Paolo, 2006 ; Elio FRANZINI et Maddalena MAZZOCUT-MIS, *Estetica. I nomi, i concetti, le correnti*, Milano, Bruno Mondadori, 2000 ; John NAVONE, *Verso una teologia della bellezza*, Cinisello Balsamo (Milano), San Paolo, 1998 ; Marko Ivan RUPNIK, art. « Bellezza », *Dizionario di Teologia*, Giuseppe BARBAGLIO, Giampiero Bof, Severino Dianich (éds.), Cinisello Balsamo (Milano), San Paolo, 2002, p. 154-179 ; Christoph SCHÖNBORN, « Cristo, il più bello tra i figli di Adamo », PONTIFICIO CONSIGLIO PER I LAICI, *La Bellezza di essere cristiani*, p. 29-40 ; Pierangelo SEQUERI (éd.), *Il corpo del Logos. Pensiero estetico e teologia cris-*

tiana, Milano, Glossa, 2009 ; Crispino VALENZIANO, *Bellezza del Dio di Gesù Cristo. Narrazione visiva di Dio invisibile*, Sotto il Monte (Bergamo), Servitium editrice, 2000 ; ID., *Verso una epistemologi della Via pulchritudinis. Tre lezioni dottorali h. c.*, Roma, Ed. Liturgiche, 2009. Cf. aussi la revue *PATH* : *Il cielo sulla terra. La via della bellezza luogo d'incontro tra cristianesimo e culture*, 4 (2005) 2, notamment Tiziana DI BLASIO, « La via della bellezza : rassegna bibliografica », p. 561-606.

333 Le *Catéchisme de l'Église catholique* retient le témoignage du Père comme une attestation de la divinité du Christ (8 décembre 1992, n. 444). « Pour un instant, Jésus montre sa gloire divine, confirmant ainsi la confession de Pierre » (*Ibid.*, n. 555).

334 Paul EVDOKIMOV, *L'Art de l'icône*, p. 48-49.

335 « L'usage » est que « l'iconographe » doit « présenter la Transfiguration comme première œuvre » (Tomas SPIDLIK, *L'Idée russe. Une autre vision de l'homme*, coll. « Pubblicazioni del Centro Aletti » n° 1, Troyes, Fates, 1994, p. 311).

336 « Dans la Transfiguration [...], toute la Trinité apparut [*apparuit*] : le Père par sa voix, le Fils en tant qu'homme, l'Esprit Saint dans la nuée lumineuse » (*ST*, IIIa, q. 45, a. 4, ad 2um).

337 *Catéchisme de l'Église catholique*, n. 554.

338 Cf., par exemple, TERTULLIEN, *De carne Christi*, 9, 7 : *PL* 2, 772.

339 Saint JÉRÔME, *Epist.*, 65,8 : *PL* 22, 627.

340 Cf. Saint CLÉMENT D'ALEXANDRIE, *Stromates*, livre III, 17, 103 ; livre VI, 17, 151.

341 L'archevêque de Constantinople commente ainsi Mt 8,18 : « son aspect [*phaimnoménos*] était plein de grâces [*kharitos*] » (*Homiliæ in Matthæum*, 27, 2 : *PG* 57, 346).

342 Saint AUGUSTIN, *Enarratio in Psalmos* 127, 8 : *PL* 37, 1681.

343 Cf. ID., *In Iohan. Ep.*, IX, 9 ; *Enarratio in Psalmos* 44, 3 : *PL* 36, 495-496. Ces deux textes sont cités plus bas.

344 Cf. ID., *De civitate Dei*, livre XXII, 19, 2 : *PL* 41, 781.

345 Cf. Jean-Michel FONTANIER, *La beauté selon saint Augustin*, p. 157-158. Bon nombre de citations qui précèdent sont empruntées aux pages 151-158.

346 Saint AUGUSTIN, *Enarratio in Psalmos* 46, 8 : *PL* 36, 528.

347 Peut-on répondre à cette question ? Précisons ce que nous évoquions à propos de la *Theodramatik* (p. 141 et 175). Pour éviter toute indiscrétion, notre pro-

pos suivra les deux principes méthodologiques énoncés par la Commission Théologique Internationale, recueillant le *Grundaxiom* de Rahner en le précisant. Un premier principe énonce que la Trinité économique révèle la Trinité immanente (« Théologie, Christologie et anthropologie », *Textes et documents [1969-1985]*, Paris, Le Cerf, 1988, p. 242-261, ici p. 247-249 : « C. La Christologie et la révélation de la Trinité »). À ce principe de révélation répond, en chiasme, le principe complémentaire de fondation de l'économie dans l'immanence : « À son tour, la Trinité éternelle et immanente est le présupposé nécessaire de la Trinité économique » (*Ibid.*). Observons que les deux aspects de la Trinité s'articulent comme fond (Trinité immanente) et apparition (Trinité économique). Comment s'en étonner si l'on se souvient que la constitution ontophanique est secrètement animée par l'amour, c'est-à-dire par l'autodonation ?

348 Les citations qui vont suivre sont tirées de Hans-Urs von BALTHASAR, *La Dramatique divine*. IV. *Le dénouement*, trad. inconnue, coll. « Ouvertures », n° 9, Namur, Culture et Vérité, 1993, p. 82-83. Ce passage cite abondamment *Le Monde de la prière* d'Adrienne von Speyr (cf. plus bas).

349 Traitant de l'enracinement de la liberté créée dans la liberté infinie, un passage de *L'Homme en Dieu* précise : « En le concevant donc comme un don [*Geschenk*] du Père au Fils – le Père engendrant étant aussi le créateur – puisque aussi bien il veut récapituler dans le Fils tout ce qui est au ciel et sur la terre (cf. Ép 1,10), on comprend que le Fils saisit ce don [*Geschenk*], de même que le don [*Geschenk*] de la nature divine, comme une occasion de glorifier le Père en action de grâce [*dankend zu verherrlichen*] : c'est à ses pieds qu'à la fin du monde il remettra la plénitude du Royaume, afin que Dieu (le Père) soit tout en tous (cf. 1 Co 15,24-28). Quant à l'Esprit, il est celui qui reçoit le monde de l'un et de l'autre comme un don [*Beschenkte*], puisqu'il peut désormais garantir à travers la création cette glorification [*Verherrlichung*] mutuelle du Père et du Fils qu'il est de toute éternité (cf. Jn 16,13-15) » (Hans-Urs von BALTHASAR *La Dramatique divine*, II. *Les personnes du drame*, 1. *L'homme en Dieu* (1976), trad. Yves Claude Gélébart avec la coll. de Camille Dumont, coll. « Le Sycomore », Paris, Lethielleux, Namur, Culture et Vérité, 1986, p. 226). S'il souligne moins clairement l'enracinement dans l'amour, ce développement complète le précédent sur trois points : il corrèle davantage la “théologie” à l'économie, remontant à la condition de possibilité radicale qu'est la glorification immanente ; il assoit plus clairement l'audacieuse affirmation balthasarienne sur l'Écriture ; il montre enfin la participation de toute la Trinité.

350 Adrienne von SPEYR, *Le Monde de la prière*, trad. André Nathanaël et Jean-Pierre Fels, Bruxelles, Culture et Vérité, 1995, p. 9 : *Die Welt des Gebetes*,

Einsiedeln, Johannes, 1951, p. 7.

351 En effet, nous allons le redire, la prière s'identifie à un dialogue d'amour : le Père parle et « cette Parole du Père est prière [*Dieses Wort der Vaters ist Gebet*] parce qu'elle est en même temps dialogue [*Gespräch*] avec le Père et avec l'Esprit » (p. 23 : p. 21). Or, les Personnes divines ne sont pas liées ensemble seulement par leur unité de substance, mais aussi par leur libre dialogue ; « certes, elles sont unies en essence [*im Wesen*] par l'amour divin mais, depuis le tout début et à travers tous les temps, peuvent nouer un dialogue [*Gespräch*] entre elles, dont l'essence est la prière [*dessen Wesen Gebet ist*]. » (p. 24 : p. 26)

352 « *Fontali amore* », littéralement « amour fontal » (CONCILE ŒCUMÉNIQUE VATICAN II, Décret *Ad gentes* sur l'activité missionnaire de l'Église, 7 décembre 1965, n. 2).

353 Adrienne von SPEYR, *Le Monde de la prière*, p. 24 : *Die Welt des Gebetes*, p. 22.

354 Bien entendu, en Dieu, il n'y a pas un moment où le Père attend et un moment où son attente s'accomplit. De même que Dieu est au-delà du repos et du devenir, de la *stasis* et de la *génésis*, de même, « l'attente ne précède donc pas le sur-accomplissement [Übererfüllung], mais est un [*eins*] avec lui » (*Ibid.*, p. 25 : p. 22). Pour élaborer cette réception du Père, un lieu précieux serait le quatrième temps de la dynamique interpersonnelle du don : la réception en retour, qui est développée dans Pascal IDE *et al.*, *Recevoir pour donner*.

355 *Ibid.*, p. 24 : p. 22.

356 Pascal IDE, *Une théo-logique du don*, p. 161-322.

357 Adrienne von SPEYR, *Le Monde de la prière*, p. 25 : *Die Welt des Gebetes*, p. 22.

358 *Ibid.*, p. 24 : p. 22. La formule d'Adrienne est en réalité au conditionnel car elle a bien conscience des limites d'un vocabulaire trop anthropomorphique.

359 *Ibid.*, p. 25 : p. 23.

360 *Ibid.*, p. 27 : p. 25.

361 *Ibid.*, p. 25 : p. 23.

362 Saint Thomas D'AQUIN, *In librum Beati Dionysii de Divinis nominibus expositio*, cap. 4, l. 5, n. 356, p. 115.

363 Même ce thème n'est pas étranger au Docteur angélique (cf. Adam ADUSZKIEWICZ, « Piekno i milosc w mysli filozoficznej sw. Tomasza z Akwinu [Le beau et l'amour dans la pensée philosophique de saint Thomas d'Aquin] », *Studia Philosophiæ Christianæ*, 21 [1985], p. 9-22). En ce sens, le titre du colloque où cette intervention s'est déroulée : « *La bellezza luce della verità* », doit

être mis en résonance avec son sous-titre : « *Attirami dietro a te* » (Ct 1,4).

364 Sur cette méthode, cf. Pascal IDE, « Une lecture polysémique de la nature. Trois propositions pour un discours des méthodes », *Lateranum*, 81 (2015) n° 3, p. 625-652 ; 82 (2016) n° 1, p. 77-119.

365 « L'expérience humaine, esthétique notamment, a incontestablement préparé l'expérience mystique, sans pour autant la produire » (Emmanuel GABELLIERI, *Le Phénomène et l'entre-deux*, p. 227. Cf. p. 227-232, p. 162-166).

366 Cf. Jean-Michel FONTANIER, *La beauté selon saint Augustin*, chapitre 7 : « L'amour de la beauté ».

367 *ST*, Ia-IIæ, q. 27, a. 2. Cette observation paraît toutefois se limiter au caractère pédagogique du beau.

368 Élisabeth de LA TRINITÉ, *Œuvres complètes*, Conrad de Meester éd., Paris, Le Cerf, 1980, p. 170.

369 Même si ce traité 1 est aussi « une introduction générale à la philosophie platonicienne » et « un éloge de l'intériorité » (Jérôme LAURENT, « Notice », *Sur le beau*, p. 57 et 61), il n'usurpe pas son titre *Sur le beau*, en montrant combien tout le platonisme affirme que « toutes les Formes sont belles », de sorte que « c'est cela le beau : les Idées » (I, 6, 9, l. 35 et 36) et combien « l'âme ne pourrait voir le beau, sans être devenue belle » (*Ibid.*, l. 32).

370 Cf., par exemple, Vincenzo BATTAGLIA, *Cristologia e contemplatione*, volume 3 : « Sentimenti e Bellezza del Signore Gesù », p. 151-154 : « La bellezza che proviene dall'amore. »

371 Jean-Marie LE MÉNÉ, *Le Professeur Lejeune fondateur de la génétique moderne*, Paris, Mame, 1997, p. 120.

372 *Catéchisme de l'Église catholique*, n. 2500.

373 Mgr. Piero MARINI, *Cérémoniaire des papes*. Entretiens sur la liturgie avec Vincent Cabanac et Dominique Chivot, préface du card. Roger Etchegaray, Paris, Bayard, 2007, p. 176. Piero Marini fut Maître des cérémonies liturgiques pontificales pendant vingt années (1987-2007).

374 Rapporté par André CANTIN, *Le Mystère de la sexualité. Essai sur la signification des sexes*, Paris, Le Cerf, 2008, p. 14.

375 Saint AUGUSTIN, *Commentaire de la première épître de Jean*, IX, 9, p. 397 s.

376 Fédor DOSTOÏEVSKI, *Les Frères Karamazov*, partie II, chapitre 2, 5, p. 285. On se souvient qu'Aliocha répète avec Ivan le geste même du Christ à l'égard du Grand Inquisiteur.

377 Cf. l'ouvrage fameux de Gérard GILLEMAN, *Le Primat de la charité en théologie morale. Essai méthodologique*, coll. « Museum Lessinaum-Section théologique » n° 50, Paris-Bruxelles-Bruges, DDB, 1952. Pour une évaluation du contexte et de l'impact de l'ouvrage, cf. Renzo CASERI, *Il principio della carità in teologia morale. Dal contributo di G. Gilleman a una via riproposta*, Milano, Glossa, 1995. Pour une actualisation, cf. l'imposant livre de Livio MELINA, José NORIEGA et Juan José PEREZ-SOBA, *Camminare nella luce dell'amore. I fondamenti della morale cristiana*, Siena, Cantagalli, 2008.

378 Cf. *ST*, IIa-IIæ, q. 28, a. 1.

379 Ce point a été développé en détail par Karol Wojtyla, notamment dans le concept de *communio personarum*. Cf. Pascal IDE, « De *Amour et responsabilité* à la théologie du corps : continuité ou rupture ? », Yves Semen (éd.), *Amour humain, amour divin.* Actualité de la théologie du corps, Paris, Le Cerf, 2015, p. 41-71 et p. 255-269.

380 PSEUDO-DENYS L'ARÉOPAGITE, *Les Noms divins*, chapitre 4, § 12, p. 475. Pour la traduction latine *vis unitiva*, « force qui unit », cf., par exemple, *Sancti Thomae Aquinatis in librum beati Dionysii* De divinis nominibus *Expositio*, chapitre 4, l. 12, n. 455, p. 51.

381 Cf. ARISTOTE, *Éthique* à *Nicomaque*, livre VI, notamment chapitre 13. Cf. la systématisation de *ST*, Ia-IIæ, q. 58.

382 CICÉRON, *De Officiis*, livre I, chapitre 27, *Œuvres complètes de Cicéron*, des Auteurs latins, trad. sous la dir. de Désiré Nisard, Paris, Firmin-Didot, 5 volumes, 1881, tome 4, p. 447.

383 Cf. Oana Maria GOTIA, *Il fascino dell'amore. Bellezza e castità nella prospettiva di Tommaso d'Aquino*, Siena, Cantagalli, 2010. La chasteté est « l'intégration réussie de la sexualité dans la personne et par là l'unité intérieure de l'homme dans son être corporel et spirituel » (*Catéchisme de l'Église catholique*, n. 2337).

384 « Quoique la beauté [*pulchritudo*] convienne à toute vertu, elle est cependant attribuée éminemment à la tempérance » : en effet, « selon la raison commune de tempérance, à laquelle appartient une certaine proportion dans la mesure et la convenance [*quædam moderata et conveniens proportio*], en quoi consiste la raison de beauté, selon Denys » (*ST*, IIa-IIæ, q. 141, a. 2, ad 3um).

385 Livio MELINA *et al.*, *Camminare nella luce dell'amore*, p. 126. Souligné dans le texte.

386 Cf. *De div. Quæst.*, 83, q. 30, *PL* 40, 19. « La beauté spirituelle consiste pour l'homme à avoir une conduite et des actions bien proportionnées [*bene pro-*

portionata], selon l'éclat [*claritatem*] spirituel de la raison » (*ST*, IIa-IIæ, q. 145, a. 2 : « Utrum honestum sit idem quod decorum »).

387 *Ms C*, 12 r°, *Œuvres complètes*, p. 250.

388 *Le porte regali. Saggio sull'icona*, trad. Pietro Modesto, Milano, Adelphi, 1999, p. 50. Cité par CONSEIL PONTIFICAL DE LA CULTURE, *La Beauté, un itinéraire vers Dieu*.

389 Divo BARSOTTI, *Vie mystique et mystère liturgique*, trad. Marie-Fabien Moos et Jean-Claude Renard, coll. « Lex orandi » n° 16, Paris, Le Cerf, 1953, p. 79 s.

390 On se souvient que, le 27 décembre 1904, Marie Noël découvrit le corps de son petit frère de douze ans, mort. La jeune femme de vingt-et-un ans n'oubliera jamais l'effroi qu'elle éprouva. Elle écrira dans son autobiographie « Serai-je consolée un jour – ou punie – de mes colères contre la mort ? Car j'ai eu beau lire, apprendre, savoir, penser et croire tout le bien qu'on peut dire d'elle, la Mort m'a toujours trouvée hurlante à la face du ciel » (*Petit-Jour*, Paris, Stock, 1964, 1999[2], p. 66).

391 Ainsi, ce cri, un jour de grande fatigue : « Ah, nous la connaissons, l'angoisse humaine ! » (Marie NOËL, *Notes intimes*, Paris, Stock, 1959, [2]1998, p. 62)

392 « J'ai dans le cœur – et vous aussi – / Une aile pour sortir d'ici [...] / J'ai dans le cœur un grand Amour / Qui de la terre fait le tour ; / Qui vole au monde, pleure et prend / Le mal du monde au loin souffrant » (« Chant dans la nuit », *Les Chants de la Merci*, Paris, Stock, 1930, deuxième éd., Paris, Gallimard, 2003, p. 50).

393 *Notes intimes*, p. 45. C'est moi qui souligne. On pourrait même rencontrer un exemple inattendu de corrélation entre la beauté et l'amour qui donne (au sens analogique) dans l'un des critères que François LE LYONNAIS offre pour les prix de beauté... aux échecs. Les joueurs et, plus encore, les amateurs, au sens propre, me comprendront. Le mathématicien français propose sept critères esthétiques. Il décrit ainsi le quatrième, qu'il appelle vivacité : « Une partie est d'autant plus belle qu'elle contient un moins grand nombre de coups ternes et un plus grand nombre de coups spectaculaires » ; or, « des coups sont spectaculaires quand ils sont imprévus, c'est-à-dire quand ils sacrifient du matériel ou de l'activité » (*Les Prix de beauté aux échecs. Anthologie de parties d'échecs ayant obtenu des prix de beauté des origines à nos jours*, Paris, Payot, 1970[2], p. 54). Voire, le sacrifice concerne plusieurs critères car il demande à être évalué (par exemple sa prévisibilité). Assurément, il ne s'agit pas d'un sacrifice par amour, puisque ce jeu est tout entier placé sous le signe du triomphe de soi et de l'agressivité (sa fin n'est rien moins que la mise à mort du roi adverse) ; mais, analogiquement, il montre que le dépouillement (en pièces ou en temps)

peut conduire à un plus grand bien qui est aussi une beauté majuscule.

394 Par exemple, Chrysippe établit une similitude entre la beauté et la santé (cf. Hans Friedrich August von Arnim éd., *Stoicorum Veterum Fragmenta*, Leipzig, Teubner, 3 volumes, tome 3, 1905, p. 471a).

395 Plotin, *Ennéades*, VI, 7, 22, l. 30-32, p. 79.

396 C'est en ce sens que, dans son homélie à la Basilique de la Sagrada familia de Barcelone, Benoît XVI a lié la beauté à l'amour : « la beauté est la grande nécessité de l'homme ; elle est la racine de laquelle surgissent le tronc de notre paix et les fruits de notre espérance. La beauté est aussi révélatrice de Dieu, parce que, comme Lui, l'œuvre belle est pure gratuité, elle invite à la liberté et arrache à l'égoïsme » (*Homélie à la Messe et dédicace de l'église de la Sagrada Familia et de son autel*, 7 novembre 2010).

397 Cf. la comparaison entre Platon et Augustin opérée par Balthasar (cf. *La Gloire et la Croix. Les aspects esthétiques de la Révélation*, II. *Styles*, 1. *D'Irénée à Dante*, p. 136-137).

398 Outre saint Augustin qui va être cité, cf. Saint Jean Chrysostome, *Cat. Bapt.*, 1, 3 ; *Ad Theodor.*, 13. Cf. aussi Origène, *In Cant. hom.*, 1, 3.

399 Sur cette distinction fondamentale qui est ici seulement effleurée, cf. l'intervention déjà citée : Pascal Ide, « Une métaphysique de l'être comme amour : relation ou substance ? » ; cf. *ST*, Ia, q. 5, a. 4. Sur l'ambivalence de la conception thomasienne du *bonum*, cf. Ghislain Lafont, *Structures et méthode dans la Somme théologique de saint Thomas d'Aquin*, coll. « Cogitatio fidei » n° 193, Paris, Le Cerf, 1961, réédité 1996, p. 47.

400 Sans quitter l'ordre du Carmel, le Père Marie-Eugène illustre cette relecture de l'axiome dionysien *bonum diffusivum sui* qui structure toute sa théologie (cf., à ce sujet, l'étude minutieuse de Louis Menvielle, *Thérèse Docteur racontée par le Père Marie-Eugène de l'E.-J.* 2. Les clés de la Petite Voie, Saint-Maur, Éd. Parole et Silence, Venasque, Éd. du Carmel, 1998).

401 Anders Nygren, *Érôs et agapè. La notion chrétienne de l'amour et ses transformations*, trad. Pierre Jundt, coll. « Les religions », Paris, Aubier, 3 volumes, 1944 (tome 1) et 1952 (tomes 2.1 et 2.2) ; reprint, Paris, Le Cerf, 2009.

402 Cf. le « schéma de l'opposition des deux mobiles » (*Ibid.*, partie I, chapitre 3, § 2, tome 1, p. 232). Louis Bouyer est, sans doute, dans les différents théologiens catholiques, celui qui a le mieux sauvé l'originalité révolutionnaire du pasteur suédois (« L'école de Lund : A. Nygren, G. Aulén, Y. Brilioth », *Irénikon*, 17 [1940] n° 1, p. 21-49).

403 Nous parlons bien d'une conversion qui est aussi une purification et non pas d'une substitution, comme le soutient Nygren. Cf. la mise au point très équilibrée de Benoît XVI dans la première partie de la lettre encyclique *Deus caritas est* sur l'amour chrétien, 25 décembre 2005. Cf. Pascal IDE, « La distinction entre érôs et *agapè* dans *Deus caritas est* », *Nouvelle revue théologique*, 128 (2006) n° 3, p. 353-369.

404 Saint JEAN DE LA CROIX, *Cantique spirituel B*, 5, 4 et 6, 1, *Œuvres complètes*, trad. Marie du Saint-Sacrement, Paris, Le Cerf, 1990, p. 1244-1245.

405 Saint AUGUSTIN, *Commentaire de la première épître de Saint Jean*, IX, 9, trad. Paul Agaësse, coll. « Sources chrétiennes » n° 75, Paris, Le Cerf, 1961, p. 397.

406 La formule ambiguë de *In Iohannis Evangelium* selon laquelle le Christ « nous a aimés jusque dans notre laideur [*et fœdos*] » (*Tract.* 10, 13), doit être interprétée à la lumière de l'*Enarratio in Psalmos 44*, 3 : « L'épouse fut aimée laide [*fœda*], afin de ne pas demeurer laide. Car [...] ce n'est pas la laideur de qui a été aimée [*non fœditas amata est*]. » (*PL* 36, 495).

407 Saint AUGUSTIN, *Commentaire de la première épître de Saint Jean*, IX, 9, p. 401.

408 Karl Barth introduit le concept de beauté divine, dans sa distinction d'avec la gloire au nom de l'amour : Dieu «nous aime comme celui qui est digne d'amour » (*Dogmatique*, II. *La doctrine de Dieu*, 1/2, § 31.3, p. 406) ; or, celui qui aime ne veut pas s'imposer mais attirer ; et telle est justement la caractéristique de la beauté.

409 Saint AUGUSTIN, *Enarratio in Psalmos* 44, 3 : *PL* 36, 495. Cf. le commentaire de JEAN-PAUL II, Exhortation apostolique postsynodale *Vita consecrata* sur la vie consacrée et sa mission dans l'Église et dans le monde, 25 mars 1996, n. 24.

410 Pour une autre approche trinitaire, elle aussi fondée sur l'amour-don et l'amour-communion, et donc sur l'analogie interpersonnelle (et non pas psychologique) que, le premier, Richard de Saint-Victor, développa avec conséquence, cf. une ébauche dans Pascal IDE, *Esprit-Saint, qui es-tu ?*, MOOC du Collège des Bernardins, en ligne sur le site sinod.fr, septembre-novembre 2020. Un traité de pneumatologie suivra. Pour une théologie trinitaire en clé d'amour-don, soucieuse d'intégrer l'analogie personnelle ou psychologique augustino-thomasienne, cf. Piero CODA, *Ontologie trinitaire*. Penser et vivre à la lumière de la Trinité, trad. inconnue, éd. Cyril Dunaj, coll. « Racines », Paris, Nouvelle Cité, 2020.

411 Cette idée est déjà évoquée au terme de la première partie du livre.

412 Osant pour une fois dépasser les propos de son maître vénéré Jacques Maritain, Heinz R. SCHMITT écrit : « Alors que le vrai c'est l'être pris comme

perfectif de l'intellect et le bien comme comblant l'appétit, le beau [...] regarde à la fois (quoique de façon diverse) et l'intellect et la volonté. Il est le rayonnement et la splendeur de l'être répondant à l'esprit recueilli dans le mystère de sa propre transparence et dans l'*unisson* de ses puissances de connaissance et d'amour. Le beau c'est le redoublement de l'être accueilli dans la *consonance* du libre jeu des forces spirituelles et saisi dans la joie et dans l'unité de l'esprit. Or ce visage de l'être n'est pas un dernier et fugitif éclair, c'est la splendeur des transcendantaux réunis, l'ultime gloire dont rayonne tout ce qui est» (« Le mystère de ce qui est est un mystère de beauté », *Nova et Vetera*, 53 [1978] 1, p. 37-55, ici p. 48. C'est moi qui souligne). Spontanément, sans même le thématiser, l'auteur de ces lignes fait donc appel au vocabulaire pythagoricien de la rythmique. Et il le justifie ontologiquement dans la triple unité fondant le beau : du côté du sujet, dans la communion de l'intellect et de la volonté ; du côté de l'objet, dans « la splendeur des transcendantaux réunis » ; du côté de la durabilité du temps qui enveloppe sujet et objet : « ce visage de l'être n'est pas un dernier et fugitif éclair » mais a la permanente stabilité de la « gloire ultime ».

413 Adrienne VON SPEYR, *Über die Liebe*, Einsiedeln, Johannes, 1976 : *L'Amour*, trad. Isabelle de Laforcade et Isabelle Isebaert, Bruxelles, Culture et Vérité, 1996.

414 Le caractère inédit du chapitre s'entend de ce qu'il est sans équivalent dans les 73 ouvrages de la mystique suisse (10 écrits de sa main et 63 dictés à Bathasar) ou dans les écrits de Balthasar – pourtant si attentif à la musique, au point de faire de celle-ci l'une des réalisations privilégiées de son concept clé de *Gestalt* – et de ce qu'Adrienne est une autodidacte qui lit très peu.

415 On pourrait objecter que le développement de la dirigée de Balthasar ne respecte pas le principe dégagé par celui-ci et rappelé au terme du précédent paragraphe selon lequel l'amour est le principe sans principe éclairant toute réalité sans être en retour mesuré par elle. Distinguons ordre pédagogique d'exposition et ordre ontologique. Si, selon le premier, Adrienne calque sa conception de l'amour sur celle du chant, selon le second, celui-ci doit sa nature harmonique à l'amour qui en est la matrice secrète.

416 *Ibid.*, p. 101 : p. 106.

417 *Ibid.*, p. 101-102 : p. 106.

418 *Ibid.*, p. 102 : p. 106-107.

419 *Ibid.*, p. 102 : p. 07.

420 *Ibid.*, p. 102-103 : p. 107-108.

421 Cf. notamment son maître ouvrage *Le Phénomène humain, in* Œuvres complètes, tome 1, Paris, Seuil, 1955.

422 La BJ traduit par « mot », ce qui appauvrit considérablement, alors que l'italien rend par « *voce* », jouant sur les deux sens du terme. Doit-on lire ici une trace de la sagesse pythagoricienne ?

423 Saint AUGUSTIN, *Ep. 138 ad Marcellinum*, 5.

424 Saint GRÉGOIRE DE NYSSE, *De oratione dominica*, 2, *PG* 44, 1148 B. Étrangement, le *Catéchisme de l'Église catholique* qui cite ce passage en traduisant *kallôpizein* par « imprégner » perd cette répétition si riche de sens (n. 2785).

425 Joseph RATZINGER, « Le pluralisme : problème posé à l'Église et à la théologie », *Studia Moralia*, 24 (1986), p. 299-318, ici p. 307. Il s'agit de la traduction française de l'original allemand. Ce texte fut primitivement l'occasion d'une conférence prononcée en italien à l'Académie pontificale « Alphonsanium », à Rome, le 21 mai 1985.

426 *Ibid.*

427 Cf. Hans-Urs von BALTHASAR, *Kosmische Liturgie. Das Weltbild Maximus" des Bekenners*, Einsiedeln, Johannes, 1961.

428 Joseph RATZINGER, « Le pluralisme : problème posé à l'Église et à la théologie », p. 308.

429 Henri de LUBAC, « Apologétique et théologie », *Théologies d'occasion*, Paris, Desclée, 1984, p. 105.

430 Cf. Manlio SIMONETTI, « Sulla teologia trinitaria di Origene », *Studi sulla cristologia del II e III secolo*, coll. « Studia Ephemeridis Augustinianum » n° 44, Roma, Patristicum Augustinianum, 1993, p. 109-143, ici p. 122 s. Il cite *In Joh* XIII, 36, 228, *Commentaire sur saint Jean*, III, trad. Cécile Blanc, coll. « Sources chrétiennes » n°222, Paris, Le Cerf, 1975, p. 154 et *Contra Celsum*, VIII, 12, *Contre Celse*, IV, trad. Marcel Borret, coll. « Sources chrétiennes » n° 150, Paris, Le Cerf, 1969, p. 200). Sur cette unité fonctionnelle reposant sur une unité de vouloir et d'agir mais n'ignorant pas non plus l'identité d'essence dans la doctrine trinitaire de l'Alexandrin, cf. Josep RIUS CAMPS, *El dinamismo trinitario en la divinización de los seres racionales según Orígenes*, coll. « Orientalia christiana analecta », Roma, Institutum orientalum studiorum, 1970.

431 Karl BARTH, *Dogmatique*, II. *La doctrine de Dieu*, 1/2, § 31.3, p. 415.

432 *Ibid.*, p. 417.

433 Le concile de LATRAN IV confesse que Dieu est « une seule essence, substance ou nature absolument simple [*una essentia, substantia seu natura simplex omnino*] » (*DS*, n. 800). Cf. VATICAN I, *Dei Filius*, *DS*, n. 3001.

434 Cf. Jean GALOT, *Dieu en trois personnes,* Saint Maur, Parole et silence, 1999, p. 162-163 ; Jean-Hervé NICOLAS, *Synthèse dogmatique*, 1. *De la Trinité à la Trinité*, Paris, Beauchesne, 1985, p. 147 s ; Gilbert GRESHAKE, *Der Dreieine Gott.* Eine trinitarische Theologie, Freiburg-Basel-Wien, Herder, 1997, p. 122

435 Cf., notamment, le modèle développé par Heribert MÜHLEN qui caractérise le Père comme le « Je », le Fils comme le « Tu » et le Saint-Esprit comme le « Nous » du Père et du Fils, le « nous en personne » (*Der Heilige Geist als Person in der Trinität in der Inkarnation und im Gnadenbund,* Münster, Aschendorff, 1963, en particulier p. 100-168 ; cf. ID., *L'Esprit dans l'Église*, trad. Arthur Liefooghe, Marthe Massart et René Virrion, Paris, Le Cerf, 1969, p. 269-274). Il faut ajouter que le « nous » exprime aussi la périchorèse du Père, du Fils et du Saint-Esprit (*cf. Der Heilige Geist...*, p. 136-137), que la nature divine a de même la caractéristique du « nous » (*Ibid.*, p. 163-164) et enfin que l'Esprit Saint est aussi un « je » en face du Père et du Fils (*Ibid.*, p. 158-159).

436 « Le concept de personne exprime, de par son origine, l'idée du dialogue et Dieu comme être de dialogue. Il signifie Dieu comme l'Être qui vit dans la parole et qui subsiste dans la parole comme Je, Tu et Nous » (Joseph RATZINGER, *La Foi chrétienne hier et aujourd'hui,* trad. Eugène Ginder et Pierre Schouver, coll. « Traditions chrétiennes », Paris, Le Cerf, Mame, 1969, p. 210). « Les personnes divines ne sont pas seulement en dialogue, elles sont dialogue » (Walter KASPER, *Le Dieu des chrétiens,* trad. Morand Kleiber, coll. « Cogitatio fidei » n° 128, Paris, Le Cerf, 1976, p. 419). Cf. Hans-Urs von VON BALTHASAR, *Skizzen für theologie*, III : « Spiritus Creator, Einsiedeln, Johannes », 1967, p. 152.

437 Cf. John J. O'DONNELL, « The Trinity as Divine Community », *Gregorianum*, 69 (1988), p. 5-34. Cf. aussi Bernd Jochen HILBERATH, *Der dreieinige Gott und die Gemeinschaft der Menschen. Orientierungen zur christlichen Rede von Gott,* Mainz, Grünewald, 1990 ; Luis Francisco LADARIA-FERRER, *La Trinidad misterio de comunión,* Salamanca, Secretariado Trinitario, 2002. Il faudrait aussi faire appel à l'analogie familiale appliquée à la Trinité (cf. Hans-Urs VON BALTHASAR, *La Théologique*, II. *Vérité de Dieu*, trad. Béatrice Déchelotte et Camille Dumont, coll. « Ouvertures, 14 », Bruxelles, Culture et Vérité, 1995, p. 61 s. ; Balthasar cite Matthias Joseph Scheeben dans le même sens ; Aa. Vv., *Misterio cristiano y existencia humana,* Salamanca, 1995) qui peut se prévaloir de certaines interventions du Magistère récent (JEAN-PAUL II, par exemple : *Homélie à Puebla*, 28 janvier 1979, n. 2 ; *Lettre aux Familles*, 2 février 1994, n. 6 ; BENOÎT XVI, *Homélie à Valence*, 9 juillet 2006).

438 Contre une insistance unilatérale sur la communion (cf. Leonardo BOFF, *Trinité et société*, trad. François Malley, coll. « Libération », Paris, Le Cerf, 1990 et *La Santísima Trinidad es la mejor Comunidad*, Madrid, Paulinas, 1990) et pour une présentation équilibrée de ces deux pôles, cf. Emmanuel DURAND, *La Périchorèse des personnes divines. Immanence mutuelle, réciprocité et communion*, coll. « Cogitatio Fidei » n° 243, Paris, Le Cerf, 2005.

439 Sur ce point aussi, la théologie de Balthasar n'est pas dénuée de ressource : notamment les catégories de « mesure », « forme » et « qualité » développées par *La Gloire et la Croix. Les aspects esthétiques de la Révélation*, I. *Apparition*, p. 395-443 : *Gloire. Une esthétique théologique*, I. *Voir la figure*, p. 474-532, celles de « correspondance » et de « transparence » par *Nouvelle Alliance* (*La Gloire et la Croix. Les aspects esthétiques de la Révélation*, III. *Théologie*, 2. *Nouvelle Alliance*, trad. Robert Givord, coll. « Théologie » n° 83, Paris, Aubier, 1975, p. 268), si elles concernent directement l'économie, ne peuvent-elles pas trouver à s'appliquer à la vie intratrinitaire ? « Avec sa *transparence* [*Durchsichtigkeit*] au Père et pour lui, avec la parfaite *correspondance* entre l'obéissance et l'amour, entre le dépouillement de soi [*Selbstentleerung*] dans sa phase cachée et son exaltation [*Heraufführung*] dans la visibilité, le Christ est aussi la correspondance parfaite et définitive entre la volonté du Père au Ciel et sa volonté sur Terre. L'auteur entend mettre en évidence qu'une telle correspondance, christologique et trinitaire, doit être le point central [*das zentrale Anliegen*] d'une esthétique théologique » (Giovanni MARCHESI, *La cristologia di Hans Urs von Balthasar. La figura di Gesù Cristo espressione visibile di Dio*, Prefazione di Hans Urs von Balthasar, coll. « Analecta Gregoriana. Series Facultatis iuris canonici – Sectio B » n° 207, Roma, Università Gregoriana Editrice, 1977, p. 147).

440 La scolastique thomiste n'est pas dénuée de ressources, elle qui affirmait, par la bouche de JEAN DE SAINT-THOMAS, que l'unité entre le connaissant et le connu est plus intime que l'unité de la matière et de la forme ; or, outre d'être une communion de deux substances, la première est une unité d'acte à acte, alors que, outre d'être une unité substantielle, la seconde conjoint la puissance et l'acte.

441 « L'évidence "symbolique" de la figure relève d'une beauté que l'expérience même de sa laideur, à la croix, ne fait que renforcer. Le transcendantal *beau* est peut-être là hors propos, car il fait trop peu cas de la violence des comportements, des choix d'existences, des complicités qui mènent Jésus à la mort » (Vincent HOLZER, *Le Dieu Trinité dans l'histoire. Le différend théologique Balthasar-Rahner*, coll. « Cogitatio fidei » n° 190, Paris, Le Cerf, 1995, p. 256 ; à rapprocher du reproche d'incohérence entre l'esthétique de la *Gestalt* et la

dramatique de l'*Un-Gestalt*, ID., « L'esthétique théologique comme esthétique fondamentale chez H.-U. von Balthasar », *Recherches de science religieuse*, 85 [1997], p. 557-588, ici p. 559). Cf. la réponse d'André-Marie JERUMANIS, « La beauté du Père... », p. 374-375, note 105.

442 Il faudrait par exemple reprendre les suggestions de saint Augustin qui, notamment dans sa théologie de l'histoire, compare celle-ci à un « grand poème à modulation ineffable » (*Ep.* 138, 1, 5) ou « un chant merveilleux » (*Ep.* 166, 5, 13). Or, cette mélodie harmonieuse ne nie nullement le mal : de même que l'opposition entre termes contraires engendre la beauté du discours, de même, les faits contraires, par la Providence divine, produit la beauté de l'histoire (cf. *De civitate Dei*, livre XI, 18). Dans le passage de la première épître de Jean cité ci-dessus, il emploie explicitement l'image musicale de l'accord à propos des deux paroles apparemment contradictoires de Ps 44,3 et Is 53,2, synthétisant ces deux paroles relatives à la beauté du Christ par une mise en résonance harmonique dont l'unité n'existe qu'en Dieu : « Voilà les deux flûtes qui, semble-t-il, ne sonnent pas d'accord : pourtant un seul Esprit les inspire toutes deux. [...] Un seul Esprit souffle dans les deux flûtes, elles ne sont pas en désaccord [*Uno Spiritu implentur ambæ tibiæ, non dissonant*] » (Saint AUGUSTIN, *Commentaire de la première épître de Saint Jean*, IX, 9, p. 399). Cf. les suggestifs développements de Hans Urs VON BALTHASAR, *La Gloire et la Croix. Les aspects esthétiques de la Révélation*, II. *Styles*, 1 : *D'Irénée à Dante*, p. 117-118 et p. 125-129.

443 Simone WEIL, *Intuitions préchrétiennes*, Paris, Fayard, [2]1985, p. 168-169. C'est moi qui souligne.

444 Adrienne VON SPEYR, *L'Amour*, p. 104 ; p. 108-109.

445 *Ibid.*, p. 104 ; p. 109. Un néopythagorisme théologique souligne la filiation, et la mission, autrement dit, la dynamique théonome, mais peine à honorer la consistance de la créature.

446 PLATON, *Hippias majeur*, 304 e ; *Cratyle*, 384 b ; *République*, livre IV, 435 c et livre VI, 497 d ; *Sophiste*, 259 c ; *Phèdre*, 274 a-b. Hans Urs VON BALTHASAR le note au début de son étude du penseur grec : *La Gloire et la Croix. Les aspects esthétiques de la Révélation*, IV. *Le domaine de la métaphysique*, 1. *Les fondations*, p. 139.

447 Le romantisme n'a pas oublié cet enseignement chrétien mais en transposant de Dieu à l'homme la puissance créatrice de l'amour (cf. l'importante mise au point de Josef PIEPER, *De l'amour*, trad. Jean Granier, coll. « Josef Pieper », Genève, Ad Solem, 2010, p. 119-121).

448 Cf. BENOÎT XVI, *Rencontre avec les artistes*, Chapelle Sixtine, 21 novembre 2009. Cette importante intervention est un peu l'équivalent de l'importante *Lettre aux artistes* de Jean-Paul II citée ci-dessus. Cf. le texte aussi cité du CONSEIL PONTIFICAL DE LA CULTURE, *La Beauté, un itinéraire vers Dieu.*

449 Suivant la voie tracée par la Conférence Épiscopale Italienne (*La Vérité vous rendra libre. Catéchisme pour adultes*, 1995, p. 165-180), les évêques de Milan (cf. Carlo-Mario MARTINI, *Quale bellezza salverà il mondo ? Lettera pastorale 1999-2000*, Milano, Centro Ambrosiano, 1999), Chieti (cf. Bruno FORTE, *Perché andare a messa la domenica ? L'eucaristia e la bellezza di Dio*, coll. « Nuovi fermenti », Milano, San Paolo, 2005) ou Fabriano (cf. Giancarlo VECERRICA, *Diamo forma alla bellezza della vita cristiana, Lettera pastorale 2006*, Fabriano, 2006) ont fait de la beauté le thème de leur lettre pastorale.

450 Toujours dans l'aire culturelle italienne, cf. Natale BENAZZI (éd.), *Arte e fare la bellezza nella Chiesa*, Bologna, EDB, 2003 ; Gaspare MURA, *La via della bellezza. Cammino di evangelizzazione e di dialogo*, Città del Vaticano, Urbaniana University Press, 2006 (l'*Instrumentum laboris* préparé par le Conseil pontifical de la culture est publié p. 27-64 ; Giacomo MORANDI, *Bellezza. Luogo teologico di evangelizzazione*, Milano, Paoline, 2009 ; Pasquale IACOBONE, Elio GUERRIERO et Gianfranco RAVASI (éds.), *La nobile forma. Chiesa e artisti sulla via della bellezza*, coll. « Benedetto XVI », Città del Vaticano, Libreria Editrice Vaticana, 2009.

451 ANGELUS SILESIUS, *Le Pèlerin chérubinique*, V, 292, trad. Henri Plard, coll. « Bilingue », Paris, Aubier, 1946, p. 288-289. Trad. modifiée.

452 Vladimir SOLOVIEV, *La beauté dans la nature* dans *Le Sens de l'amour. Essais de philosophie esthétique*, trad. Bernard Marchadier, coll. « Sagesse chrétienne », Paris, O.E.I.L., 1985, p. 171-228, ici p. 173. Souligné par moi.

453 Simone WEIL, *Attente de Dieu*, Paris, Le Vieux Colombier, 1950, p. 53. « Tous les êtres humains devraient pouvoir, quoi qu'ils fassent, où qu'ils soient, avoir le regard fixé tout au long de chaque journée, sur le serpent d'airain ». (*Ibid.*, p. 196) Simone Weil a pressenti que la beauté pouvait guérir notre inattention, surtout celle qui caractérise la civilisation technique de la spiritualité du travail. Merci à Jean-Luc Grasset pour ces deux citations.

454 Charles PÉPIN, *Quand la beauté nous sauve*, p. 9-11. Entre autres désaccords, je ne partage pas l'analyse proposée au chapitre 3 où le philosophe reprend la doctrine freudienne de la sublimation. Pour distinguer « la pulsion humaine [...] de l'instinct animal » (p. 153), elle n'en demeure pas moins moniste.

455 Cf., par exemple, les études rassemblées par Nicolas GUÉGUEN et Sébastien MEINERI, *Pourquoi la nature nous fait du bien*, coll. « Petites expériences de

psychologie », Paris, Dunod, 2012.

456 Samuel Taylor COLERIDGE, *Selected Poetry and Prose,* Stephen Potter éd., London, The Nonesuch Press & New York, Random House Inc., 1933, p. 313.

457 Cf. *La Disgrâce,* le reportage bouleversant diffusé sur France 2, le mardi 5 janvier 2021. Disponible sur *https://www.france.tv/france-2/infrarouge/2170415-la-disgrace.html*

458 Cf. Erwin GOFFMAN, *Stigmate. Les usages sociaux et des handicaps,* trad. Alain Kihm, coll. « Le sens commun », Paris, Minuit, 1975.

459 Telle est l'une des principales difficultés des développements par ailleurs si lumineux de Jean-Louis Chrétien qui ne sombrent jamais dans le *pathos* ou la rhétorique de la navrure.

460 Nous avons consacré notre thèse, non publiée, à ce sujet (Pascal IDE, *La blessure intérieure. Approche théorique,* Paris-IV Sorbonne, Faculté de philosophie, Thèse de philosophie, 2001). L'on trouve un bref résumé de ses analyses dans ID., *Connaître ses blessures,* Paris, Éd. de l'Emmanuel, [2]2013, partie I ; « La blessure intérieure dans l'œuvre de Jacques Maritain », Michel BRESSOLETTE et René MOUGEL (éds.), *Jacques Maritain face à la modernité. Enjeux d'une approche philosophique,* Colloque de Cerisy, Toulouse, Presses Universitaires du Mirail, 1995, p. 271-306.

461 Cf. Pascal IDE, *Mieux se connaître pour mieux s'aimer,* Paris, Fayard, 1998. La première partie est consacrée aux trois dynamismes de l'homme et la deuxième à ses trois mécanismes qui en sont comme l'envers, la dernière partie proposant un chemin de reconstruction (qui me paraît aujourd'hui intéressant, mais insuffisant).

462 Nous ne pouvons entrer dans plus de détail et montrer que, dans le psychisme, cette désunité se traduit par un conflit intérieur.

463 Nous avons interverti le premier et le deuxième mécanismes non pas seulement pour des raisons pédagogiques, mais parce que, dans les dynamismes vitaux, l'ouverture réceptive précède l'unification par intériorisation. Nous le comprendrons mieux plus bas quand nous introduirons la dynamique ternaire du don.

464 PLATON, *Phèdre,* 250 d, p. 40 et 41.

465 Paul EVDOKIMOV, *L'Art de l'icône,* p. 26.

466 Félix RAVAISSON, *Testament philosophique et fragments,* nouvelle éd., Paris, Vrin, 1983, p. 133. Cf. Dominique JANICAUD, *Une généalogie du spiritualisme français,* La Haye, Nijhoff, 1969, p. 53-56.

467 Alfred de Vigny, *La Maison du berger*, III.

468 Paul Evdokimov, *L'Art de l'icône*, p. 26. Toute la première partie de l'ouvrage est consacrée à élaborer une théologie de la beauté.

469 « *Phusis kruptesthai philéi* » (Héraclite, *Fragment* B cxxiii, de Thémistius, *Les présocratiques*, Jean-Paul Dumont éd., coll. « Bibliothèque de la Pléiade », Paris, Gallimard, 1988, p. 173). Cf. commentaire de Martin Heidegger, « Ce qu'est et comment se détermine la *phusis* », trad. François Fédier, *in Questions II*, Paris, Gallimard, 1968, p. 275-276. Autres citations d'Héraclite « L'Harmonie invisible plus belle que la visible », dit Héraclite, cité par Hippolyte (*Fragment*, B liv, *Les Présocratiques*, p. 158) ; il attribue même ce mystère au divin (*Fragment*, B lxxxvi, p. 166). Cf. les développements dans Pierre Hadot dans *Le Voile d'Isis. L'histoire de l'idée de nature*, Paris, Gallimard, 2004.

470 Philon, *Questions et solutions sur la Genèse*, IV, 1, version arménienne.

471 Martin Heidegger, « L'origine de l'œuvre d'art », *Chemins qui ne mènent nulle part*, trad. Wolfgang Brokmeier, coll. « Tel », Paris, Gallimard, [2]1980, p. 13-98, ici p. 92.

472 *Ibid.*, p. 45.

473 Le dernier mot du philosophe allemand est toutefois bien différent : si cette offrande du beau est dévoilement, elle est aussi et plus encore retrait. La vérité de l'œuvre ne se déploie « que comme combat entre éclaircie et réserve », ce qui s'incarne « dans l'adversité du monde et de la terre » (*Ibid.*, p. 70). De même que l'étant s'arrache à l'Être et le voile plus qu'il ne le manifeste, de même l'œuvre d'art ne nous livre pas tant la beauté de l'Être qu'il ne la dissimule. En ce sens, Heidegger demeure prisonnier de la dialectique hégélienne et compromet la réconciliation espérée.

474 « La nature n'est rien d'autre que la connaissance d'une espèce d'art, d'un art divin, insérée dans les choses [*natura nihil est aliud quam ratio cuiusdam artis, scilicet divinae, indita rebus*] » (Saint Thomas d'Aquin, *In octo libros Physicorum Aristotelis expositio*, livre II, l. 14, n. 268, éd. P. M. Maggiòlo, Roma-Torino, Marietti, 1965, p. 131).

475 Pascal Quignard, *Vie secrète*, Paris, Gallimard, 1998, p. 462.

476 Yves Girard, *L'Invisible beauté*, coll. « Va boire à ta source », Québec, Anne Sigier, 1994, p. 107.

477 Pierre-Marie Emonet, *Une métaphysique pour les simples*, Chambray-lès-Tours, C.L.D., 1991, p. 119-120.

478 Jean-Louis VIEILLARD-BARON, « La validité actuelle de la notion d'âme », Élisabeth GUIBERT-SLEDZIEWSKI et Jean-Louis VIEILLARD-BARON (éds.), *Penser le sujet aujourd'hui*, Colloque de Cerisy, Paris, Méridiens Kincksieck, 1988, p. 127 à 136, ici p. 136.

479 Georg Wilhelm Friedrich HEGEL, *Werke*, Bd. 14. *Vorlesungen über die Aesthetik*, Eva Moldenhauer & Karl Markus Michel éds., Frankfurt am Main, Suhrkamp, 1970, volume I, p. 103.

480 ID., *Encyclopédie des sciences philosophiques*. III. *La philosophie de l'esprit*, Troisième section. *L'esprit absolu*, A. « L'art », § 556, trad. Bernard Bourgeois, coll. « Bibliothèque des textes philosophiques », Paris, Vrin, 1988, p. 345.

481 *Ibid.*, § 557, *ibid.*

482 De cette conception polaire de la beauté, on peut déduire trois conséquences relatives au champ de la beauté, c'est-à-dire son existence dans les trois domaines que sont la nature, l'homme (l'esprit en sa finitude) et Dieu (l'Esprit infini). Tout d'abord, il existe une beauté naturelle : mais, pour notre auteur, cette beauté cosmique n'est en rien une incarnation de la beauté spirituelle ; elle ne saurait révéler la vérité. Cette radicale altérité de la beauté de la nature tient à la conception dialectique de Hegel pour qui la nature est ce que n'est pas l'esprit, l'esprit dans son aliénation. Ensuite, symétriquement, la beauté est désormais interdite à Dieu. En effet, nous avons dit que celle-ci suppose une figure sensible ; or, Dieu est principe purement spirituel. La beauté en son apparition sensible est donc toujours inadéquate à ce qu'elle révèle. En ce sens, la forme extérieure, la figure artistique voile tout autant qu'elle révèle la Vérité du Concept qui l'habite. Voilà pourquoi, ensuite, la beauté est appelée à disparaître au profit de la religion et de la philosophie : « L'art du beau [...] a son avenir dans la religion vraie » (*Ibid.*, § 563, *ibid.*, p. 350). L'immédiateté sensible de l'Idée dans l'Esprit absolu passe dans le religieux, puis dans la rationalité philosophique. Enfin, le lieu par excellence de réalisation de la beauté est l'art humain : celui-ci exprime au mieux la beauté. En effet, dans l'œuvre d'art, l'esprit de l'homme se dit dans l'élément du sensible : le contenu intérieur de la vérité s'exprime dans une forme extérieure. C'est parce que l'esprit de l'artiste a travaillé la matière qu'il y est comme présent et que la beauté artistique transcende la beauté naturelle d'où tout esprit a été congédié. Ainsi, toute l'argumentation hégélienne repose d'un côté sur sa définition de la beauté comme vérité spirituelle dans l'élément du sensible et dans la dialectique. Autant la nature est ontologiquement trop déficitaire pour abriter le spirituel, autant le divin est ontologiquement trop achevé pour s'aliéner dans le sensible ; seul demeure l'art comme lieu par excellence de l'esthétique. Cette esthétique n'est pas sans conséquence historique. Pour Hegel, l'art appartient

à une époque révolue de l'histoire humaine : « l'art, dit-il, est et reste pour nous, quant à sa destination la plus haute, quelque chose de passé ». Pour nous, il a perdu sa « vérité authentique » et a « cessé d'être vivant » (*Vorlesungen über die Aesthetik*, I, p. 25. L'art doit laisser sa place à une figure supérieure qui assume l'Idée divine en se passant de l'élément du sensible : et c'est la religion. Avec celle-ci, le divin se déplace de l'objectivité de l'art à l'intériorité du sujet. Elle n'est pas non plus sans racine elle aussi historique. Hegel estime que, c'est avec la Réforme (*versus* le catholicisme) que la religion atteint un degré de spiritualité suffisant pour « se retirer de l'élément sensible » et « entrer dans l'intériorité de l'âme et de la pensée » (*Ibid.*, I, p. 141-142). De fait, nous avons vu que, hors Karl Barth, les théologiens de la Réforme ont congédié la beauté des attributs divins.

483 Saint AUGUSTIN, *De civitate Dei*, livre XIX, 13.

484 Yves GIRARD, *L'Invisible beauté*, p. 75.

485 Simone WEIL, *La Pesanteur et la Grâce*, coll. « 10/18 », Paris, UGE, 1947, p. 151. Ainsi qu'on s'en souvient, ce texte n'est pas de l'auteur, mais de Gustave Thibon qui a colligé certaines de ses pensées.

486 Régine PERNOUD, *Histoire et lumière*, Propos recueillis par Laetitia de Traversay, coll. « Paroles pour vivre », Paris, Le Cerf, 1998, p. 56 et 57.

487 Jean-Marie LUSTIGER, *Le Choix de Dieu. Entretiens avec Jean-Louis Missika et Dominique Wolton*, coll. « Livre de poche » n° 6601, Paris, Ed. de Fallois, 1987, p. 325.

488 Pour une première introduction, cf., par exemple, Paul TOINET, *Vladimir Soloviev, chevalier de la Sophia*, Genève, Ad Solem, 2001.

489 Cf. Vladimir SOLOVIEV, *Le Sens général de l'art* et *Un premier pas vers une esthétique positive*, dans *Le sens de l'amour*, p. 229-266. Les citations sont tirées des *Œuvres complètes*, Saint-Pétersboug, 10 volumes, 1911-1914 (réimprimées à Bruxelles, en russe, en 12 volumes, par le Foyer Oriental Chrétien, 1966-1969). Les citations faites à cette première éd. sont tirées de Basile ZENZOVSKY, *Histoire de la philosophie russe*, trad. Constantin Andronikof, coll. « Bibliothèque de philosophie », Paris, Gallimard, 1955, tome 2, p. 69-71. Sur l'esthétique de Soloviov, cf. Hans Urs von BALTHASAR, *La Gloire et la Croix. Les aspects esthétiques de la Révélation*, II. *Styles*, 2. *De Jean de la Croix à Péguy*, « Soloviev », p. 167-230 ; Michelina TENACE, *La Beauté, unité spirituelle dans les écrits esthétiques de Vladimir Soloviev*, Troyes, Ed. Fates, 1993 (cf. le résumé qu'elle en donne dans le Congrès *Et si la beauté pouvait sauver le monde ?* p. 32-38) ; Françoise LESOURD et Michel ELTCHANINOFF (éds.), *Art et philosophie russe.* Journée d'études, Université de Bourgogne, Dijon, 11 mars

1999, coll. « Cahiers d'histoire de la philosophie » n° 2, Dijon, Éd. universitaires de Dijon, 2000.

490 Vladimir SOLOVIEV, *Trois discours à la mémoire de Dostoïevski,* dans *Œuvres,* tome 3, p. 189.

491 Cf. Michel D'HERBIGNY, *Un Newman russe. Vladimir Soloviev (1853-1900),* coll. « Bibliothèque Slave Série A », Paris. Beauchesne, 1911.

492 Vladimir SOLOVIEV, *Principes philosophiques, in* Œuvres, tome I, p. 286.

493 ID., *La Justification du bien. Philosophie morale, in* Œuvres, tome 8, p. 345.

494 Sur l'art comme habitus englobant autant l'artiste que l'artisan, cf. Jacques MARITAIN, *L'Intuition créatrice dans l'art et la poésie,* chapitre 2 : « L'art, vertu de l'intellect pratique » (*OC,* tome 10, p. 159-185). Pour une actualisation, cf. Arthur LOCHMANN, *La Vie solide. La charpente comme éthique du faire,* Paris, Payot, 2019 ; William MORRIS, *L'Art et l'artisanat,* trad. Thierry Gillybœuf, Paris, Rivages Poche, 2011 ; Richard SENNETT, *Ce que sait la main. La culture de l'artisanat,* trad. Pierre-Emmanuel Dauzat, Paris, Albin Michel, 2010 ; Ole THORSTENSEN, *Journal d'un artisan,* trad. Alex Fouillet, Montfort-en-Chalosse, Gaïa, 2018.

495 François CHENG, *Œil ouvert et cœur battant. Comment envisager et dévisager la beauté,* Paris, DDB, Collège des Bernardins, 2016, p. 53.

496 Sur l'absence d'efficacité objectivement validée de la psychanalyse freudienne, cf. Jacques VAN RILLAER, *Freud & Lacan, des charlatans ? Faits et légendes de la psychanalyse,* Bruxelles, Mardaga, 2019.

497 Cf. Pascal IDE, « De la thérapie systémique à l'Incarnation rédemptrice. L'approche novatrice de Mony Elkaïm », *Cahiers critiques de thérapie familiale,* 66 (2021) n° 1, De Boeck Supérieur, p. 221-257. sous la direction du Dr Edith Goldbeter.

498 Blaise PASCAL, *Pensées,* n° 470, in Œuvres complètes, Jacques Chevalier éd., coll. « Bibliothèque de la Pléiade », Paris, Gallimard, 1954, p. 1219.

499 Outre *Pensées,* n° 470, cf. par exemple n°835, 840.

500 *Pensées,* n° 469, p. 1219.

501 *Lettre du 17 octobre 1651, Œuvres complètes,* p. 498.

502 Cf. Hans Urs VON BALTHASAR, *La Gloire et la Croix. Les aspects esthétiques de la Révélation,* II. *Styles,* 2. *De Jean de la Croix à Péguy,* « Pascal », « 4. Obscurité et amour », p. 109-123 ; « 5. L'esthétique de Pascal », p. 123-127.

503 Ernest HELLO, « Saint Joseph », *Physionomies des Saints*, Paris, Librairie Académique Perrin, 1927, p. 123.

504 Cf. la méditation inspirée d'Ivan ILLICH, *H_2O. Les eaux de l'oubli*, trad. Maud Sissung, Paris, Lieu commun, 1988.

505 Cf. George STEINER, *Grammaire de la création*, trad. Pierre-Emmanuel Dauzat, coll. « NRF essais », Paris, Gallimard, 2001, coll. « Folio Essais ».

506 Cf. ID., *Le Sens du sens. Présences réelles*, trad. française de Monique Philonenko et trad. allemande de Heinz Wismann, coll. « Problèmes et controverses », Paris, Vrin, 1988.

507 Saint BASILE DE SÉLEUCIE, *Homélies sur les Écritures*, Oratio II A, *PG* 85, 41A.

508 Jean-Louis CHRÉTIEN, *L'Effroi du beau*, p. 92.

509 *Ibid.*, p. 32.

510 Myrrha LOT BORODINE, *Un maître de la spiritualité byzantine au XIVe siècle. Nicolas Cabasilas*, Paris, Éd. de l'Orante, 1958, p. 156.

511 *Le Nozze di Figaro*, Duo de l'acte 3 : « *Che soave zeffiretto* », Deutsche Grammophon, 1968, n° de catalogue 449 728 2. Dirigé par Karl Böhm. La comtesse est interprétée par Gundula Janowitz et Susanna par Édith Mathis.

Aux éditions du Centurion

JEUNESSE

J'apprends à parler avec Marie, Jean Paul Mongin et Marie Vidot
Je serai soldat - alphabet militaire
Voyage dans la Genèse, Jean Paul Mongin et Mélisande Luthringer
Voyage avec Jésus, Jean Paul Mongin et Mélisande Luthringer
Ulysse, petit expat, Mathilde Paterson et Laetitia Zink

SCOLAIRE ET PARASCOLAIRE

Nouveau manuel d'histoire-géographie 6ᵉ, Dimitri Casali et André Louchet (à paraître)
Nouveau manuel d'histoire-géographie 5ᵉ, Dimitri Casali et André Louchet
Nouveau manuel d'histoire-géographie 4ᵉ, Dimitri Casali et André Louchet
Nouveau manuel d'histoire-géographie 3ᵉ, Dimitri Casali et André Louchet
Notre Histoire, ce que nos enfants devraient apprendre à l'école, Dimitri Casali
Notre Monde, la géographie que l'on devrait apprendre à l'école, André Louchet
Éduquer par le cinéma — grands classiques, Sabine de La Moissonnière
Éduquer par le cinéma — films récents, Sabine de La Moissonnière

ESSAIS

Adieu Simone, Gabrielle Cluzel
Bruegel de Babel à Bethléem, Claude-Henri Rocquet
Discours philosophique et discours spirituel, Guy Lardreau
Faces de l'ange déchu, Guy Lardreau
Épouse-la et meurs pour elle, Costanza Miriano
Marie-Lys, notre enfant-soleil, Vanessa Cordier
Marie-toi et sois soumise, Costanza Miriano
Habemus Papas, Antoine Assaf
My tailor is an expat, Mathilde Paterson (à paraître)
Nos Limites - pour une écologie intégrale, Gaultier Bès, avec Marianne Durano et Axel Rokvam
Ouvrir le livre de Jonas, Antoine Baron
Paroles mystérieuses de l'Évangile, Monique Piettre
Penser c'est rendre grâce, Pierre Magnard
Petit manuel d'écologie humaine, René et Isabelle Écochard
Petit manuel de la femme au foyer, Brigitte Jacquelin

www.editions-lecenturion.fr

Direction artistique : Avril du Payrat

Achevé d'imprimer en France
en novembre 2021
sur les presses de SEPEC Numérique (01)

ISBN 979 10 92801 63 7

www.editions-lecenturion.fr

IMPRIM'VERT®

PEFC
10-31-3532

Certifié PEFC

Ce produit est issu de
forêts gérées durablement
et de sources contrôlées

www.pefc-france.org